ゴルフ検定
公式テキスト

監修：岩田禎夫

協力：ジャパンゴルフツアー選手会

日本経済新聞出版社

ゴルフ検定 公式テキスト

目次

「ゴルフ検定に寄せて」　岩田禎夫 ・・・・・・・・・・4
本書の利用法・・・・・・・・・・・・・・・・・・・・6

歴史編

ゴルフの起源は諸説 ・・・・・・・・・・・・・・・8
セントアンドリュースの台頭 ・・・・・・・・・・10
アメリカに渡ったゴルフ ・・・・・・・・・・・・11
タイガー・ウッズの登場 ・・・・・・・・・・・・13
日本のゴルフの始まり ・・・・・・・・・・・・・15
赤星四郎・六郎が果たした役割 ・・・・・・・・・17
日本男子の米ツアー挑戦史 ・・・・・・・・・・・19
世界の女子ゴルフの始まり ・・・・・・・・・・・20
日本の女子ゴルフの始まり ・・・・・・・・・・・21
日本女子の主な米ツアー参戦史 ・・・・・・・・・23

記録編

全英オープン ・・・・・・・・・・・・・・・・・26
マスターズ・トーナメント ・・・・・・・・・・・28
全米プロゴルフ選手権 ・・・・・・・・・・・・・30
全米オープンゴルフ選手権 ・・・・・・・・・・・32
日本オープンゴルフ選手権 ・・・・・・・・・・・34
日本プロゴルフ選手権 ・・・・・・・・・・・・・36
ゴルフ日本シリーズ ・・・・・・・・・・・・・・38
日本ゴルフツアー選手権 ・・・・・・・・・・・・39
米女子ツアーのメジャー競技 ・・・・・・・・・・40
日本女子プロのメジャー競技 ・・・・・・・・・・43

名プレーヤー編

名プレーヤー・海外ツアー・男子 ・・・・・・・・48
名プレーヤー・海外ツアー・女子 ・・・・・・・・62
名プレーヤー・日本ツアー・男子 ・・・・・・・・68
名プレーヤー・日本ツアー・女子 ・・・・・・・・75

ルール&マナー編

ゴルフルールの精神 ・・・・・・・・・・・・・・82
トーナメントの観戦マナー ・・・・・・・・・・・95
世界最古の13条のゴルフルール ・・・・・・・・・98

ギア&コース編

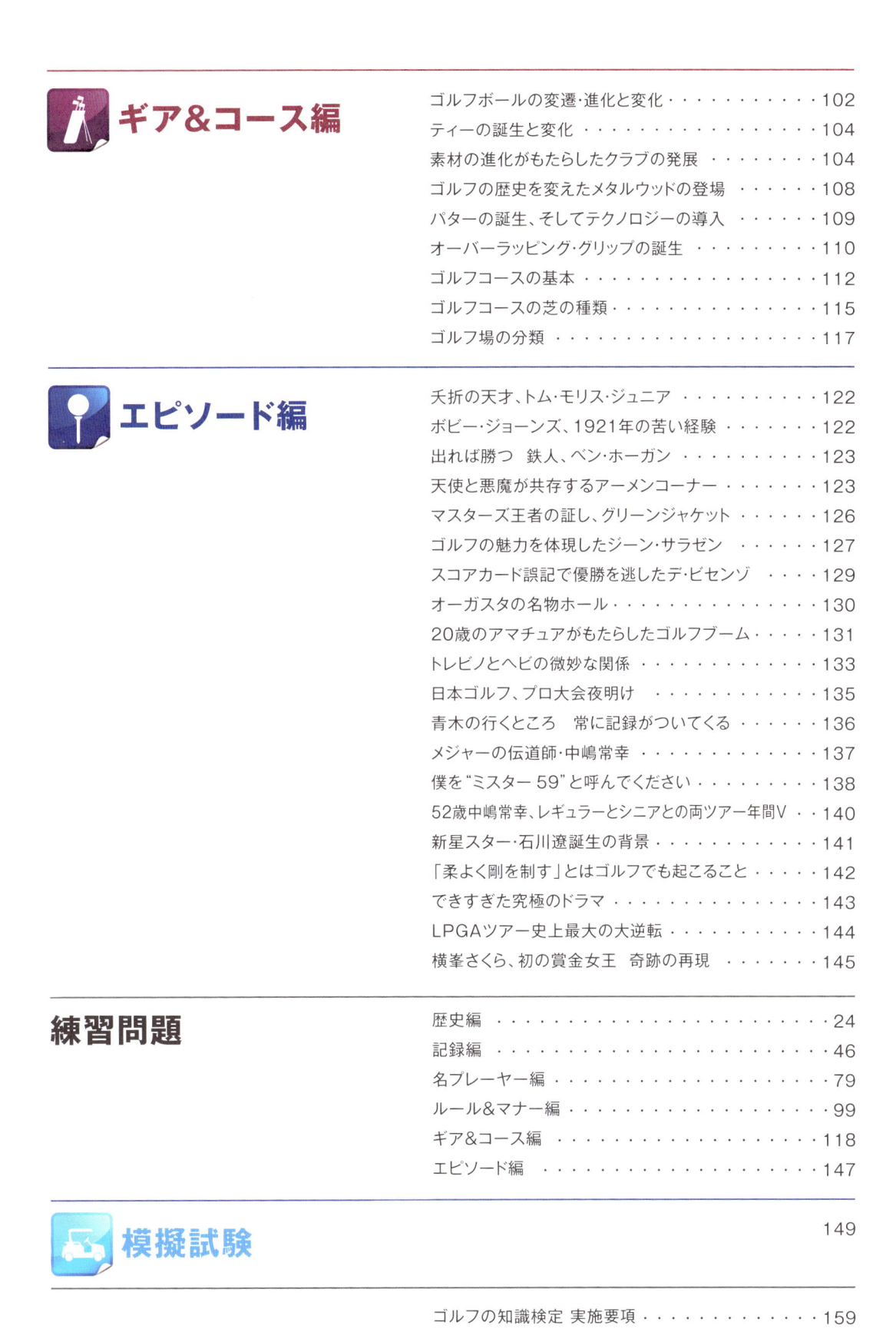

- ゴルフボールの変遷・進化と変化 ･････････ 102
- ティーの誕生と変化 ･････････････････ 104
- 素材の進化がもたらしたクラブの発展 ･･････ 104
- ゴルフの歴史を変えたメタルウッドの登場 ････ 108
- パターの誕生、そしてテクノロジーの導入 ････ 109
- オーバーラッピング・グリップの誕生 ･･･････ 110
- ゴルフコースの基本 ････････････････ 112
- ゴルフコースの芝の種類 ･･･････････････ 115
- ゴルフ場の分類 ･･･････････････････ 117

エピソード編

- 夭折の天才、トム・モリス・ジュニア ･･･････ 122
- ボビー・ジョーンズ、1921年の苦い経験 ･･･ 122
- 出れば勝つ 鉄人、ベン・ホーガン ･･･････ 123
- 天使と悪魔が共存するアーメンコーナー ･･･ 123
- マスターズ王者の証し、グリーンジャケット ･･･ 126
- ゴルフの魅力を体現したジーン・サラゼン ･･･ 127
- スコアカード誤記で優勝を逃したデ・ビセンゾ ･･･ 129
- オーガスタの名物ホール ････････････ 130
- 20歳のアマチュアがもたらしたゴルフブーム ･･･ 131
- トレビノとヘビの微妙な関係 ･･････････ 133
- 日本ゴルフ、プロ大会夜明け ･････････ 135
- 青木の行くところ 常に記録がついてくる ･･･ 136
- メジャーの伝道師・中嶋常幸 ･････････ 137
- 僕を"ミスター59"と呼んでください ･･･････ 138
- 52歳中嶋常幸、レギュラーとシニアとの両ツアー年間V ･ 140
- 新星スター・石川遼誕生の背景 ････････ 141
- 「柔よく剛を制す」とはゴルフでも起こること ･･ 142
- できすぎた究極のドラマ ････････････ 143
- LPGAツアー史上最大の大逆転 ････････ 144
- 横峯さくら、初の賞金女王 奇跡の再現 ･･･ 145

練習問題

- 歴史編 ････････････････････････ 24
- 記録編 ････････････････････････ 46
- 名プレーヤー編 ･･･････････････････ 79
- ルール&マナー編 ･････････････････ 99
- ギア&コース編 ･･･････････････････ 118
- エピソード編 ･･･････････････････ 147

模擬試験

149

- ゴルフの知識検定 実施要項 ･･････････ 159

「ゴルフ検定」に寄せて

　ゴルフほど奥行きが深くとらえどころがないスポーツはほかにないといわれる。他のスポーツ愛好家は反論するだろう。「野球のほうが複雑で不確定要素が多い」「いやサッカーほど予測がつかないゲームはない」と……。

　1つだけはっきりいえるのは、ゴルフは100人がプレーすれば100通り、1000人プレーすれば1000通りの接し方があるということだ。将来、世界一のプレーヤーになるのを夢見る人もいれば、単に運動の手段としてコースに出る人もいるだろう。だがレベルの違いはあっても終局の目的はよいプレーをして、少しでもよいスコアを出すことにある。自分自身のプレーよりもプロトーナメントを観戦し、ハイレベルの戦いに酔いしれる人もいる。なかには実際にクラブをにぎってラウンドしなくても、外からゴルフを見て自然のなかで、自分との戦いを強いられるゴルフの本質に魅了される人もいる。

　誰もが、ゴルフの持つ何がしかの魅力に惹かれているのは確かだ。

　ゴルフ検定は腕前、技量でゴルファーを区分するのが目的ではない。ゴルフの持つ様々な顔を具体的に知ることによって、さらにゴルフの深さ、魅力を発見し、自分がどのジャンルに秀でているか、あるいはもう少し努力が必要なのかを感じることができると思う。

　1860年に始まった全英オープンは1892年にエディンバラ郊外、フォース湾に近いミュアフィールドで行われた。この年、選手権は36ホールから72ホールに変更され、一段と真の選手権へと前進するのだが、ほかにも画期的なことがある。それまでスコットランドのリンクスは、ほとんどすべてプロゴルファーが設計したものだった。例外といえばセントアンドリュースだが、ゴルフの聖地と呼ばれるセントアンドリュースは誰の設計でもない。コースガイドの設計者の欄には"自然"と記されている。長い歳月の間に自然に造られたリンクスだから「神様が造った」ともいわれる。

　ミュアフィールドはハリー・S・コルトというアマチュアゴルファーが設計したのだが、それまではセントアンドリュースに代表されるように、アウトは文字通りGoing outで、インはComing inの直線的なホール設定だったのが、初めてアウト9ホール、イン9ホールでクラブハウス地点に戻ってくる設計となった。

　コルトはアリスター・マッケンジー、チャールズ・アリソンとともにコース設計事務所を開き、3人は初のコース設計プロとして売れっ子になった。1900年代に入りゴルフブームが起きた

米国に3人でセールス活動に出かけ、ワシントン郊外のチェビーチェイスなどを造った。いつまでも3人で行動していては効率が悪いと、やがて独立行動をとるようになる。コルトは母国スコットランドへ帰ったが、マッケンジーは米国滞在を伸ばし、最終的には永住するのだが、オーガスタナショナルやサイプレスポイント、さらには南半球にまで足を伸ばし、オーストラリアでロイヤルメルボルン、ブエノスアイレスのジョッキークラブなどの名コースを造った。アリソンは日本を選び、広野、川奈などいまに残る名コースを手がけた。霞ヶ関CC（東）は日本のコース設計先駆者で1910年代米国滞在中にコース造成に興味を抱くようになった藤田欽哉が設計者名になっているが、アリソンも深く関わった。深くて顎の張ったアリソンバンカーは、その後日本各地のコースに強い影響を及ぼす。コース設計には人手が要るが、アリソンのもとで働いたのが井上誠一だ。井上は、それがきっかけでゴルフコース設計の道に入り、大洗など多くの名コースを残した。井上はいわゆる内弟子はもたなかったが、その流れを汲む多くの設計者を育てている。いま私たちがプレーするコースのほとんどは元をたどれば、本家マッケンジーやアリソンにたどりつくのである。

　マスターズが開かれるジョージア州オーガスタ生まれのただ1人のマスターズチャンピオン（1987年）、ラリー・マイズは小学生のころからマスターズでボランティアをした。主として3番のスコア速報板で働いたが、「いつかは僕も選手としてマスターズに出場する」と少年が育んだ夢の実現が1987年劣勢と見られたグレッグ・ノーマンとのプレーオフ決戦の2ホール目、11番で奇跡のチップインバーディーとなるのだ。

　世界一レベルの高い米国PGAツアーは1960年代終わりにPGAオブ・アメリカから独立して現在のツアー組織を固めたのだが、初代コミッショナー、ジョセフ・C・ダイの前身は新聞記者である。1930年ボビー・ジョーンズがグランドスラムを達成する最後のメジャー、全米アマはフィラデルフィア郊外メリオンが舞台だった。地元新聞社のランナー（メッセンジャー）だったダイは、ジョーンズが勝ち進むマッチの詳報メモを先輩記者から受け取り、記者室に走り戻り別の記者に渡す文字どおりのランナーだった。ダイはジョーンズの偉業を目の辺りにして、完全にゴルフの虜になり、ゴルフ記者からやがては米国ツアー統括責任者になり、ツアーの礎を固めるに至る。

　ツアーで人気選手になるだけがゴルフの夢ではない。何かのきっかけでゴルフの魅力を知り、さらにその奥を極めることになればなんと素晴らしいことだろう。そのきっかけに、このゴルフ検定がなれればと私は願っている。

ゴルフジャーナリスト　**岩田禎夫**

本書の利用法

■本テキストは「ゴルフの知識検定」5級・4級・3級の受験者向けに編集・作成されています。

2010年より、ゴルフが好きな方ならどなたでも受験できる公開試験方式の「ゴルフの知識検定」が始まります。本書は、この検定試験の受験に向けて知識を身につけたいと考えている方々のために、テキストとして制作されたものです。

- 検定試験では、「歴史編」「記録編」「名プレーヤー編」「ルール＆マナー編」「ギア＆コース編」「エピソード編」の6つのカテゴリーから問題が出題される予定です。本テキストでは、この6つのカテゴリーに沿って解説をしています。
- 本テキストに収められた情報の量と質は、5級、4級、3級対応のものとなっております。本テキストを読まれ、しっかり知識を身につければ、合格も難しいことではありません。
- 本テキスト中の各カテゴリーの最後には、練習問題がついています。本文を読んだ後に練習問題にチャレンジし、各カテゴリーの知識習得状況を確認してください。また、巻末には、模擬試験がついています。検定試験と同じ問題数にしてありますので、「ゴルフの知識検定」の合格を目指す方は受験の参考にお役立てください。

■本テキストは、ゴルフを深く知る書としても楽しめます。

本テキストでは、ゴルフに関する広い範囲の情報を網羅しています。「ゴルフの知識検定」を受験されない方にも、ゴルフを楽しむための入門書として、またゴルフを深く知るための解説書としてもお楽しみいただけます。

- 写真やイラストによって、視覚的にも楽しめます。
- 「記録編」では、主要大会の記録を表で示し、資料としても使用できるものにしました。
- 「エピソード編」では、ゴルフに関する人物の横顔がわかる内容や裏話などを充実させ、読み物としても楽しめるようにしました。
- 海外の人物や地名などの固有名詞は、原則として一般に使用されている名称を採用しているため、現地語の正確な発音とは異なっている場合があります。
- 本テキストの記録、データは、2010年6月編集時点のものです。

■本テキストをお読みになって、「ゴルフの知識検定」にチャレンジしてみてください。
　また、あなた自身のプレーにお役立てください。

歴史編
HISTORY

ゴルフの起源は諸説あるが、

いずれの場合も人々がゴルフという遊びを楽しみ、

そして広げていった経緯がある。

そのゴルフの誕生と現代に至るまでの歴史を解説する。

HISTORY 歴史編

1 ゴルフの起源は諸説

　ゴルフの起源はどこまでさかのぼれば納得がいくのか、結論は出しにくい。英国やヨーロッパ各地には、スティックで球状の物体を打つ遊びが記録に残っているだけでも、西暦1000年ごろから行われていた。それを追求しても果てしない。現代のゴルフに近い状態で少なくとも"Golf"の名称がついたころを起点としよう。

　1457年、スコットランドのジェームズ2世国王が国民の間で最も人気があったゴルフとフットボールは軍隊の演習を邪魔するし、敵対とまでいかないが、仲がいいとはいえないイングランドに対抗するため、代わりに弓術の練習を命じたのがゴルフの公の記録として出てくる最初とする見方が多い。

　しかし、当時のゴルフは多数が二手に分かれ、1個のボール（木製）を打って早く互いの目標に運ぶホッケー的な遊びが主流。オランダを中心にヨーロッパ各地にこうした遊びが存在した。

　ゴルフはスコットランドで羊飼いが始めたとの説も強い。羊飼いが羊を追いながら先端の曲がった杖で石ころを打っているうちに偶然ウサギの巣穴に入れてしまい、仲間を誘い込んで新しいゲームを広めたとの説もある。

　さらに2人、または2人以上の複数プレーヤーがそれぞれのボールをかなたの教会の建物や墓地の入り口といった目標めがけて打ちつないでいく、クロスカントリー的ゲームもあった。

　いずれにしてもオランダ中心に存在した球打ち競技よりも、スコットランドで発達したゲームのほうがゴルフの起源としてはふさわしいと思われる。

　やがて特定のホールを目指してボールを打つようになり"各ホール"の概念が固まっていくが、1400年代から、さらに200年以上をかけて徐々に現在のゴルフに近いゲームへと進化していく。

　いつごろから現在のようにティー、グリーンなどが明確に区分されたのかもはっきりとはわからない。グリーンは単にフェアウェイの延長にすぎなかった。

　ゴルフは海辺の荒廃したリンクスと呼ばれる草地で発達した。使い道がないこの草地でゴルフが盛んになっていくのは当然のなりゆきといえる。

　セントアンドリュース（オールドコース）は世界で一番古いコースではないが、ゴルフの総本山としての地位は不変だ。1552年にセントアンドリュースの町が発行した1枚の記録が残っている。リンクス内で住民がウサギを飼育し、ゴルフ、フットボール、狩りなどを楽しむことを許可する証明書だ。

　地主は以後リンクス内で耕作を禁じられ、住民たちの娯楽を維持する義務を負うことが明記されている。これによれば、まだティーやグリーンなどの定義はな

19世紀のセントアンドリュースでのゴルフの光景

かったことがわかる。当時のコースは完全に自然なままで、「グリーンキーパーはウサギ」といわれた。スコアをキープするアイデアはなく、それぞれのコミュニティでリンクスの特徴に応じて、ごく簡単なルールがあっただけである。

エディンバラのリース（Leith）が、土地をゴルフコースとして最も有効な使い方をしていたといわれる。

世界初のゴルフクラブの誕生

1744年、エディンバラに住む数人の紳士が彼らの年中行事の競技に賞品を寄贈するように市当局に要請し、銀製のクラブが贈られることになった。これが最初のクラブ的なゴルファーの集いといわれる。

実際にはそれ以前にクラブは存在していたようだが、記録としては1744年が世界初のゴルフクラブの誕生となる。

1744年、リースのメンバーがエディンバラ・ゴルファーの名誉ある仲間（Honourable Company of Edinburgh Golfers'）を正式に発足させた。

セントアンドリュースでクラブ（Society of St.Andrews Golfers）ができたのは、エディンバラより10年遅れの1754年。伝統ある健康的なスポーツ・ゴルフの賞賛者である22人の貴族と紳士が集まって町の年次競技にシルバークラブの寄贈を願い出た。この22人には最古のクラブであるHonourable Company of Edinburgh Golfers'のメンバーの大半が入っており、そのこともセントアンドリュースの台頭に大きな影響を与える要因のひとつになった。

シルバーカップ競技であるが、外来者の参加も認めるオープン競技としたので、初めてルールが必要になった。それまでのルールはコースによってまちまちでコースの特徴に応じて適用され、長老的なゴルファーの裁定で判断されていた。

競技はすべてマッチプレーだったため、その場その場の裁定で処理できたのだ。セントアンドリュースは"オープン"なシルバーカップ開催のために共通ルールが必要になり、13条のルール（詳細はP98参照）をつくり、最初のゴルフルールとなった。詳細は別項（ルール＆マナー編）で説明するが、「ティーから打ったボールを替えることはできない」（第3条）、「ホールからより遠いボールからプレーすること」（第12条）など今でも適用されている基本的ルールが多い。

この第1条に「終了した（前の）ホールから1クラブ以内の場所にボールをティーアップ（土を盛り上げたもの）しなければならない」と明記されていることで当時はまだグリーンエリアは存在しなかったことがわかる。

ゴルフ人気が高まるにつれて上級者も増え、運不運の不確定要素が大きいフェアウェイの延長のグリーンから、より上質な芝の表面が要求されるようになり、グリーンの概念がつくられていった。

セントアンドリュースのルール制定から約100年後、1860年は初めて「The Open」と呼ばれる全英オープンがスタートしたゴルフ史上画期的な年だが、このころにはティ、グリーンなどはプレー上でもはっき

ゴルフ用語の起源
ゴルフで使われる言葉には、ティー、パットなどオランダ語が起源と考えられるものと、バンカー、ボギーなどスコットランドの言葉が起源と考えられているものなどがある。

り区分されている。

ゴルフ人気とともにギアも進化

　木製ボールを使っていた時代はまだスポーツとしてのゴルフは確立していない。ゴルフ史におけるボールはフェザー、ガタパチャ、ハスケル（糸巻き）を経て現在に至っているが、1848年にインド産生ゴム素材のガタパチャ（ガッティ）が登場するまで水鳥の羽毛を牛革カバーの中に詰め込んだフェザーボール（フェザリー）時代が200年以上も続いた。

　しかしフェザリーは熟練の職人でも1日4個つくるのが精一杯で、非常に高価だった。

　ゴム樹脂を手で丸くし、後からフェザリーの縫い目と同じ線を表面につけたガッティが登場し、飛距離は伸び、耐久性も増してゴルフがより安い費用で楽しめるものになった。

　クラブも最初はすべて木製スティックだったが、先端部分が破損しやすいのでヘッドのソール部分に金属を使うブレークラブ（ドライバー）、距離に応じてロフトが異なる用途のアイアンクラブなど、めまぐるしい発展を遂げた。

　ゴルフ人気は高まる一方で1500年代には、教会の礼拝を優先させるために日曜日のプレーが禁止されたほど。いつの時代にも幅広い層に親しまれて育ってきた。

2 HISTORY セントアンドリュースの台頭

　最初のゴルフクラブがつくられたのは1744年、スコットランドの首都エディンバラのリース・リンクスを本拠にしたHonourable Company of Edinburgh Golfers'である。セントアンドリュースのクラブはそれより10年後の1754年に設立された。町のスケールや人口からみて、エディンバラがゴルフ発展史上、主導権を握るのは自然の成り行きと見る人が多いのだが、実際にはOld Grey Town（古く灰色の町）とも呼ばれたセントアンドリュースが、やがては世界のゴルフ総本山ともいうべき地位を確立したのは、なぜだろうか。

　1860年から始まった全英オープンは最初の12回は、スコットランド西岸プレストウィックで行なわれた。トム・モリス・ジュニアが3連勝し、チャンピオンベルトを永久に所有した翌1871年の開催見送りをはさんで、1872年からはプレストウィック、セントアンドリュース、エディンバラの3クラブが持ち回りで開くことになり、しばらくローテーション開催が続いた事実を見ても、セントアンドリュースが主導権を握っていたとは考えにくい。

　セントアンドリュースは1754年にクラブを結成したとき、他クラブからのシルバークラブ（マッチ）参加者を考慮し、13条からなるルールをつくった。また最初のストロークプレーが行われたのも1759年のセントアンドリュースであった。

現在のゴルフコースとはかけ離れた荒れ地でゴルフが行われていた

今ではコースは18ホールが基本となっているが、1800年代までは特にホール数の規定はなく、1860年に全英オープンを開いたプレストウィックは12ホール。大会は12ホールを3回ラウンドして36ホールで行われた。

セントアンドリュースは22ホール（11ホールをプレーし、同じホールを戻ってくる）であったが、1764年にクラブは最初の4ホールを2ホールにリメイクすることにした。これにより往復22ホールが18ホールになった。当時は同じホールを往復しているだけだったが、ゴルフ人気が高まるにつれて混雑が目立つようになり、行って帰る18ホールのコースレイアウトにした。

偶然にできた18ホールだが1回のラウンドには適度ということもあり、ほかでもセントアンドリュースにならい18ホールを真似するコースが続出した。それ以前に、ウイリアム4世がセントアンドリュース・クラブにロイヤル・アンド・エンシェント・ゴルフの呼称も与えるなど、長い歳月の間にセントアンドリュースが次第にリーダー的な重みを持つようになったのだ。しかし根本的な要因はセントアンドリュースのリンクスとしての高い質があったからであるのはいうまでもない。

セントアンドリュースの地位向上

クラブとしては先輩格のエディンバラのリースは5ホールしかなかった。それもすべて410ヤード台から490ヤード台までの距離の長いホールのみだ。最初のうちはエディンバラも、やりがいがあるリンクスとして人気が高かったが、ゴルフが人気スポーツとして発展していく過程で、これでは単にパワーゲーム的（もちろん当時はこのような表現はないが）になり、次第に飽きられていった。

人気下降といっても大都市エディンバラであるから、混雑も激しい。そこで「エディンバラゴルファーの名誉ある仲間（Honourable Company of Edinburgh Golfers¹)」は1836年に郊外のマッセルバラに本拠地を移した。ライバルクラブがこのように落ち着かない環境にある間にセントアンドリュースは着々とクラブとして力をつけていった。

1919年、セントアンドリュースは全英オープンおよび全英アマの運営責任組織として認証され、1921年、公に英国（スコットランド、アイルランド）のゴルフ統括組織となった。同時にセントアンドリュースは初めてボールサイズと重量の制限を実施したのだ。

こうしてみるとセントアンドリュースにNo.1の地位を狙う野望があったわけでもない。ほかのクラブとの権力争いも見えない。じつに長い年月を経てセントアンドリュースが一歩一歩、ゴルフ総本山のへの地位を固めていったことがわかる。世界で最も古い大学のひとつ、セントアンドリュース大学があるだけの静かで落ち着いた町の雰囲気が、そうした地歩固めには好環境であったともいえるだろう。

3 HISTORY　アメリカに渡ったゴルフ

1670年、英国からの移民によって開拓された

ストロークプレー（stroke-play）
規定ホールの合計スコアで勝敗を決めるゲームの形式

サウスカロライナ州チャールストン。USGA（The United States Golf Association＝全米ゴルフ協会）によると、北米大陸におけるゴルフのルーツは、この町に行き当たる。

1786年、ここでクラブが設立されたとの記録がある。さらにロイヤル・モントリオールGCが1877年に設立。7年後の1884年にウエストバージニア州のオークハースト、1886年にバーモント州のザ ドーセット フィールド クラブ、1887年のペンシルベニア州フォックスバーグと続く。

USGAのクラブメンバーの聞き取り調査では、このほか、1882年にマサチューセッツ州ブルックライン、翌1883年にインディアナ州プリンストン、1884年にワシントン州タコマ、1887年のカンザス州キングマンなど、歴史家の文献にない情報ももたらされている。

ただ、歴史上明確なこの国におけるゴルフの夜明けは、1888年、ニューヨーク州ハスティングス オン ザ ハドソンにセントアンドリュース・クラブが設立と時を同じにする。

1894年、このセントアンドリュース・クラブとニューポート（ロードアイランド州）の両クラブでそれぞれ招待競技が行われた。その後、両方のクラブが、優勝者を米国のアマチュアチャンピオンだと主張した。この騒動が、アメリカにゴルフ協会設立を加速させるきっかけとなり、同年秋、この2クラブにシネコックヒルズ（ニューヨーク州）、シカゴクラブ（イリノイ州）、ザ・カントリークラブ（マサチューセッツ州）を加えた5つのクラブの代表が、ニューヨークシティーで会合を行った。その結果、1894年12月22日、ようやく全米ゴルフ協会が設立された。

英国勢が優勝を奪った全米オープン

1895年10月、ニューポートで第1回の全米アマチュアがマッチプレーで行われ、その終了翌日から全米オープンがストロークプレーで開催された。

当初は9月開催の予定だったが、ニューポートではヨットのアメリカス カップが開催されるため、10月にずれ込み、選手は寒さとの戦いも強いられることとなった。

アマチュア1人、プロ10人の計11人で開催された第1回全米オープンは、開催コースのアシスタントを務めていた21歳の英国人プロ、ホレイス・ロリンズがガタパチャボールを使い91、82、73のスコアで優勝を飾った。

この後続いた英国人の優勝記録が、ついに途切れたのが16年後の1911年。ジョン・J・マクダーモットがアメリカ生まれの米国人として初優勝、翌年の大会も連覇した。

さらに翌1913年には20歳のアメリカ人アマチュアであるフランシス・ウィメットがハリー・バードン、テッド・レイという英国人有名プロ2人をプレーオフで下し優勝し、米国のファンを大喜びさせた。

ゴルフブームと増加するゴルフコース

アメリカに爆発的なゴルフブームをもたらしたのが、

マッチプレー（match-play）
1ホールごとに打数の多い少ないで勝敗を決めるゲームの形式

"球聖"ボビー・ジョーンズ。全米オープンは1922年から入場券が売られ始めたが、翌1923年から4勝をあげたほかグランドスラムを達成し国民的スターとなった。

5コースの設立メンバーでスタートしたUSGAは、徐々に加盟コースを増やしていった。1910年には267コースが加盟し、ゴルフブームに乗って1932年には1138コースと急速な広がりを見せていったが、その後第2次世界大戦のため816クラブまで落ち込んでしまう。

最初に25ドルだった加盟クラブのUSGA年会費は、1939年に30ドルへと値上げしていた。

大戦終了後の1947年にはピーク時の数まで回復した。この後、ベン・ホーガン、アーノルド・パーマー、ジャック・ニクラウス、また女子にもナンシー・ロペスというスーパースターが登場。ゴルフ場の増加も加速の一途をたどり、1980年にはついに5000の大台を突破。1987年からの10年でさらに3300が加わった。

1990年代にはタイガー・ウッズが登場。ゴルフ人気はかげりを見せることなく、現在、USGAは1万600のゴルフコース（17万1000ホール）をメンバーとしているうち、680のクラブが米国ゴルフ協会の様々な主催大会の予選会場となり、400以上のクラブが決勝大会を開催するまでになっており、その組織はゆるぎないものとなっている。

4 HISTORY　タイガー・ウッズの登場

タイガー・ウッズがプロ入りしたのは1996年8月だから、2010年にはすでに14年になろうとしている。タイガーの本名、エルドリックと呼ぶ人はもう誰もいない。

父親アールはベトナム戦争で勇名をはせた米国陸軍特殊戦闘部隊"グリーンベレー"所属の少佐だった。何回も一緒に死地を乗り越え、しばしばアールの窮地を救ってくれたベトナム軍の機敏で勇敢な少尉がいて、彼のニックネームが"タイガー"だった。この少尉はやがて戦闘中にMIA（ミッシング イン アクション＝行動中行方不明）となり、おそらく戦死したと思われるが、アールは「今度男の子が生まれたら絶対に名前をタイガーにする」と心に決めていた。

最初の結婚に失敗したアールだったが、タイ、バンコクの米軍司令部で秘書の仕事をしていたタイ人のクルチダと2度目の結婚をしてもうけた子どもに、誓いどおりタイガーと名づけたのだ。

アールはカンザス州立大学時代、野球チームに所属し、メジャーリーグからも注目されるほどの有能選手だった。そんな彼はゴルフには縁がなかったのに、なぜ天才ゴルファーのタイガーが生まれたのか。

1969年ベトナムから米国に戻ったアールがニュージャージー州の軍所有のコースで仲間の将校に誘われて初めてラウンドをしたときは、40歳を過ぎていた。口車に乗せられて賭けをしたのだが、散々な結果

タイガー・ウッズ

で途中ギブアップし、賭けに負けた。

　賭けはともかく、スポーツマンとして持っていたプライドを大きく傷つけられ、直後からゴルフの猛練習を始め、再び同じ将校とラウンド。81で回り、快勝してリベンジを果たした。

　ゴルフのとりこになったアールは「男の子が生まれたら、早い時期からゴルフを仕込もう」と決意した。1969年に結婚したクルチダとの間に男の子のタイガーが生まれたのは1975年12月30日である。

　カンザス州立大学野球チームでも黒人であるために寄宿舎や食事でもチームメートとは別という差別を受け、反骨精神が強かったアールは、ゴルフをするようになって「やがて白人たちを見返してやる」と練習に励み、4年後にはハンディ1の腕前になった。軍隊を退役し、ロサンゼルス郊外に住むようになると、近くのマクドネル・ダグラス航空会社に勤めた。
「ゴルフで優れた黒人が少ないのは、いい機会を与えられないからだ。早い時期からゴルフをすれば必ず優れたゴルフプレーヤーになる」と考えるアールの息子・タイガーへのゴルフ特訓は有名だが、まだ歩けないうちからガレージの練習場で、タイガーに自身の練習をいつも見せていた。タイガーは生後8ヵ月にして子ども用パターでボールを転がすようになった。

　また、2歳のときには当時の人気テレビショー『マイケル・ダグラス・ショー』に登場し、ショットを披露、一躍革命的天才ゴルファーとして全国にその存在を知られるようになった。

　アールの英才教育と自身の才能でタイガーはめきめき上達し、ジュニア時代から出場するトーナメントではほとんど優勝をさらい、タイガー・ウッズの名前は常に新聞のスポーツ面で見られるようになった。

　出場トーナメントも徐々に全国レベルの選手権へと広がり、USGA主催の全米ジュニア選手権は、1991年（16歳）から3連勝。さらに全米アマ選手権を1994年から3連勝、USGA主催選手権を通算6年連続制覇の前人未踏の大記録をつくったのだ。アールには黒人、米国先住民族、中国、さらに白人の血が混じっているが、タイ人のクルチダとの間に生まれたタイガーは、さらに新たな血が1つ加わったことになる。

常識を打ち破る
タイガー時代の幕開け

　アマゴルフ界ですべてを極めたタイガーがプロ転向したのは、全米アマ3連勝を果たした直後の1996年8月である。プロデビュー戦はグレーター ミルウォーキー。オープンのトーナメントだったが、10台以上のテレビカメラ、300人の記者が集まった。

　プロ転向と同時にナイキが5年の複数年契約で4000万ドル契約発表するなど、すべての面でタイガーはそれまでの常識を打ち破る存在だった。

　PGAツアーも秋になると終盤戦で残り試合も少ないのでツアー入りしたウッズの目標は、
①ツアーの雰囲気に慣れ、12月のQスクール（テスト）に合格する。
②スポンサー枠で出場する試合で獲得賞金125位以内の賞金を稼ぎ、Qスクール免除で翌年のツアー出場資格を得る、と最低ラインの目標を立てた。

　デビュー戦となるミルウォーキー オープンでは予

PGAツアー
米国の男子プロゴルフツアーのこと

選は通ったが60位と下位に終わった。

　しかし最終日は12番（206ヤード、パー3）で5番アイアンのショットをホールインワンさせ、しっかり見せ場をつくり68で回っている。

　4試合目のクオッド シティーズ クラシックは3日目でリーダーになったが最終日73と崩れ、5位フィニッシュと、アマチュアでは味わえない厳しさも経験したが、10月上旬、ラスベガス インビテーショナルで強豪デービス・ラブ3世をプレーオフで下し、ツアー5戦目で早くも優勝した。

　さらに2週間後のウォルト ディズニーでペイン・スチュアートを1打差で下し、7試合で2勝と前評判どおりの怪童ぶりをファンに印象づけ、この年、獲得賞金24位に食い込み、翌1997年シーズンのシード権はもちろん、マスターズ招待資格も得た。

　衝撃的ともいえる勝利は4月のマスターズだ。「いくら天才ゴルファーといっても、プロの世界でのメジャー獲得までは時間がかかるだろう」と大方の予想を裏切り、通算18アンダー、2位に12打も引き離すなど記録ずくめの快勝を遂げ、一気にタイガー時代の幕開けとなった。

　その後、タイガーの勢いはとどまることなく、毎年、勝利を重ねてきた。2009年まで、アメリカツアー71勝をマーク。メジャーもマスターズ4回、全米オープン3回、全英オープン3回、全米プロ4回と計14勝をマーク。ジャック・ニクラウスの持つメジャー最多勝利18回の記録に届くのも時間の問題とされている。

5 HISTORY　日本のゴルフの始まり

　日本人第1号とされるゴルファーは水谷淑彦である。水谷は1896年、英国のグリニッジ海軍大学留学中にプレーした。そのころゴルフを始めた新井領一郎はニューヨークで生糸の貿易で成功し、病気療養で訪れたノースカロライナ州パインハーストでゴルフを覚えた。ニューヨークに帰ると在住の日本人たちにゴルフの面白さを訴える。その1人が井上準之助。のちに「東京ゴルフ倶楽部駒沢コース」設立の中心人物となる。

　1901年に英国人貿易商のアーサー・ヘスケス・グルームが、神戸・六甲山にある自分の別荘に隣接する土地を借り、4ホールのゴルフ場をつくった。これが日本における「ゴルフの夜明け」とされる。ただ、メンバーは外国人ばかりであった。

　2年後には9ホールとなり、日本で初めてのクラブとなる「神戸ゴルフ倶楽部」が誕生する。1904年には18ホールに増設。全長は3576ヤードだったという。

　この年、現在の神戸市東灘区魚崎町横屋に、日本で2番目となる「横屋ゴルフアソシエーション」ができる。グルームより6歳若く、神戸ゴルフ倶楽部の設立にもかかわった英国人貿易商ウィリアム・ジョン・ロビンソンは、雪のため神戸ゴルフ倶楽部が1年の3分の1もクローズすることに辛抱できず、6ホールのフラットなゴルフコースをほとんど独力でつくってしまう。

東京ゴルフ倶楽部
1913年に誕生した東京ゴルフ倶楽部は、1932年埼玉県朝霞市に移転、そして1940年埼玉県狭山市に再度移転。戦後一時占領軍に接収されたが、1955年自主運営の新たなスタートを切り、現在に至る。

1913年に土地の買収問題で解散に追い込まれたが、翌年には銀行の協力を取りつけ新たに鳴尾浜に移転。「鳴尾ゴルフアソシエーション」を設立した。このコースの隣に住み、自宅の一部をクラブハウスとして提供したのが福井藤太郎だった。その次男でロビンソンの専属キャディーであった福井覚治が、のちに日本人初のプロゴルファーになる。

　しかしこのコースもグルームが土地を売却。諸事情で解散すると側聞した鳴尾ゴルフアソシエーションの有志の協力もあり、1920年に新生「鳴尾ゴルフ倶楽部」が3ホールながら始動する。1924年に18ホールが完成したが、金融恐慌により9ホールへと縮小してしまう。

　この後、倶楽部運営の中枢社員だったクレーン3兄弟が関西各地を探し、現在の川西市西畦野に新天地を求める。当時「猪名川コース」と呼ばれた新コースは1930年に始動した。ちょうど「東京ゴルフ倶楽部」、「廣野ゴルフ倶楽部」、「川奈ゴルフ倶楽部」の設計のため来日したチャールズ・H・アリソンに鳴尾の調査とアドバイスを依頼。翌1931年の初めに1週間滞在したアリソンは16ホールに詳細な指示を出し、その大半は年内に改善されたという。

　一方、関東では神戸、横屋に続く日本で3番目のコースとして、横浜・根岸に「ニッポン・レース・クラブ・ゴルフィング・アソシエーション」（NRCGA）が誕生する。こちらは競馬場の中央の土地に9ホール、2473ヤード、パー34で、それまでのコースで採用されていたサンドグリーンではなく、日本初の芝草グリーンが実現する。

　4番目が1913年、日本初のパブリックコースとしてオープンした「雲仙ゴルフ場」。これまでの3コースがいずれも外国人主導であるのに対し、こちらは最初から長崎県営のコースとしてスタートしている。ただ、実際にすべてを取り仕切ったのは日本とイギリスのハーフである倉場富三郎であった。あのグラバー邸の持ち主、トーマス・グラバーの子息だった。

　同じ年、「東京ゴルフ倶楽部」が現在の駒沢オリンピック公園にオープンする。これが日本で初めての、日本人の手による、日本人のためのゴルフクラブの創設だった。

　1907年、日本アマチュア選手権が神戸ゴルフ倶楽部で開催される。当初は対抗戦としてスタートした。以後11年間は外国人選手が優勝を独占していたが、1918年に行われた東京ゴルフ倶楽部での大会では井上信が優勝し、3位までを日本勢が独占。ようやく日本のゴルフがスタートラインに立った。

　またこの駒沢コースは、1922年4月19日に当時、皇太子だった昭和天皇がプリンス・オブ・ウェールズ（後のエドワード8世）と親善競技を行ったことでも有名。昭和天皇は新宿御苑のコース、皇居内にあった9ホールのコースでもゴルフを楽しまれた。

　1926年に第1回日本プロゴルフ選手権が行われ、宮本留吉が優勝。その年に関西オープンが行われ、プロゴルファー第1号の福井覚治が優勝する。

　日本オープンゴルフ選手権の第1回はその翌年。程ヶ谷カントリー倶楽部で開かれ、赤星六郎が優勝を飾った。

雲仙ゴルフ場
雲仙ゴルフ場の運営は長崎県であったが、現在は雲仙ゴルフ場株式会社が運営している

日本中に広がるゴルフ

　薩摩藩の洋学者の子として生まれた赤星兄弟の四男・四郎はペンシルベニア州立大学、六男・六郎はプリンストン大学に留学し、そこでゴルフを覚えた。六郎は大学のゴルフ部でキャプテンも務め、1924年にノースカロライナ州パインハーストで行われた春季大学競技会で見事優勝を飾っている。これが日本人ゴルファーの海外におけるトーナメント初勝利であるとされている。六郎は当時の『スポーツイラストレイテッド』誌にも絶賛されており、帰国せずに戦っていたらメジャーを制していたとの見方もあるほど。

　六郎のあと、近衛文隆もパインハーストで活躍。その後、宮本留吉がパインハーストでボビー・ジョーンズとダブルスで親善マッチを行い、巻き上げた5ドル紙幣にジョーンズのサインをもらったという話もある。その5ドル紙幣は、兵庫・廣野ゴルフ倶楽部内にあるゴルフミュージアムに展示されている。宮本だけでなく浅見緑蔵、安田幸吉、戸田藤一郎といったプロたちが海外遠征へ続々と出かけた。また1930年にはウォルター・ヘーゲンやジーン・サラゼンなど世界的名手も来日し日本と海外のゴルフの交流が盛んになった。

　同年、C・H・アリソンが来日した際に案内役を務めた大谷光明、赤星四郎・六郎、藤田欽哉、井上誠一、上田治、上西荘三郎、伊藤長蔵らが後年、名コースを設計する。

　戦後、日本のゴルフは大衆化。1957年に日本の霞ヶ関CCで開催したカナダカップ（現ワールドカップ）で中村寅吉、小野光一が団体優勝。個人戦も中村寅吉が制したことで、ゴルフブームに火がついた。

HISTORY 6　赤星四郎・六郎が果たした役割

　第1次世界大戦後の日本にアメリカ流の「スポーツとしてのゴルフ」を定着させた功労者として、忘れてはならないのが赤星四郎（1895～1971年）と六郎（1898～1944年）の兄弟である。

　2人の父、赤星弥之助は元薩摩藩士で、明治維新後、武器商人として日清、日露戦争で巨万の富を築き、長男・鉄馬と四男・四郎をペンシルベニア州立大学、三男・喜介と六男・六郎をプリンストン大学へと、アメリカ留学させた。

　弥之助は子どもたちに「金はきれいに使え。一流人と対等に交友せよ。日本人としてさげすまれるな。思い切って遊び、日本人ここにありを知らしめてこい。何か一つ向こうの文化やスポーツを身につけてこい」と送り出したのだ。

　四郎は留学時代は身長180センチの巨体を活かし、アメリカンフットボールの選手として活躍。本格的にゴルフに取り組んだのは1921年に帰国したのちのことで、その5年後に31歳で日本アマの初タイトルを獲得している。

　体力、資金力に恵まれたとはいえ、並々ならぬ努力家であり、飛ばし屋でありながら小技にも長けた強いゴルファーとして認知されていった。

　だが、日本におけるゴルフのスタイル、技術、考え方

宮本留吉

を大きく変革したのは、弟の六郎である。

ゴルフは留学時代に始め、名手ボビー・クルックシャンクに師事。四郎に勝る体格、スイングの滑らかさ、ショットの力強さから、全米オープン勝者シリル・ウォーカーに「天才」と絶賛された。

ハイライトは1924年のパインハーストで行われたスプリングトーナメント優勝。この大会は当時、全米アマに次ぐ規模のトップアマが集う公式戦で、六郎は予選ストロークプレーを5位で通過。マッチプレーの決勝では前回の勝者ドナルド・パーソンを4＆3の大差で破ったのだ。

当時、球聖ボビー・ジョーンズがやっとメジャータイトルで実力を発揮し始め、アマ・プロ問わず優れたプレーヤーが活躍していた時期である。ゴルフ後進国であった日本のプレーヤーが優勝したことは、アメリカ人にも大きな驚きであり、初めて日本人のゴルフを認知した出来事といえるだろう。

第1回日本オープンを開催

1924年に帰国した六郎は、四郎とともに日本ゴルフ協会（JGA）の創設に奔走し、これを実現。1927年に第1回日本オープン開催にこぎつけ、2位の浅見緑蔵に10打差をつけて圧勝。後にも先にも、アマチュアの優勝はこのときだけである。ちなみに四郎は4位だった。

1930年にはアメリカのトッププロをJGAが招待し、エキシビションマッチを行ったが、赤星兄弟は日本の最強コンビとしてビル・メルホーン、ボビー・クルックシャンク組と対戦し、1勝する大金星をあげている。

プロより強かった六郎は、宮本留吉ら草創期のプロを数多く指導。自分の技術を押しつけず、個々のプレーヤーに合う技術を伝えていった。プロゴルファーが高度技能専門家であり、国内のゴルフ水準向上に必要不可欠であることを広く知らしめ、海外遠征の必要性を示唆するなど、今日のプロ隆盛の礎を築き上げていった。

四郎と六郎は競技以外でも、コース設計や1931年に創刊されたゴルフ雑誌『GOLF』の顧問を務めたりと、近代ゴルフの啓蒙のために多方面で活躍。四郎は程ヶ谷CCなど多数手がけており、六郎は我孫子GC、相模CCといった名コースを残している。

残念なのは、六郎が1941年の日米開戦を機にゴルフを断ち、1944年に敗血症で46歳という若さで他界したことだ。四郎は76歳で亡くなったが、六郎が同様に戦後も存命であれば、さらなる名コースや名プレーヤーを育てていたかもしれない。

また、語録『GOLF』があり、「ヤング・ゴルファーよ。全力を尽くして戦え！ 朗らかに勝ち、且つ愉快に負けよ」（六郎）。
「勝ったら根こそぎ練習だ。負ければなおさらプラクティスだ」（六郎）
「シングルプレーヤーでも、常にゲームを向上させるような刺激があり、かつて出来なかったプレーを敢えて試みようとする興味と昂奮を呼び起こすコースであること。ハイハンディプレーヤーやビギナーでも、たとえそれが大きなスコアを出すにしても、愉快に面白く廻れるように造ること」（四郎）など、数々の名言を

4＆3
マッチプレーではホールごとの勝敗を決める。従って、勝ちホール数が、残りホール数を上まわれば、その時点で勝敗が決まる。その例として4＆3は3ホールを残して4アップをしたという意味の勝となる。

残している。

7 HISTORY 日本男子の米ツアー挑戦史

　1967年に日本人プロとして初めて米ツアーのライセンスを獲得したのは杉本英世だった。

　1970年代は1975年に日本4冠を達成した村上隆が、翌1976年のワールドシリーズで水切りショットを演じたり、1977年のハワイアンオープンで2位に入るなどしたが、スポット参戦がほとんど。

　1980年に青木功が全米オープンでジャック・ニクラウスと4日間一緒に回り、2位に食い込んだことでアメリカ常駐を決意。1981年からフル参戦し、1983年のハワイアンオープンで日本人としては初の優勝を飾った。

　1981年6月のQT（クォリファイングトーナメント）で一発合格を果たし、日本選手としては3人目のライセンス保持者となったのが尾崎ブラザースの次兄・健夫。序盤戦は常にドライビングディスタンス第1位につけ、初の米ツアーVの夢を抱かせたが、1982年の5月に残念ながら帰国している。

　1983年から中嶋常幸も米ツアーに参戦。フロリダ・ベイヒルクラブ内に豪邸を購入し、優勝を狙った。1988年の全米プロで3位など、4大メジャーすべてにトップ10入りを果たしたものの、結局未勝利に終わった。

　1985年のビング・クロスビー・プロアマで1打差の2位に食い込んだのが新井規矩雄だった。わずか7試合でシード獲得となり、翌1986年にフル参戦したが、42ラウンドで賞金ランク204位に終わりシード落ちした。

　1986年から青木ファミリーの一員でもある大町昭義が参戦。1987年のヒューストンでは6位に食い込んだ。

　1992年末のQTで倉本昌弘がトップ合格。しかしトップの資格が生かせる1993年ツアーの序盤戦に出場しなかったため苦しい戦いを強いられ、21試合で7万4133ドルしか稼げず、賞金ランク162位でシード落ちした。

　1993年のTPC（ザ・プレーヤーズ選手権）で6位に入り、1994年から本格参戦したのが尾崎直道。安定した実力を発揮し、9年間アメリカに常駐したが、優勝には届かなかった。

　水巻善典も1993年のQTに合格。1994年は日米半々の戦いながら105位でシードを獲得。

　1999年のアンダーセンマッチプレー5位タイ、ワールドシリーズ6位などの健闘により、2000年のシード権を獲得したのが丸山茂樹。2001年のミルウォーキーオープンで青木に次ぐ、2人目の日本人優勝者となった。翌2002年のバイロン・ネルソン、さらに2003年のグリーンズボロ、と青木にもできなかった米ツアー3勝を達成している。この間、2001年から横尾要、2002年からは田中秀道も参戦したが、未勝利に終わっている。

　従来の日本選手とは、まったく違うパターンで米ツアー制覇を達成したのが今田竜二だった。広島県三原市出身の今田がアメリカにゴルフ留学したのは、ま

AONと呼ばれた3人。
左から尾崎将司、青木功、中嶋常幸

だ14歳のとき。

ジョージア大学を2年で中退すると、米下部ツアーのバイドットコムツアーを転戦。

1999年のバージニア ビーチ オープンで優勝を飾る。ネーションワイド ツアーと名前を変えた同ツアーで、2004年のBMWチャリティー優勝により賞金ランク3位に食い込んだ。この健闘により、1軍のレギュラーツアーシード権をゲット。2005年には全米オープンで16位に入るなどして、シード選手の常連になっていく。2008年のAT&Tクラシックでついに優勝。青木、丸山に次ぐ3人目の米ツアー優勝者となった。

8 HISTORY 世界の女子ゴルフの始まり

記録こそないが、女子ゴルフも草創期から行われていたとみる説が多い。1890年に出版されたホーレス・ハッチンソン著『ゴルフ入門書』に、女性の第1打の距離は70ヤードが基準とある。当時、女性たちの服装は飾りのついた大きな帽子をかぶり、パーティー用のロングドレスをまとっていたため、きちんとスイングすること自体が不可能で飛距離が出なかったのだ。

それでも女子ゴルフは普及し続け、1893年には全英女子ゴルフ連盟（LGU）が設立される。

オリンピックでも1900年の第2回パリ大会から、公式競技に認められた。五輪に女性も参加できるようにとの目的で、女子の競技人口が多いスポーツが候補にあがり、テニスとゴルフが公式競技へと加えられたという。

この大会で優勝したのはアメリカのシカゴ ゴルフ クラブでゴルフを覚えたマーガレット・アボット。1878年にインド・カルカッタ（現コルカタ）で生まれたアボットは、米国人女性として最初のオリンピック優勝者となった。

1904年出版の『レディース・ゴルフ』を著した全英レディース3回優勝のメイ・ヘズレットが、当時の不自由なレディース ゴルフ ファッションについて書いている。それによれば、スカートの裾のせいでボールが見づらく、強風の日にはクラブを振ることさえ難しかったという。雨の日は裾が芝の水を含み、雨によりスカート全体も重くなり、歩くのにとても疲れたとの記述もある。

この本が出版されたのと同じ、1904年に行われた第3回のオリンピック・セントルイス大会でも公式競技となったゴルフだが、1908年のロンドン大会から姿を消す。

その後も女性はロングスカートでの窮屈なゴルフを強いられ続けるが、1933年に革命的な出来事が起こる。イングランド レディース選手権でグロリア・ミノブリオがスラックスで登場。競技役員たちは警告を与えることを決めたものの、1回戦で敗れたため処分には至らなかったという。

アメリカでは1946年から全米女子オープンが開催され、4年後の1950年にはアメリカ女子プロゴルフ協会も発足した。1932年のオリンピック・ロサンゼルス大会でやり投げと80メートルハードルで金メダル、走り高跳びでも銀メダル獲得と大活躍を演じたスポー

TPC
THE PLAYERS Championship
ザ・プレーヤーズ・チャンピオンシップで、PGAツアーの1つ。

The Ladies' Golf Union
イングランドとアイルランドの女性アマチュアゴルフ運営団体として1893年に創立

ツの天才、ベーブ・ザハリアスが1935年から本格的にゴルフに転向。同年のテキサス女子招待で優勝を飾り、1946年の全米女子アマも制覇。1947年の全英女子アマでは米国人女性として初の優勝を飾るなど、18戦17勝という驚異的な強さを発揮した後、プロ入りする。ザハリアスはその後もメジャーの全米女子オープン3勝、ウエスタン女子オープン4勝、タイトルホルダーズ選手権3勝をあげ、当時のグランドスラムを達成している。

その後、ナンシー・ロペスが1年目の1978年に5連勝を含む9勝をあげて鮮烈デビュー。新人王と最優秀選手、平均ストロークNo.1のベア・トロフィーを獲得した。ロペスはその後通算48勝をあげ、スーパースターとなり一時代を築いた。

また1959年にデビューしたキャシー・ウィットワースも1985年のユナイテッド・バージニア・バンクまでの26年間で、ツアー最多勝記録の88勝をあげる金字塔を打ち立てたことも忘れてはならない。この記録は今も破られていない。

9 HISTORY　日本の女子ゴルフの始まり

日本人女性ゴルファー第1号は神戸女学院の学生であった、14歳の小倉末子。日本最初のゴルフ場である神戸ゴルフ倶楽部で、最初のプレヤブルメンバーである小倉正太郎の妹だった。末子はのちに、名ピアニストとして世に知られる。

さらに女子ゴルファーの草分け的存在なのが、関西の西村まさと関東の三井栄子である。西村まさは、1920年六甲で最初の女子選手権優勝者。ちなみに優勝スコアは88だった。しかも1926年には六甲の17番、124ヤードのパー3で、日本人女性として初のホールインワンを演じている。また関西のエースとして関東との対抗戦でもチームを引っ張った。

三井は夫の弁蔵（三井物産元役員）とともにアメリカでゴルフを学び、1922年にウエストチェスター（ニューヨーク州）でゴルフを初めてプレーした。1923年に帰国後、1926年から女子ゴルフの先駆者として大活躍した。1930年、ウォルター・ヘーゲンが来日した際、赤星四郎・六郎兄弟とともに三井もエキシビションマッチに出場。ハーフ36で回り、「信じられない」と感動したヘーゲンから愛用のウェッジをプレゼントされたという逸話も残る。

旧子爵の家庭に育ち、筆もたち、歌も詠む才女であった三井栄子は絶世の美人との誉れも高かった。戦前、戦後を通じて日本女子ゴルフ界の牽引役で、日本ゴルフ協会女子委員会の初代委員長も務めた。

戦後になると、神奈川の相模CCで日本の婦人と在日米軍の婦人ゴルファーによる親善マッチがスタート。女性のゴルフ熱も高まり、ついに1953年、日本最初の全国規模の女子ゴルフ大会が、同じ相模CCで開かれる。読売新聞社主催の全日本女子ゴルフ大会だ。

1956年、関東女子ゴルフ選手権が開催され、荒川さつきが優勝。荒川は鎌倉在住の文士たちが中心となって開催した鎌倉カーニバルで、ミス鎌倉に選ばれ、その後映画『窓から飛び出せ』に主演した人気女優だった。これをきっかけに職業婦人のゴルフ進出が

ロングスカートをはいてプレーしていた女子ゴルファー

目立ち始めた。

1960年ごろ、全国のゴルフ場や練習場の従業員の中から女性もゴルフのプロフェッショナルとして生計を立てたい、という機運が高まる。1961年には、当時東京・晴海にあった東雲ゴルフ場で「日本女子ゴルフ同好会競技大会」（全国ゴルフ場女子従業員大会）が開催される。出場者はゴルフ場や練習場に勤務する28人の"女子プロゴルファーの卵"たちだった。この大会は1957年のカナダカップで優勝し、当時のゴルフブームをもたらした中村寅吉、東雲のヘッドプロ・川波義太郎らの支援で開かれた。

日本女子プロゴルフ協会の設立

1967年に日本プロゴルフ協会は女子のプロテストを実施。日本プロゴルフ協会女子部が設けられ、女性にもプロゴルファーへの道が開かれる。10月25日、川越カントリークラブで行われたプロテストには26人が受験。全員が合格し、すでにこの時点でプロ活動していた15人にもライセンスが与えられ、計41名のプロ第1期生が誕生した。

1968年7月、第1回日本女子プロゴルフ選手権大会が静岡・天城カントリー倶楽部で開かれた。2日間54ホールストロークプレーで争われ、樋口久子が3オーバーの222で優勝を飾った。ちなみにこのときの賞金総額は45万円。樋口は優勝賞金の15万円を獲得した。

またこの年の12月に女子ゴルフ界初のオープン競技である「TBS女子オープン」が埼玉のTBS越谷ゴルフクラブで開催される。2日間36ホールの戦いにはアマチュアを含む42名が参加し、こちらも樋口が制した。この大会は1971年から日本女子オープンとなる。樋口は1972年に佐々木マサ子が日本女子オープンを制するまで公式戦無敗を誇った。さらに樋口は、佐々木とともにアメリカ女子ツアーにも参戦する。

1974年2月1日、日本プロゴルフ協会から女子部が独立し、日本女子プロゴルフ協会がスタート。初代会長は中村寅吉、理事長は1期生の現役プロ・二瓶綾子が務めた。1968年には2試合しかなかったが、この年には年間18試合に増え、賞金総額も1億円の大台を突破した。

創立10周年の1977年には樋口がメジャーの全米女子プロゴルフ選手権に優勝。さらに1974年プロ入りの岡本綾子が1981年に8勝をあげて日本の賞金女王に輝いた。1982年から米ツアーに本格参戦し、アリゾナ コパー クラシックで初優勝。さらに1987年にはアメリカの賞金女王にも輝いた。岡本は1992年まで欧米のツアーで18勝を積み上げる。

このころ、女子アマチュア界にも新星が登場。1985年に当時史上最年少の15歳6ヵ月で日本女子アマを制した服部道子が、1986年には全米女子アマで日本人初優勝の快挙。さらに1987年の全米女子オープンでもベストアマとスーパーガールぶりを発揮した。

1990年代は小林浩美、塩谷育代、平瀬真由美、服部道子、福嶋晃子ら群雄割拠の時代となる。2000年に入ると不動裕理が女王として君臨。2003年には10勝をあげ賞金女王。通算6回を数える。この年内最多勝記録は今も破られていない。

2008年は古閑美保、2009年は横峯さくらと、い

佐々木マサ子

ずれも最終戦に逆転で女王が決まるドラマチックな賞金レースが展開されている。また2009年は宮里藍がエビアン マスターズで米女子ツアー初優勝。小林浩美、福嶋晃子と続いた海外進出の歴史に新たな1ページを加えた。

10 HISTORY 日本女子の主な米ツアー参戦史

日本人女子の米ツアー先駆者は樋口久子と佐々木マサ子。この2人は1970年より米女子ツアーに参戦。1977年の全米女子プロゴルフ選手権で樋口が米女子ツアー初制覇。しかもメジャーでの優勝だった。

この後に続いたのが岡本綾子、大迫たつ子、森口祐子、日蔭温子といった面々だった。

岡本は1981年に2度目の挑戦でツアーライセンスを取得。このときトップ合格したのは森口だった。岡本は1982年のアリゾナ コパーで優勝を飾り、1983年からアメリカに常駐。1984年には3勝をあげ賞金ランク3位、1987年には4勝をあげ日本人初の賞金女王になった。この年の全米女子オープンでは3人のプレーオフに残り、優勝の夢を抱かせたが、ローラ・デービースに破れ2位に終わった。

岡本は1992年のマクドナルド選手権までに海外18勝をあげ、米女子ツアーでもトップランクの実力者として活躍。2000年のダイナショアを最後に撤退するまで初期はフロリダ、後期はカリフォルニアに居を構え戦い続けた。

日蔭温子も1982年から5年間参戦したが、優勝には届かなかった。

1989年から2シーズン、中嶋千尋も参戦。1989年には入江由香も参戦した。

1990年、小林浩美が参戦。1993年のビッグアップル クラシックで日本人選手3人目の米女子ツアー制覇を成し遂げ、さらに5週後のミネソタ クラシックでも2勝目。このあとも海外5勝の活躍を演じた。

1996年からは平瀬真由美も参戦。この年日本で行われた米女子ツアー最終戦・東レジャパンには米ツアー選手の資格で出場し、見事優勝を飾っている。平瀬は2000年までフル参戦したが、米本土での優勝はならなかった。

1998年のQTを5位で突破したのが福嶋晃子。1999年5月、フィリップス招待で日本人最速の12戦目の米ツアー制覇に成功。さらに10月のAFLACチャンピオンズでも2勝目をあげ、ルーキーにして賞金ランク15位に入る健闘をみせた。しかし2004年6月に撤退した。

2002年から米ツアーに挑戦したのが小俣奈三香と片野志保。2シーズン参戦したが未勝利に終わった。

2004年から参戦したのが元西武ライオンズ監督・東尾修を父に持つ東尾理子。日本大学からフロリダ大学に留学していた経験もあり、1999年には米ミニツアーのフューチャーズでも優勝していた。しかし米女子ツアーでは未勝利のまま撤退した。

2005年からは宮里藍が参戦。2008年に上田桃子、2009年には大山志保、宮里美香も続いた。そんな状況下、宮里藍が2009年、本格参戦5年目にしてエビアンマスターズで初勝利。さらに2010年は開幕から2連勝とし、すでに米ツアーの通算勝利を「5」まで伸ばしている。

QT
Qualifying Tournament
クォリファイングトーナメント
ツアー本戦へのシード権を持たないゴルファーが、参加する予選会のこと

練習問題・歴史編

検定形式の練習問題にチャレンジしてみよう。

問1 現在のゴルフの4大メジャー大会とは次のどの組み合わせか。
　①全英オープン・マスターズ・全米プロ・ワールドシリーズ
　②全英オープン・マスターズ・全米プロ・全米オープン
　③全英オープン・オリンピック・全米プロ・全米オープン
　④全英オープン・マスターズ・全米プロ・全米アマ

問2 日本で初めにつくられたクラブ形式のゴルフ場は。
　①神戸ゴルフ倶楽部
　②神戸ゴルフ場
　③六甲ゴルフ倶楽部
　④関西孔球倶楽部

問3 1930年に全米オープン、全米アマ、全英オープン、全英アマを制し、国民的スターとなり、球聖とも呼ばれるアメリカ人ゴルファーは。
　①ボブ・ジェームス
　②ボビー・ジャクソン
　③ボビー・チャールトン
　④ボビー・ジョーンズ

問4 現在も残る日本初のパブリックコースとしてオープンしたゴルフ場は。
　①川奈ホテルゴルフコース
　②小金井カントリー倶楽部
　③雲仙ゴルフ場
　④鳴尾ゴルフ倶楽部

問5 1900年のオリンピック第2回パリ大会からゴルフは公式競技に採用されていた。そのとき同時に採用された競技は。
　①テニス　②ラグビー　③綱引き　④トランポリン

解答と解説

【解答】問1②　問2①　問3④　問4③　問5①

【解説】問1　女子では、クラフト・ナビスコ選手権、全米女子プロゴルフ選手権、全米女子オープン、全英女子オープンの4つである。
　　　　問2　神戸ゴルフ倶楽部は1901年に4ホールのゴルフ場として開設され、2年後に9ホール、翌年に18ホールに増設された。
　　　　問3　ボビー・ジョーンズはその腕前から球聖とも呼ばれ、その後のゴルフに大きな影響を与えた。
　　　　問4　どのゴルフ場も名門と呼ばれるところだが、一番古いのは長崎県にある雲仙ゴルフ場である。
　　　　問5　1900年大会ではテニスが女性も参加できるという趣旨で追加された。2016年大会から再度ゴルフがオリンピックの正式競技に7人制ラグビーとともに採用された。

記録編
RECORD

記録はスポーツの進化を計る尺度のひとつである。
ここでは4大メジャーの記録と日本のメジャー大会の記録を紹介しつつ、
ときに、大記録が生まれた背景についても解説する。

RECORD 記録編

1 全英オープン
The Open Championship

　第1回（1860年、ウィリー・パークが優勝）当時にはほかにゴルフ大会が存在せず、区別する必要がなかったことが、The Open Championshipという大会名称を意味している。12回大会まではプレストウィックでのみ開催された。

　4試合あるメジャーのうち、この大会のみが英国内で行われる。1990年からは「ゴルフの聖地」と呼ばれるセントアンドリュースで5年おきに開催され、"帝王"ジャック・ニクラウスは2005年大会を引退試合に選んでいる。

　現在のセントアンドリュースのほか、ロイヤルリザム・アンドセントアンズ、ロイヤルトルーン、ロイヤルセントジョージズ、ロイヤルバークデール、ミュアフィールド、ターンベリー、カーヌスティとロイヤルリバプールがローテーションに入っている。いずれも自然を生かした難度の高いコースで、選手に「1日に四季がすべて経験できる」と表現される。豪雨や強風などの厳しい気候条件との戦いも覚悟せねばならない。

　現在、プレーオフは4ホールのトータルスコアを競うストロークプレー。それでも決まらない場合は5ホール目から先によいスコアでホールアウトしたほうが勝つサドンデス方式となる。

　最多優勝はハリー・バードンの6回（2010年1月現在）。2009年はスチュワート・シンクが、59歳のトム・ワトソンをプレーオフの末、振り切り初制覇した。敗れたワトソンも、この活躍で得たものは大きかった。2007年には歴代優勝者でも60歳という定年がもうけられていたが、10位以内に入れば、翌年から5年間出場できる新規定が加えられた。

　ワトソンは、この規定変更により2014年までの出場権を獲得。同時に2008年大会で優勝争いを演じた末に3位となったグレッグ・ノーマン（豪・1986、1993年優勝）も2013年までの出場権を獲得した。

　2005年からタイガー・ウッズが、2007年からはパドレイグ・ハリントンがそれぞれ連覇を飾っている。日本人選手では1932年に宮本留吉が初出場するも予選落ちし、次が、1956年に石井迪夫と林由郎が初出場。石井は36位、林は予選落ちした。近年では1976年に鈴木規夫が出場し10位と活躍。日本人最高位は1982年大会で倉本昌弘が4位に入って以降、更新されていない。

　ターンベリーで行われた1986年大会では、中嶋常幸が3日目を終わって1打差の2位。首位に立ったグレッグ・ノーマンと最終日最終組でラウンドしたが結局8位に終わり涙した。

The Open	
最多優勝者	ハリー・バードン（1896年・1898年・1899年・1903年・1911年・1914年）
最年少優勝者	トム・モリス・ジュニア（17歳5ヵ月8日）1868年
最年長優勝者	トム・モリス・シニア（46歳99日）1867年
日本人最高位	4位、倉本昌弘（1982年）

開催年	優勝者	コース名
1860年	ウィリー・パーク	プレストウィック
1861年	トム・モリス・シニア	プレストウィック
1862年	トム・モリス・シニア	プレストウィック
1863年	ウィリー・パーク	プレストウィック
1864年	トム・モリス・シニア	プレストウィック
1865年	アンドリュー・ストラ	プレストウィック
1866年	ウィリー・パーク	プレストウィック
1867年	トム・モリス・シニア	プレストウィック
1868年	トム・モリス・ジュニア	プレストウィック
1869年	トム・モリス・ジュニア	プレストウィック
1870年	トム・モリス・ジュニア	プレストウィック
1871年	中止	
1872年	トム・モリス・ジュニア	プレストウィック
1873年	トム・キッド	セントアンドリュース
1874年	マンゴ・パーク	マッセルバラ
1875年	ウィリー・パーク	プレストウィック
1876年	ロバート・マーティン	セントアンドリュース
1877年	ジェミー・アンダーソン	マッセルバラ
1878年	ジェミー・アンダーソン	プレストウィック
1879年	ジェミー・アンダーソン	セントアンドリュース
1880年	ロバート・ファーガソン	マッセルバラ
1881年	ロバート・ファーガソン	プレストウィック
1882年	ロバート・ファーガソン	セントアンドリュース
1883年	ウィリー・ファニー	マッセルバラ
1884年	ジャック・シンプソン	プレストウィック
1885年	ボブ・マーティン	セントアンドリュース
1886年	デビッド・ブラウン	マッセルバラ
1887年	ウィリー・パーク・ジュニア	プレストウィック
1888年	ジャック・バーンズ	セントアンドリュース
1889年	ウィリー・パーク・ジュニア	マッセルバラ
1890年	ジョン・ボール	プレストウィック
1891年	ヒュー・カーカルディ	セントアンドリュース
1892年	ハロルド・H・ヒルトン	ミュアフィールド
1893年	ウィリアム・オークタロニー	プレストウィック
1894年	ジョン・H・テイラー	ロイヤルセントジョージズ
1895年	ジョン・H・テイラー	セントアンドリュース
1896年	ハリー・バードン	ミュアフィールド
1897年	ハロルド・H・ヒルトン	ホイレイク(ロイヤルリバプール)
1898年	ハリー・バードン	プレストウィック
1899年	ハリー・バードン	ロイヤルセントジョージズ
1900年	ジョン・H・テイラー	セントアンドリュース
1901年	ジェームズ・ブレイド	ミュアフィールド
1902年	アレキサンダー・ハード	ホイレイク(ロイヤルリバプール)
1903年	ハリー・バードン	プレストウィック
1904年	ジャック・ホワイト	ロイヤルセントジョージズ
1905年	ジェームズ・ブレイド	セントアンドリュース
1906年	ジェームズ・ブレイド	ミュアフィールド
1907年	アーノード・マッシー	ホイレイク(ロイヤルリバプール)
1908年	ジェームズ・ブレイド	プレストウィック
1909年	ジョン・H・テイラー	ディール
1910年	ジェームズ・ブレイド	セントアンドリュース
1911年	ハリー・バードン	ロイヤルセントジョージズ
1912年	エドワード・レイ	ミュアフィールド
1913年	ジョン・H・テイラー	ホイレイク(ロイヤルリバプール)
1914年	ハリー・バードン	プレストウィック
1915~19年　第1次世界大戦により中止		
1920年	ジョージ・ダンカン	ディール
1921年	ジョック・ハッチソン	セントアンドリュース
1922年	ウォルター・ヘーゲン	ロイヤルセントジョージズ
1923年	アーサー・G・ヘイバース	トルーン
1924年	ウォルター・ヘーゲン	ホイレイク(ロイヤルリバプール)
1925年	ジム・M・バーンズ	プレストウィック
1926年	ボビー・ジョーンズ	ロイヤルリザム・アンドセントアンズ
1927年	ボビー・ジョーンズ	セントアンドリュース
1928年	ウォルター・ヘーゲン	ロイヤルセントジョージズ
1929年	ウォルター・ヘーゲン	ミュアフィールド
1930年	ボビー・ジョーンズ	ホイレイク(ロイヤルリバプール)
1931年	トミー・D・アーマー	カーヌスティ
1932年	ジーン・サラゼン	ロイヤルセントジョージズ
1933年	デニー・シュート	セントアンドリュース
1934年	ヘンリー・コットン	ロイヤルセントジョージズ
1935年	アルフ・ペリー	ミュアフィールド
1936年	アルフ・パジャム	ホイレイク(ロイヤルリバプール)
1937年	ヘンリー・コットン	カーヌスティ
1938年	レッグ・ホイットコーム	ロイヤルセントジョージズ
1939年	リチャード・バートン	セントアンドリュース
1940~45年　第2次世界大戦により中止		
1946年	サム・スニード	セントアンドリュース
1947年	フレッド・デイリー	ホイレイク(ロイヤルリバプール)
1948年	ヘンリー・コットン	ミュアフィールド
1949年	ボビー・ロック	ロイヤルセントジョージズ
1950年	ボビー・ロック	トルーン
1951年	マックス・フォークナー	ロイヤルポートラッシュ
1952年	ボビー・ロック	ロイヤルリザム・アンドセントアンズ
1953年	ベン・ホーガン	カーヌスティ
1954年	ピーター・トムソン	バークデール
1955年	ピーター・トムソン	セントアンドリュース
1956年	ピーター・トムソン	ホイレイク(ロイヤルリバプール)
1957年	ボビー・ロック	セントアンドリュース
1958年	ピーター・トムソン	ロイヤルリザム・アンドセントアンズ
1959年	ゲーリー・プレーヤー	ミュアフィールド
1960年	ケル・ネーグル	セントアンドリュース
1961年	アーノルド・パーマー	バークデール
1962年	アーノルド・パーマー	トルーン
1963年	ボブ・チャールズ	ロイヤルリザム・アンドセントアンズ
1964年	トニー・レマ	セントアンドリュース
1965年	ピーター・トムソン	ロイヤルバークデール
1966年	ジャック・ニクラウス	ミュアフィールド
1967年	ロベルト・デ・ビセンソ	ホイレイク(ロイヤルリバプール)
1968年	ゲーリー・プレーヤー	カーヌスティ
1969年	トニー・ジャクリン	ロイヤルリザム・アンドセントアンズ
1970年	ジャック・ニクラウス	セントアンドリュース
1971年	リー・トレビノ	ロイヤルバークデール
1972年	リー・トレビノ	ミュアフィールド
1973年	トム・ワイスコフ	ロイヤルトルーン
1974年	ゲーリー・プレーヤー	ロイヤルリザム・アンドセントアンズ
1975年	トム・ワトソン	カーヌスティ
1976年	ジョニー・ミラー	ロイヤルバークデール
1977年	トム・ワトソン	ターンベリー
1978年	ジャック・ニクラウス	セントアンドリュース
1979年	セベ・バレステロス	ロイヤルリザム・アンドセントアンズ
1980年	トム・ワトソン	ミュアフィールド
1981年	ビル・ロジャース	ロイヤルセントジョージズ
1982年	トム・ワトソン	ロイヤルトルーン
1983年	トム・ワトソン	ロイヤルバークデール
1984年	セベ・バレステロス	セントアンドリュース
1985年	サンディ・ライル	ロイヤルセントジョージズ

1986年	グレグ・ノーマン	ターンベリー
1987年	ニック・ファルド	ミュアフィールド
1988年	セベ・バレステロス	ロイヤルリザム・アンドセントアンズ
1989年	マーク・カルカベッキア	ロイヤルトルーン
1990年	ニック・ファルド	セントアンドリュース
1991年	イアン・ベーカーフィンチ	ロイヤルバークデール
1992年	ニック・ファルド	ミュアフィールド
1993年	グレグ・ノーマン	ロイヤルセントジョージズ
1994年	ニック・プライス	ターンベリー
1995年	ジョン・デーリー	セントアンドリュース
1996年	トム・レーマン	ロイヤルリザム・アンドセントアンズ
1997年	ジャスティン・レナード	ロイヤルトルーン

1998年	マーク・オメーラ	ロイヤルバークデール
1999年	ポール・ローリー	カーヌスティ
2000年	タイガー・ウッズ	セントアンドリュース
2001年	デビッド・デュバル	ロイヤルリザム・アンドセントアンズ
2002年	アーニー・エルス	ミュアフィールド
2003年	ベン・カーティス	ロイヤルセントジョージズ
2004年	トッド・ハミルトン	ロイヤルトルーン
2005年	タイガー・ウッズ	セントアンドリュース
2006年	タイガー・ウッズ	ロイヤルリバプール
2007年	パドレイグ・ハリントン	カーヌスティ
2008年	パドレイグ・ハリントン	ロイヤルバークデール
2009年	スチュワート・シンク	ターンベリー

2 マスターズ・トーナメント
The Masters Tournament

　マスターズは4大メジャーの中で最も新しい大会である。アマチュアのままキャリアを全うした球聖ボビー・ジョーンズが1930年グランドスラムを達成して現役を引退後、「ゴルフを通じて知り合った多くの友人たちを招いて、楽しいトーナメントを自分のコースで開きたい」と抱いていた夢を実現させた。米国ジョージア州アトランタで生まれ育ったジョーンズは、南北戦争の南軍総司令官ロバート・リー将軍以来の南部が生んだ国民的英雄だったので、自身のコースは南部につくる必然性があった。

　エキシビションで訪れたことがある同州オーガスタに、元は果樹園で、コースに最適な土地があるのを知り、白羽の矢を立てた。設計は英国人のアリスター・マッケンジー博士。2人の出会いは1929年までさかのぼる。ペブルビーチの全米アマでジョーンズは、若いジョニー・グッドマン（1933年、アマで全米オープン優勝者）に1回戦で苦杯をなめた。

　時間ができたジョーンズは、すぐ近くのサイプレスポイントを訪れ、マッケンジーと会った。サイプレスポイントもマッケンジーの設計であり、ゴルフ観を含め、コース設計理念でマッケンジーから大いに感銘を受けたジョーンズは「将来自分のコースをつくるとき、設計は絶対この人だ」とそのときから心に決めていたのだ。

　丘陵地帯の小高い丘に立ったとき「そこには長年誰かがコースにしてくれるのを待ち望んでいたかのような緑地が広がっていた」と一目見たときから、ほれこんでしまい、マッケンジーと共同でつくりあげたのが、オーガスタ ナショナルゴルフクラブだ。時代とともに距離が延びたり、バンカー数の増減など変化はあるが、基本的な概念はオリジナルのままといっていい。

　ただ、1934年の初のトーナメントは、アウト・インが現在とは逆で行われた。マッケンジーのマスタープランでは現行通りだったが、ジョーンズの意向でアウト・インを入れ替えたのだ。しかし、ラウンドのクライマックスを盛り上げていくにはマッケンジーのプランがベターだと、ジョーンズはすぐに過ちに気づき、翌1935年からはオリジナル通りに入れ替えて現在に至っている。

　ウォール街の投資銀行家で資金面の責任者、ジョーンズの腹心的な存在のクリフォード・ロバーツ（初代マスターズ委員長）はトーナメント名をマスターズとするよう提唱したが「自らマスターズ（名手）と名乗るのはおこがましい」とジョーンズの主張で最初はオーガスタ ナショナル インビテーション トーナメントが正式名称だった。

　しかし、メディアは最初からマスターズと呼んだので、ジョーンズもようやく承諾し、1939年からマスターズが正式名称になった。ほかのメジャーと違い、マスターズはあくまでもジョーンズが友人を招いて開

くトーナメントであり、この精神は今でも変わらず、いくつかのカテゴリーに入る選手が招待される。

日本人選手は1936年に戸田藤一郎、陳清水が初めて出場した。その後、日本人選手の出場は、第2次世界大戦で途絶えたが、1957年中村寅吉、小野光一が霞ヶ関のカナダカップ(現ワールドカップ)で優勝し、1958年に招待され復活した。

その後、1963年以降毎年出場が続いている。最高成績は2001年伊沢利光、2009年片山晋呉の4位。

2010年は日本から片山晋呉、池田勇太、石川遼らが参戦し、池田勇太が29位と健闘した。

The Masters	
最多優勝者	ジャック・ニクラウス(1963年・1965年・1966年・1972年・1975年・1986年)
最年少優勝者	タイガー・ウッズ(21歳3ヵ月14日) 1997年
最年長優勝者	ジャック・ニクラウス(46歳2ヵ月23日) 1986年
日本人最高位	4位、伊沢利光(2001年)、片山晋呉(2009年)

開催年	優勝者	スコア	
1934年	ホートン・スミス	284	-4
1935年	ジーン・サラゼン	282	-6
1936年	ホートン・スミス	285	-3
1937年	バイロン・ネルソン	283	-5
1938年	ヘンリー・ピカード	285	-3
1939年	ラルフ・ガルダール	279	-9
1940年	ジミー・デマレー	280	-8
1941年	クレイグ・ウッド	280	-8
1942年	バイロン・ネルソン	280	-8
1943〜1945年 第2次世界大戦により中止			
1946年	ハーマン・カイザー	282	-6
1947年	ジミー・デマレー	281	-7
1948年	クロード・ハーモン	279	-9
1949年	サム・スニード	282	-6
1950年	ジミー・デマレー	283	-5
1951年	ベン・ホーガン	280	-8
1952年	サム・スニード	286	-2
1953年	ベン・ホーガン	274	-14
1954年	サム・スニード	289	+1
1955年	ケリー・ミドルコフ	279	-9
1956年	ジャック・パーク・ジュニア	289	+1
1957年	ダグ・フォード	283	-5
1958年	アーノルド・パーマー	284	-4
1959年	アート・ウォール・ジュニア	284	-4
1960年	アーノルド・パーマー	282	-6
1961年	ゲーリー・プレーヤー	280	-8
1962年	アーノルド・パーマー	280	-8
1963年	ジャック・ニクラウス	286	-2
1964年	アーノルド・パーマー	276	-12
1965年	ジャック・ニクラウス	271	-17
1966年	ジャック・ニクラウス	288	±0
1967年	ゲイ・ブリュワー	280	-8
1968年	ボブ・ゴールビー	277	-11
1969年	ジョージ・アーチャー	281	-7
1970年	ビリー・キャスパー	279	-9
1971年	チャールズ・クーディー	279	-9
1972年	ジャック・ニクラウス	286	-2
1973年	トミー・アーロン	283	-5
1974年	ゲーリー・プレーヤー	278	-10
1975年	ジャック・ニクラウス	276	-12
1976年	レイモンド・フロイド	271	-17
1977年	トム・ワトソン	276	-12
1978年	ゲーリー・プレーヤー	277	-11
1979年	ファジー・ゼラー	280	-8
1980年	セベ・バレステロス	275	-13
1981年	トム・ワトソン	280	-8
1982年	クレイグ・スタドラー	284	-4
1983年	セベ・バレステロス	280	-8
1984年	ベン・クレンショー	277	-11
1985年	ベルンハルト・ランガー	282	-6
1986年	ジャック・ニクラウス	279	-9
1987年	ラリー・マイズ	285	-3
1988年	サンディ・ライル	281	-7
1989年	ニック・ファルド	283	-5
1990年	ニック・ファルド	278	-10
1991年	イアン・ウーズナム	277	-11
1992年	フレッド・カプルス	275	-13
1993年	ベルンハルト・ランガー	277	-11
1994年	ホセ・マリア・オラサバル	279	-9
1995年	ベン・クレンショー	274	-14
1996年	ニック・ファルド	276	-12
1997年	タイガー・ウッズ	270	-18
1998年	マーク・オメーラ	279	-9
1999年	ホセ・マリア・オラサバル	280	-8
2000年	ビジェイ・シン	278	-10
2001年	タイガー・ウッズ	272	-16
2002年	タイガー・ウッズ	276	-12
2003年	マイク・ウェア	281	-7
2004年	フィル・ミケルソン	279	-9
2005年	タイガー・ウッズ	276	-12
2006年	フィル・ミケルソン	281	-7
2007年	ザック・ジョンソン	289	+1
2008年	トレバー・イメルマン	280	-8
2009年	アンヘル・カブレラ	276	-12
2010年	フィル・ミケルソン	272	-16

3 全米プロゴルフ選手権
PGA Championship

　毎年8月に米国内で開催コースを変え、4大メジャー最後の大会として行われる。

　主催は全米プロゴルフ協会（PGA of America 以下PGA）。百貨店経営で大成功を収めていたロッドマン・ワナメーカーは、20世紀に入りいずれやってくるゴルフブームの到来を予感。プロゴルファーたちが協会を設立すれば、ゴルフ用品の販売が大きく促進されると確信し、1916年1月17日、ニューヨーク市内のホテルに、プロとアマチュアの有力選手をランチに招待。PGAの設立を呼びかける。

　1916年4月、ニューヨークでPGAが35人の創立会員により発足。10月14日〜17日、ニューヨーク州ブロンクスビルのシワノイ カントリークラブで第1回全米プロゴルフ選手権が開催された。

　第1回大会はマッチプレー形式で行われ、決勝はジェームス・M・バーンズがジョック・ハッチソンを1アップで下し、栄えある最初のチャンピオンの座を獲得した。優勝賞金は2580ドル。

　また全米ゴルフ協会（以下USGA）も、1917年の全米オープンのホストクラブにホワイト マーシュ カントリークラブを正式に選出することで、PGAとの共同歩調を明確にする。

　1921年にウォルター・ヘーゲンが米国生まれの選手として初優勝。またこの年、ジョック・ハッチソンが米国市民として初の全英オープン制覇を成し遂げる。

　1922、1923年とジーン・サラゼンが全米プロ2連勝。しかし1924年にヘーゲンがタイトル奪回を果たすと、そのまま全米プロ4連勝の大記録を樹立する。

変革が求められた全米プロ

　1958年に競技方法がマッチプレーからストロークプレーに変更された。1960年代に入ると1962年に"南アフリカの黒ヒョウ"ゲーリー・プレーヤー、1963年にジャック・ニクラウス、1974年にリー・トレビノと、スター選手が続々と優勝者に名を連ねるようになる。

　1975年にツアープレーヤーズ部門がPGAツアーとして正式にPGAから独立。PGAは全米プロ、ライダーカップなどを主催し、ワールドシリーズをPGAツアーと共同主催をするなど大きな路線変更を迫られる。

　1980年にニクラウスが大会5勝目をあげ、ウォルター・ヘーゲンの大会最多勝記録に並ぶ。1980年代中盤まではニクラウス、トレビノ、レイモンド・フロイドらベテラン勢に、セベ・バレステロス（スペイン）、グレッグ・ノーマン（豪州）、ニック・プライス（ジンバブエ）ら新興の外国人選手が台頭してくる構図により、ツアー自体は盛り上がっていた。

　しかし、その一方でプレーヤーズ選手権（TPC）、メモリアル トーナメントなどが第5のメジャーと呼ばれて評価を高め、4番目のメジャーとして格付けされた全米プロ自体の存在価値が脅かされる時期もあった。とはいえ1990年代に入るとタイガー・ウッズという超新星が登場。全米プロでは1999、2000年と連覇に成功。特に2000年は全米オープンから全英、この大会、さらに翌年のマスターズとメジャー4連覇。年間グランドスラムに準じる偉業として、のちに"タイガースラム"と呼ばれるようになる。ウッズは2006、2007年と2度目の連覇にも成功。2008年はパドレイグ・ハリントン、2009年は韓国のY・E・ヤンが東洋人として初のメジャー制覇を成し遂げる舞台となった。

　日本人選手では1981年に青木功が4位に入り、1988年に中嶋常幸が3位に食い込んだ。2001年に片山晋呉も4位に入っているが、以後日本人選手のトップ10入りはない。

PGA Championship	
最多優勝者	ウォルター・ヘーゲン（1921年・1924年・1925年・1926年・1927年）、ジャック・ニクラウス（1963年・1971年・1973年・1975年・1980年）
最年少優勝者	ジーン・サラゼン（20歳5ヵ月22日）1922年
最年長優勝者	ジュリアス・ボロス（48歳4ヵ月18日）1968年
日本人最高位	3位、中嶋常幸（1988年）

開催年	優勝者	開催コース
1916年	ジェームス・M・バーンズ	シワノイCC
1917～1918年　第1次世界大戦により中止		
1919年	ジェームス・M・バーンズ	エンジニアスCC
1920年	ジョック・ハッチソン	フロスモアCC
1921年	ウォルター・ヘーゲン	インウッドCC
1922年	ジーン・サラゼン	オークモントCC
1923年	ジーン・サラゼン	ペルハムCC
1924年	ウォルター・ヘーゲン	フレンチリックスプリングスリゾート
1925年	ウォルター・ヘーゲン	オリンピアフィールズCC
1926年	ウォルター・ヘーゲン	サリスバリーゴルフリンクス
1927年	ウォルター・ヘーゲン	セダークレストCC
1928年	レオ・ディーゲル	ファイブファームスCC
1929年	レオ・ディーゲル	ヒルクレストCC
1930年	トミー・アーマー	フレッシュメドウズCC
1931年	トム・クリーピー	ワナモイセットCC
1932年	オリン・デュトラ	ケラーGC
1933年	ジーン・サラゼン	ブルーマウンドCC
1934年	ポール・ラニアン	パークCC
1935年	ジョニー・レボルタ	ツインヒルズCC
1936年	デニー・シュート	パインハーストCC
1937年	デニー・シュート	ピッツバーグフィールドクラブ
1938年	ポール・ラニアン	シャウニーCC
1939年	ヘンリー・ピッカード	ポモノックCC
1940年	バイロン・ネルソン	ハーシーCC
1941年	ビック・ゲッジ	チェリーヒルズCC
1942年	サム・スニード	シービューCC
1943年　第2次世界大戦により中止		
1944年	ボブ・ハミルトン	マニトゴルフアンドCC
1945年	バイロン・ネルソン	モレインCC
1946年	ベン・ホーガン	ポートランドGC
1947年	ジム・フェリアー	プラムホロウGC
1948年	ベン・ホーガン	ノーウッドヒルズCC
1949年	サム・スニード	ハーミテージCC
1950年	チャンドラー・ハーパー	サイオトCC
1951年	サム・スニード	オークモントCC
1952年	ジム・ターネサ	ビッグスプリングCC
1953年	ウォルター・パークモ	バーミンガムCC
1954年	チック・ハーバート	ケラーGC
1955年	ダグ・フォード	メドウブルックCC
1956年	ジャック・バーク	ブルーヒルCC
1957年	リオナルド・ハーバート	マイアミバレーCC
1958年	ドウ・フィンスターワルド	ラネーチCC
1959年	ボブ・ロスバーグ	ミネアポリスGC
1960年	ジェイ・ハーバート	ファイヤーストーンCC
1961年	ジェリー・バーバー	オリンピアフィールズCC
1962年	ゲーリー・プレーヤー	アロニミンクGC
1963年	ジャック・ニクラウス	ダラスアスレチッククラブ
1964年	ボブ・ニコルス	コロンバスCC
1965年	デーブ・マー	ローレルバレーCC
1966年	アル・ガイバーガー	ファイヤーストーンCC
1967年	ドン・ジャニュアリー	コロンバインCC
1968年	ジュリアス・ボロス	ピーカンバレーCC
1969年	レイモンド・フロイド	NCR CC
1970年	デーブ・ストックトン	サザンヒルズCC
1971年	ジャック・ニクラウス	PGAナショナルGC
1972年	ゲーリー・プレーヤー	オークランドヒルズCC
1973年	ジャック・ニクラウス	カンタベリーGC
1974年	リー・トレビノ	タングルウッドパークGC
1975年	ジャック・ニクラウス	ファイヤーストーンCC
1976年	デーブ・ストックトン	コングレッショナルCC
1977年	ラニー・ワドキンス	ペブルビーチゴルフリンクス
1978年	ジョン・マハフィー	オークモントCC
1979年	デビッド・グラハム	オークランドヒルズGC
1980年	ジャック・ニクラウス	オークヒルCC
1981年	ラリー・ネルソン	アトランタアスレチッククラブ
1982年	レイモンド・フロイド	サザンヒルズCC
1983年	ハル・サットン	リビエラCC
1984年	リー・トレビノ	ショールクリークCC
1985年	ヒューバート・グリーン	チェリーヒルズCC
1986年	ボブ・ツエー	インバネスクラブ
1987年	ラリー・ネルソン	PGAナショナルGC
1988年	ジェフ・スルーマン	オークツリーGC
1989年	ペイン・スチュワート	ケンバーレイクスGC
1990年	ウェイン・グラディ	ショールクリークCC
1991年	ジョン・デーリー	クルックドスティックGC
1992年	ニック・プライス	ベルリーブCC
1993年	ポール・エージンガー	インバネスクラブ
1994年	ニック・プライス	サザンヒルズCC
1995年	スティーブ・エルキントン	リビエラCC
1996年	マーク・ブルックス	バルハラGC
1997年	デービス・ラブ3世	ウィングドフット
1998年	ビジェイ・シン	サハリーGC
1999年	タイガー・ウッズ	メディナCC
2000年	タイガー・ウッズ	バルハラGC
2001年	デビッド・トムズ	アトランタアスレチッククラブ
2002年	リッチ・ビーム	ヘーゼルタインナショナルGC
2003年	ショーン・ミキール	オークヒルCC
2004年	ビジェイ・シン	ウイッスリング・ストレイツ
2005年	フィル・ミケルソン	バルタスロールGC
2006年	タイガー・ウッズ	メダイナCC
2007年	タイガー・ウッズ	サザンヒルズCC
2008年	パドレイグ・ハリントン	オークランドヒルズCC
2009年	Y・E・ヤン	ヘーゼルタインナショナルGC

4 RECORD 全米オープンゴルフ選手権
United States Open Golf Championship

　大会主催者である全米ゴルフ協会（USGA）の公式ハンディ1.4以下という条件さえクリアできれば、誰でも挑戦できるオープン選手権。

　2009年大会の場合、全米112会場で18ホールのローカル クオリファイイング（1次予選）が開催された。セクショナル クオリファイイング（最終予選）は米国、欧州、日本の15ヵ所で約750人が参加。2005年（本戦はパインハーストリゾートアンドCC）大会に優勝したマイケル・キャンベル（ニュージーランド）は、英国の2次予選を突破して出場資格を得ている。

　大会史上最多のエントリー数を記録したのもこの2005年大会で、1次予選からの挑戦者を合計すると9048人に上った。本戦に出場できるのは、わずか156人。

　第1回大会が行われたのは1895年10月4日。9ホールのニューポート ゴルフ アンド カントリー クラブ（ロードアイランド州）が舞台となった。出場選手は10人のプロとアマチュア1人の計11人。これがエントリー人数の最少記録となっている。1日で9ホールのコースを4回ラウンドする36ホールのストロークプレーで争われた。

　優勝は91-82のトータル173で回ったホーレス・ローリンズ。開催コースのアシスタントプロでもあった弱冠21歳の英国人プロが、栄えある第1回優勝者に輝いた。このときの優勝賞金は150ドル。

　1898年の第4回大会からは、1日36ホールずつ行う72ホールになり、この後も英国勢の天下が続く。

　1913年に20歳の米国人アマチュア、フランシス・ウィメットが優勝し、米国内でのゴルフ人気が上がっていく。

　1923年にジョージア州のアマチュアであるボビー・ジョーンズが全米オープン初制覇。初日、2日目を18ホールずつ行い、最終日に36ホールを行うようになった1926年にもジョーンズが優勝。さらに1929、1930年と、全米オープンだけで4勝を積み上げる。並行して1926、1927、1930年の全英オープンも制覇。同年に全英、全米両アマも制し、グランドスラムの偉業を達成した（当時は全英・全米両オープンと両アマが4大メジャーだった）。

　1933年大会を制したジョニー・グッドマンを最後に、アマチュアの優勝者は出ていない。ここまでの大会でもアマチュアで全米オープンを制したのは、上記の3人にジェローム・トラバース（1915年優勝）、チャールズ・エバンス・ジュニア（1916年優勝）を加えた5人にとどまる。以来、アマチュアの優勝者は76年間出ていない。

　1942年から第2次世界大戦のため中止されるが、大会復活後の1948年に優勝したベン・ホーガンが、1950、1951、1953年と4勝し一時代を築く。さらに1960年、アーノルド・パーマーが最終日65をマークし優勝。「アーニーズ アーミー」と呼ばれるファンを集め、スーパースターとして人気を博す。その後を追うように登場したのがのちに"帝王"と呼ばれるジャック・ニクラウス。ルーキーシーズンの1962年に全米オープンを制する鮮烈デビュー後、1967、1972年と頂点に立つ。1980年の最後の優勝は、バルタスロールGC（ニュージャージー州）で青木功と激闘を演じた末に得たものだった。

　1965年から1日18ホールの4日間72ホールのストロークプレーで行われ、また2002年からは予選ラウンドが1番、10番の両ティーからのスタートとなった。

　近年はクラブの進歩や選手の筋力アップなどに対抗するため、コースのセッティングは厳しさを増している。距離がかなりあるのにフェアウェイが狭く、ラフが厳しく、そしてグリーンは硬く速い。4大メジャーのうちで最も難しいセッティングであるというのが定説だ。

　2008年は、通算1アンダーで並んだタイガー・ウッズとロッコ・メディエートのプレーオフにもつれこむ。さらに翌日の18ホールもともにイーブンパーの71。サドンデスのプレーオフとなり、最初のホールをパーで上がったウッズが、ニクラウスに次いで史上2人目となるトリプルグランドスラムの偉業を達成した。

U.S.Open	
第1回優勝者	ホーレス・ローリンズ
最多優勝者	ウィリー・アンダーソン（1901年・1903年・1904年・1905年）、ボビー・ジョーンズ（1923年・1926年・1929年・1930年）、ベン・ホーガン（1948年・1950年・1951年・1953年）、ジャック・ニクラウス（1962年・1967年・1972年・1980年）
最年少優勝者	ジョン・マクダーモット（19歳10ヵ月14日）1911年
最年長優勝者	ヘール・アーウィン（45歳15日）1990年
日本人最高位	2位、青木功（1980年）

開催年	優勝者	コース名
1895年	ホーレス・ローリンズ	ニューポートGC
1896年	ジェームス・ファウリス	シネコックヒルズGC
1897年	ジョー・ロイド	シカゴGC
1898年	フレッド・ハード	マイオピアハントクラブ
1899年	ウィリー・スミス	バルティモアCC
1900年	ハリー・バードン	シカゴGC
1901年	ウィリー・アンダーソン	マイオピアハントクラブ
1902年	ローリー・オークターローニー	ガーデンシティーGC
1903年	ウィリー・アンダーソン	バルタスロールGC
1904年	ウィリー・アンダーソン	グレンビュークラブ
1905年	ウィリー・アンダーソン	マイオピアハントクラブ
1906年	アレックス・スミス	オンウェントシアクラブ
1907年	アレックス・ロス	フィラデルフィアクリケットクラブ
1908年	フレッド・マクレオド	マイオピアハントクラブ
1909年	ジョージ・サージェント	イングルウッド
1910年	アレックス・スミス	フィラデルフィアクリケットクラブ
1911年	ジョン・マクダーモット	シカゴGC
1912年	ジョン・マクダーモット	カントリークラブオブバッファロー
1913年	フランシス・ウィメット	ザ・カントリークラブ、
1914年	ウォルター・ヘーゲン	ミッドロシアンカCC
1915年	ジェローム・トラバース	バルタスロールGC
1916年	チャールズ・エバンズ・ジュニア	ミニカーダクラブ
1917～18年　第1次世界大戦により中止		
1919年	ウォルター・ヘーゲン	ブレアバーンCC
1920年	テッド・レイ	インバーネスクラブ
1921年	ジム・バーンズ	コロンビアCC
1922年	ジーン・サラゼン	スコッキーCC
1923年	ボビー・ジョーンズ	インウッドCC
1924年	シリル・ウォーカー	オークランドヒルズCC
1925年	ウィリー・マクファーレン	ウォーセスターCC
1926年	ボビー・ジョーンズ	サイオトCC
1927年	トミー・アーマー	オークモントCC
1928年	ジョニー・ファレル	オリンピアフィールズCC
1929年	ボビー・ジョーンズ	ウイングフットGC
1930年	ボビー・ジョーンズ	インターラッセンCC
1931年	ビリー・バーク	インバーネスクラブ
1932年	ジーン・サラゼン	フレッシュメドウズCC
1933年	ジョニー・グッドマン	ノースショアGC
1934年	オリン・デュトラ	メリオンクリケットクラブ
1935年	サム・パークス	オークモントCC
1936年	トニー・マネロ	バルタスロールGC
1937年	ラルフ・ガルダール	オークランドヒルズCC
1938年	ラルフ・ガルダール	チェリーヒルズCC
1939年	バイロン・ネルソン	フィラデルフィアCC
1940年	ローソン・リトル	カンタベリーGC
1941年	クレイグ・ウッド	コロニアルクラブ
1942～45年　第2次世界大戦により中止		
1946年	ロイド・マングラム	カンタベリーGC
1947年	ルー・ウォーシャム	セントルイスCC
1948年	ベン・ホーガン	リビエラCC
1949年	ケリー・ミドルコフ	メダイナCC
1950年	ベン・ホーガン	メリオンGC
1951年	ベン・ホーガン	オークランドヒルズCC
1952年	ジュリアス・ボロス	ノースウッドクラブ
1953年	ベン・ホーガン	オークモントCC
1954年	エド・ファーゴル	バルタスロールGC
1955年	ジャック・フレック	オリンピックCC
1956年	ケリー・ミドルコフ	オークヒルCC
1957年	ディック・メイヤー	インバーネスクラブ
1958年	トミー・ボルト	サザンヒルズCC
1959年	ビリー・キャスパー	ウイングフットGC
1960年	アーノルド・パーマー	チェリーヒルズCC
1961年	ジーン・リトラー	オークランドヒルズCC
1962年	ジャック・ニクラウス	オークモントCC
1963年	ジュリアス・ボロス	ザ・カントリークラブ
1964年	ケン・ベンチュリー	コングレッショナルCC
1965年	ゲーリー・プレーヤー	ベルリーブCC
1966年	ビリー・キャスパー	オリンピックCC
1967年	ジャック・ニクラウス	バルタスロールGC
1968年	リー・トレビノ	オークヒルCC
1969年	オービル・ムーディー	チャンピオンズGC
1970年	トニー・ジャクリン	ヘーゼルタインナショナルGC
1971年	リー・トレビノ	メリオンGC
1972年	ジャック・ニクラウス	ペブルビーチゴルフリンクス
1973年	ジョニー・ミラー	オークモントCC
1974年	ヘール・アーウィン	ウイングフットGC
1975年	ルー・グラハム	メダイナCC
1976年	ジェリー・ペイト	アトランタアスレチッククラブ
1977年	ヒューバート・グリーン	サザンヒルズCC
1978年	アンディ・ノース	チェリーヒルズCC
1979年	ヘール・アーウィン	インバーネスクラブ
1980年	ジャック・ニクラウス	バルタスロールGC
1981年	デビッド・グラハム	メリオンGC
1982年	トム・ワトソン	ペブルビーチゴルフリンクス
1983年	ラリー・ネルソン	オークモントCC
1984年	ファジー・ゼラー	ウイングフットGC
1985年	アンディ・ノース	オークランドヒルズCC
1986年	レイモンド・フロイド	シネコックヒルズGC
1987年	スコット・シンプソン	オリンピックCC
1988年	カーティス・ストレンジ	ザ・カントリークラブ
1989年	カーティス・ストレンジ	オークヒルCC
1990年	ヘール・アーウィン	メダイナCC
1991年	ペイン・スチュワート	ヘーゼルタインナショナルGC

1992年	トム・カイト	ペブルビーチゴルフリンクス
1993年	リー・ジャンセン	バルタスロールGC
1994年	アーニー・エルス	オークモントCC
1995年	コーリー・ペイビン	シネコックヒルズGC
1996年	スティーブ・ジョーンズ	オークランドヒルズCC
1997年	アーニー・エルス	コングレッシャル
1998年	リー・ジャンセン	オリンピッククラブ
1999年	ペイン・スチュワート	パインハーストリゾートアンドCC
2000年	タイガー・ウッズ	ペブルビーチゴルフリンクス

2001年	レティーフ・グーセン	サザンヒルズCC
2002年	タイガー・ウッズ	ベスページステートパーク
2003年	ジム・フューリク	オリンピアフィールズCC
2004年	レティーフ・グーセン	シネコックヒルズGC
2005年	マイケル・キャンベル	パインハーストリゾートアンドCC
2006年	ジェフ・オギルビー	ウイングフットGC
2007年	アンヘル・カブレラ	オークモントGC
2008年	タイガー・ウッズ	トーリーパインズGC
2009年	ルーカス・グローバー	ベスページステートパーク

5 日本オープンゴルフ選手権

　日本ゴルフ界最高峰のナショナル・オープン。JGAハンディキャップ6.4までのアマチュアゴルファーが一次予選にチャレンジできるほか、各地区オープンや日本アマの上位者などにも出場権が与えられる。2009年の賞金総額は2億円。優勝賞金は4000万円。

　1927年5月28、29日の両日、程ヶ谷カントリー倶楽部で行われた第1回大会には、アマチュア12人、プロ5人が出場。72ホールのメダルプレーで行われ、プロの浅見緑蔵を10ストローク引き離したアマチュアの赤星六郎が、日本一の座に就いた。

　程ヶ谷カントリー倶楽部は赤星の兄・四郎の設計。日本にも本格的な18ホールの『チャンピオンシップコースを作ろう』との機運が高まり、政財界の錚々たるメンバー20人が集まる。中でも森村市左衛門、井上準之助の両氏が、資金集めに大きく貢献したと同倶楽部の年史にある。1923年4月、現在の横浜国立大学キャンパス内にコースが完成。会員総数は264名に上ったという。

　初代優勝者の赤星六郎は旧薩摩藩士の家系で、麻布中学を卒業すると兄の鉄馬、四郎らに続きアメリカに留学し、ローレンスビル高校時代に近くのゴルフ場所属プロから手ほどきを受けると、わずか2年でハンディ0まで上達する。

　宮本留吉ら当時のプロたちも全く歯が立たず、日参してアマチュアの六郎からレッスンを受けた。相手に応じた的確なアドバイスのレッスン内容も天才的なもので、当時のプロたち全員が六郎の弟子だったという。また日本女子ゴルファーの草分けである三井栄子も同様だ。

　当然のことながら、第2回以降は六郎門下生が日本オープンを制覇していく。第2回と第5回が浅見緑蔵、3、4回、8、9回と連覇、6回と13回大会にも優勝するのが宮本留吉。1929年11月には、宮本留吉と安田幸吉がハワイ・オープンに遠征。これが日本のプロによる初の海外遠征となる。

　1934年は台風水害で中止。さらに1942～1949年は第2次世界大戦の影響で中止となる。1950年の第15回からようやく再開されるが、じつはこの年と翌1951年は優勝カップがなく、1952年になりようやく日本オープンの優勝カップが新調され中村寅吉に渡された。

　それにはある事情があった。中止となる直前の1941年大会（程ヶ谷CC）は、延原徳春が優勝。カップは当時日本が統治していた朝鮮へと渡った。当時は朝鮮総督府が朝鮮姓を廃止して日本式に改めさせていた時代。したがって、延も当時は延原という姓で出場していた。その年の12月に太平洋戦争が勃発。終戦後、朝鮮半島は北朝鮮と韓国に分断され、さらに1950年に朝鮮戦争が勃発し、北朝鮮が38度線を突破する。延はカップを埋めて避難。後に延はカップを探しに戻ったが、埋めたはずの場所はすっかり焼け野原となっていて、どこに埋めたのかさえ分からない。結局カップは見つからなかったという。

　カップが朝鮮から戻らないまま再開された1950年大会は我孫子GCで行われ、ホームコースである林由郎が優勝している。林は1949年9月に日本プロを勝ち、翌年の10月2、3日に日本オープンを制覇。さらに1日おいて5～8日まで行われた日本プロにも優勝している。1年の間ホームコースで日本タイトル3連覇というのも凄い。林は東京GCで行われた1954年大会も制した。

　翌年からは小野光一が16、18、20回大会、中村寅吉

が17、21、23回と勝つ。1950年代はこの2人で3勝ずつ。この2強がカナダカップ（現ワールドカップ、1957年、霞ヶ関CC）で日本に優勝の快挙をもたらしたのも、うなずける。このコンビが第1次ゴルフブームの火つけ役となった。

1962年、杉原輝雄が25歳の若さで大会初制覇。また1965、1967年大会を制した橘田 規のスイングは、"水平打法"と呼ばれ当時多くのゴルファーに影響を与えた。

有馬ロイヤルGCで青木が大会2勝目を飾った翌1988年の東京ゴルフ倶楽部では、AONの3強が壮絶な優勝争いを演じ最終ホールへ。上りの70センチ。ウイニングパットのアドレスに入った尾崎の手が動かない。2度も仕切り直し、額の汗を拭う姿は凄まじい重圧の証明だった。結局このパットを沈めた尾崎は、翌1989年の名古屋GC和合大会でも17番パー3の左バンカーから直接叩き込むバーディーで豪州のブライアン・ジョーンズを振り切り連覇に成功する。

1999年は小樽CCで、尾崎直道が日本オープン初制覇。翌年、鷹之台CCで行われた大会で連覇に成功し、兄弟連覇という初の快挙を成し遂げた。

片山晋呉は2008年、古賀CCの日本オープンも制し、複数優勝者の仲間入りを果たした。この前年、谷口徹も2004年に続く2度目の優勝を手にしている。74回の大会史上、複数優勝は16人しかいない。宮本留吉の6勝を筆頭に、尾崎将司が5勝、中嶋常幸が4勝。3勝は小野光一と中村寅吉。2勝しているのは11人となっている。

開催期	開催年	優勝者	開催コース
第1回	1927年	赤星六郎	程ヶ谷CC
第2回	1928年	浅見緑蔵	東京GC
第3回	1929年	宮本留吉	茨木CC
第4回	1930年	宮本留吉	茨木CC
第5回	1931年	浅見緑蔵	程ヶ谷CC
第6回	1932年	宮本留吉	茨木CC
第7回	1933年	中村兼吉	霞ヶ関CC
1934年は台風水害のため、中止			
第8回	1935年	宮本留吉	東京GC
第9回	1936年	宮本留吉	鳴尾GC
第10回	1937年	陳清水	相模CC
第11回	1938年	林万福	藤沢GC
第12回	1939年	戸田藤一郎	廣野GC
第13回	1940年	宮本留吉	東京GC
第14回	1941年	延原徳春	程ヶ谷CC
1942～1949年は第2次世界大戦の影響のため中止			
第15回	1950年	林由郎	我孫子GC
第16回	1951年	小野光一	鳴尾GC
第17回	1952年	中村寅吉	川奈ホテル
第18回	1953年	小野光一	宝塚GC
第19回	1954年	林由郎	東京GC
第20回	1955年	小野光一	廣野GC
第21回	1956年	中村寅吉	霞ヶ関CC
第22回	1957年	小針春芳	愛知CC
第23回	1958年	中村寅吉	鷹之台CC
第24回	1959年	陳清波	相模原GC
第25回	1960年	小針春芳	廣野GC
第26回	1961年	細石憲二	鷹之台CC
第27回	1962年	杉原輝雄	千葉CC
第28回	1963年	戸田藤一郎	四日市CC
第29回	1964年	杉本英世	東京GC
第30回	1965年	橘田規	三好CC
第31回	1966年	佐藤精一	袖ヶ浦CC
第32回	1967年	橘田規	廣野GC
第33回	1968年	河野高明	総武CC
第34回	1969年	杉本英世	小野GC
第35回	1970年	橘田光弘	武蔵CC
第36回	1971年	藤井義将	愛知CC
第37回	1972年	韓長相	大利根CC
第38回	1973年	ベン・アルダ	茨木CC
第39回	1974年	尾崎将司	セントラルGC
第40回	1975年	村上隆	春日井CC
第41回	1976年	島田幸作	セントラルGC
第42回	1977年	セベ・バレステロス	習志野CC
第43回	1978年	セベ・バレステロス	横浜CC
第44回	1979年	郭吉雄	日野GC
第45回	1980年	菊地勝司	相模原GC
第46回	1981年	羽川豊	日本ラインGC
第47回	1982年	矢部昭	武蔵CC
第48回	1983年	青木功	六甲国際GC
第49回	1984年	上原宏一	嵐山CC
第50回	1985年	中嶋常幸	東名古屋CC
第51回	1986年	中嶋常幸	戸塚CC
第52回	1987年	青木功	有馬ロイヤルGC
第53回	1988年	尾崎将司	東京GC
第54回	1989年	尾崎将司	名古屋GC
第55回	1990年	中嶋常幸	小樽CC
第56回	1991年	中嶋常幸	下関GC
第57回	1992年	尾崎将司	龍ヶ崎CC
第58回	1993年	奥田靖己	琵琶湖CC
第59回	1994年	尾崎将司	四日市CC
第60回	1995年	伊沢利光	霞ヶ関CC
第61回	1996年	ピーター・テラベイネン	茨木CC
第62回	1997年	クレイグ・パリー	古賀CC
第63回	1998年	田中秀道	大洗GC
第64回	1999年	尾崎直道	小樽CC
第65回	2000年	尾崎直道	鷹之台CC
第66回	2001年	手嶋多一	東京GC
第67回	2002年	デビッド・スメイル	下関GC
第68回	2003年	深堀圭一郎	日光CC
第69回	2004年	谷口徹	片山津GC
第70回	2005年	片山晋呉	廣野GC
第71回	2006年	ポール・シーハン	霞ヶ関CC
第72回	2007年	谷口徹	相模原GC
第73回	2008年	片山晋呉	古賀CC
第74回	2009年	小田龍一	武蔵CC

6 RECORD 日本プロゴルフ選手権

2010年で78回を数える日本のプロゴルフトーナメント史上最も長い歴史を持つ。日本オープンやツアー選手権と同じく、優勝者には5年シードが与えられる。

2009年大会は賞金総額1億3000万円、優勝賞金2600万円。2010年からは日清食品がスポンサーにつき、「日本プロゴルフ選手権大会・日清カップヌードル杯」として開催されることになった。

1957年7月27日、関東プロゴルフ協会と関西プロゴルフ協会は、相模原GCに約60人を集め、「日本プロゴルフ協会（PGA）」を発足させる。初代理事長には安田幸吉、副理事長は浅見緑蔵ら4人。会員は約100人でスタートした。

日本プロゴルフ選手権第1回大会の開催はそれよりも、さらに31年さかのぼる。1926（大正15）年、関西の4クラブが所属プロ6人で開催した。舞台は大阪・茨木CC。

日本アマチュア選手権が1907年に第1回大会を迎えるが、9回大会までは在留外国人しか出場していない。第10回大会に出場した一色虎児が最初の日本人出場者である。1918年に井上信が初の日本人チャンピオンとなる。

1920年に兵庫・舞子CCのキャディー福井覚治がキャディーマスター兼プロとなり、これが日本のプロゴルファー第1号の誕生だった。1924年、東京・駒沢の東京ゴルフ倶楽部に神戸（六甲）、横浜根岸の外国人倶楽部、鳴尾、舞子、程ヶ谷、甲南、東京の7クラブから代表が集まり協会を立ち上げた。それが「日本ゴルフ協会（JGA）」の誕生である。

それから2年後の1926年、第1回日本プロゴルフ選手権が開催される。福井覚治（舞子）、宮本留吉（茨木）、越道政吉（甲南）、村上伝二（鳴尾）、安田幸吉（東京）、関一雄（横浜根岸）のプロゴルファー6名による「全国プロフェッショナル・ゴルファーズ優勝大会」を行った。大阪毎日新聞社が後援についている。

というのも、同社の運動部長・豊川良之助の音頭とりで行われたからだ。大会は7月4日、あいにくの雨の中、1日だけの36ホールストロークプレーで行われる。結果は福井と弟子の宮本が161で首位タイ。6日後の10日に、36ホールのプレーオフを行うことが決まり、師弟対決は23歳の宮本が153ストロークで回り、福井に7打差をつけて初代チャンピオンの座に就いた。

日本ゴルフ協会主催の公式戦となったのが1931年。5年間行われたストロークプレーから、マッチプレーに変更。36ホールのストロークプレーで上位8人に絞り、その後18ホールのマッチプレーのトーナメント方式をとった。決勝は浅見緑蔵と陳清水の顔合わせ。浅見が6アンド5で大勝した。

翌年、外国人初のチャンピオンが誕生する。マニラオープンに3回優勝しているフィリピンのトッププロ、ラリー・モンテスが出場。予選をメダリストで通過すると危なげないプレーぶりであっさり優勝。さらに翌1933年も決勝で林万福を6アンド5で破り連勝を飾った。

1936年に宮本が大会V4に成功すると、翌々年からは戸田藤一郎が3連覇。事実上の2強時代が続いた。特に1939年、川奈ホテル富士コースで戸田が宮本を決勝で破った試合は「川奈の決戦」として今も語り継がれる。この試合まで戸田は日本オープン、関西プロ、関西オープンを制しており、日本プロの優勝により年間グランドスラムの偉業を達成した。

1941年は第2次世界大戦のため中止。翌1942年に小金井CCで開催されたが、1943年から1948年までの6年間、中断に追い込まれた。

1949年に関東プロゴルフ協会主催、関東ゴルフ連盟後援で「全日本プロ招待競技」と銘打ち、千葉・我孫子GCで再スタートする。2年連続の我孫子開催で、ホームコースの林由郎が連覇。ストロークプレーに強いがマッチが苦手、といわれていた中村寅吉が1957年から3連勝。この1957年に中村はカナダカップ（現ワールドカップ）個人優勝、団体でも小野光一と組んで優勝のダブル快挙を達成する。この年に日本プロゴルフ協会が設立された。

1959年から日本プロゴルフ協会の主催となり、1961年から3日間72ホールのストロークプレーに変更。決勝36ホールを最終日に行うようになった最初の大会は林由郎が日本プロ4勝目。1962年には中村寅吉も4勝目をあげた。

　1963、1964年は橘田規が連勝。43インチが主流の時代に44インチの長尺ドライバーを使い話題になった。翌1965年から入場料は有料となる。1971年大会はプロ野球から転向した尾崎将司が優勝。5勝をあげ年間獲得賞金を約1800万円とし、プロ2年目にしてそれまでの獲得賞金記録をあっさり塗り替えた。

　ジャンボこと尾崎将司人気により賞金はうなぎのぼり。1970年に1億1000万円だった年間賞金総額は、1971年に2億2000万円、1972年は3億3000万円にアップ。試合数も23→34→47と増え、1973年から日本ツアーがスタートする。この年、31試合の賞金総額が4億7600万円に達した。

　ラージボールに統一された1977年、22歳の若さで優勝するのが中嶋常幸。日本プロを含む3勝をあげ、やがてAONと呼ばれる時代がやってくる。日本プロは尾崎6勝、青木功、中嶋がそれぞれ3勝と、実に12勝がこの3人によって占められる。

　1982年の名神八日市CCを制したのは倉本昌弘。前年7月、初戦の和歌山オープンで優勝後、10月までに6勝し、賞金ランク2位に入る鮮烈デビューを飾っていた。しかも日本プロの大会直前の全英オープンでも4位に入った勢いそのままに、2位に4打差をつけ優勝。4日間60台も初の記録だった。

　1997年に優勝を飾るのがツアー5年目の丸山茂樹。最終日は2打差の4位からスタートし、鮮やかな逆転で2位に2打差をつけホールアウトした。丸山はシーズン大詰めのゴルフ日本シリーズにも勝ち日本3冠を達成。1998年に米ツアーへとステップアップし、ワールドカップ優勝のほか、米ツアー3勝をあげる快挙を重ねた。

　2009年大会は、前週のツアー選手権で首位スタートながら結局16位に沈んだ池田勇太が、ファンの悔し涙を見て奮起。ツアー初優勝を5年シードのかかる大一番で達成した。

開催期	開催年	優勝者	開催コース
第1回	1926年	宮本留吉	茨木CC
第2回	1927年	中上数一	茨木CC
第3回	1928年	浅見緑蔵	鳴尾GC
第4回	1929年	宮本留吉	六実ゴルフ場
第5回	1930年	村木章	宝塚GC
第6回	1931年	浅見緑蔵	武蔵野CC
第7回	1932年	ラリー・モンテス	鳴尾GC
第8回	1933年	ラリー・モンテス	藤沢GC
第9回	1934年	宮本留吉	廣野GC
第10回	1935年	戸田藤一郎	相模CC
第11回	1936年	宮本留吉	名古屋GC
第12回	1937年	上堅岩一	鷹之台CC
第13回	1938年	戸田藤一郎	宝塚GC
第14回	1939年	戸田藤一郎	川奈ホテル
第15回	1940年	戸田藤一郎	福岡大保CC
1941年は第2次世界大戦の影響のため中止			
第16回	1942年	陳清水	小金井CC
1943〜1948年は第2次世界大戦の影響のため中止			
第17回	1949年	林由郎	我孫子GC
第18回	1950年	林由郎	我孫子GC
第19回	1951年	石井哲雄	廣野GC
第20回	1952年	井上清次	相模CC
第21回	1953年	陳清水	我孫子GC
第22回	1954年	石井茂	廣野GC
第23回	1955年	小野光一	相模CC
第24回	1956年	林由郎	名古屋GC
第25回	1957年	中村寅吉	程ヶ谷CC
第26回	1958年	中村寅吉	鳴尾GC
第27回	1959年	中村寅吉	茨木CC
第28回	1960年	棚網良平	大洗GC
第29回	1961年	林由郎	古賀GC
第30回	1962年	中村寅吉	四日市CC
第31回	1963年	橘田規	龍ヶ崎CC
第32回	1964年	橘田規	枚方CC
第33回	1965年	河野光隆	川越CC
第34回	1966年	河野光隆	総武CC
第35回	1967年	宮本省三	三好CC
第36回	1968年	島田幸作	習志野CC
第37回	1969年	石井裕士	春日井CC
第38回	1970年	佐藤精一	水海道GC
第39回	1971年	尾崎将司	フェニックスCC
第40回	1972年	金井清一	紫CC
第41回	1973年	青木功	岐阜関CC
第42回	1974年	尾崎将司	表蔵王国際GC
第43回	1975年	村上隆	倉敷CC
第44回	1976年	金井清一	球磨CC
第45回	1977年	中嶋常幸	日本ラインGC
第46回	1978年	小林富士夫	小樽CC
第47回	1979年	謝敏男	浅見CC
第48回	1980年	山本善隆	ノーザンCC
第49回	1981年	青木功	札幌後楽園CC
第50回	1982年	倉本昌弘	名神八日市CC
第51回	1983年	中嶋常幸	紫雲GC

第52回	1984年	中嶋常幸	ミナミ菊川CC
第53回	1985年	尾崎健夫	セントラルGC
第54回	1986年	青木功	日本ラインGC
第55回	1987年	デビッド・イシイ	浜野GC
第56回	1988年	尾崎健夫	愛媛GC
第57回	1989年	尾崎将司	烏山城CC
第58回	1990年	加瀬秀樹	天野山CC
第59回	1991年	尾崎将司	プレステージCC
第60回	1992年	倉本昌弘	下秋間CC
第61回	1993年	尾崎将司	スポーツ振興CC
第62回	1994年	合田洋	レイクグリーンGC
第63回	1995年	佐々木久行	夏泊ゴルフリンクス
第64回	1996年	尾崎将司	山陽GC
第65回	1997年	丸山茂樹	セントラルGC

第66回	1998年	ブラント・ジョーブ	グランデージGC
第67回	1999年	尾崎直道	ゴルフクラブツインフィールズ
第68回	2000年	佐藤信人	カレドニアン・GC
第69回	2001年	ディーン・ウィルソン	ザ・クイーンズヒルGC
第70回	2002年	久保谷健一	KOMACC
第71回	2003年	片山晋呉	美浦GC
第72回	2004年	S・K・ホ	Kochi黒潮CC
第73回	2005年	S・K・ホ	玉名CC
第74回	2006年	近藤智弘	谷汲CC
第75回	2007年	伊沢利光	喜瀬CC
第76回	2008年	片山晋呉	レーサムゴルフ&スパリゾート
第77回	2009年	池田勇太	恵庭CC
第78回	2010年	谷口徹	パサージュ琴海アイランドGC

7 RECORD ゴルフ日本シリーズ

　その年のトーナメント優勝者、賞金ランク上位25位以内など、厳しい条件をクリアしたものだけが出場できるエリートトーナメント。ツアー最終戦でもあることから「年度最優秀選手決定戦」とも呼ばれる。優勝者には翌年から3年間のツアーシード権が与えられる。

　46回の歴史を持ち、日本のメジャーでは唯一会場を固定。4日間、東京・稲城市の東京よみうりCCで行われている。しかし大会創設当初は前半2日間を大阪（よみうりGC）で行い、1日の移動日をはさんで後半2日間を東京よみうりCCで開催していた。

　1963年の第1回大会はわずか5人の出場で石井朝夫が優勝。翌年は陳清波が制した。

　1965年は杉原輝雄。この年4勝をあげる快進撃だった。翌1967年からは河野高明が連覇。河野はマスターズに1969年、初挑戦し13位に入るなど3回出場し、現地のオーガスタでは"リトル・コーノ"の異名をとる。

　東京・大阪の隔年開催に変更されたばかりの1991年、大会前日に練習ラウンドを一緒に行った尾崎三兄弟に悲報が届く。2、3日前まで仲間とゲートボールをするほど元気だった三兄弟の父・実さんが急性心不全で亡くなったという知らせだった。長兄将司と次兄健夫は徳島の葬儀に向かった。しかし、直道は長兄から試合への出場をうながされる。直道はこの年、800万円差で2位につけ日本シリーズを迎えていた。初の賞金王獲得に十分チャンスがある上、大会V3と連覇がかかっていた。

　悲しみをこらえながら、ディフェンディングチャンピオンの責任を果たし、初日を戦う直道の姿は、見る者の胸を打った。その一方で父の死に顔を見られなければ、一生悔いが残るとの気持ちから、直道は初日の終了後羽田へ。徳島県宍喰の実家で通夜をすませ、2日目朝のスタートに間に合わせた。最終日。5番で15メートルのパットがカップに吸い込まれる。6番パー5。直道の第2打が大きく左に飛び出し林へと消える。大ピンチ……と思われた瞬間、ボールは木に当たってフェアウェイへと出てきた。13番。25メートルがまたカップに消える。泣きながら上がってきた18番では、2位に8打差がついていた。圧勝した直道はこの年、逆転で初の賞金王の座に就いた。

　近年は外国人勢の躍進が目立つ。2006、2008年はインドのジーブ・ミルカ・シンが優勝。特に大会2勝目の直前には新婚のクドゥラ夫人が流産し緊急入院してしまう。第1子を亡くした悲しみにくれたが「子どものためにも勝って」という言葉に押され出場。インド大使館で静養していた夫人に、優勝のニュースを届けた。

　2009年は丸山茂樹が4ホールに及ぶプレーオフの末、金庚泰に粘り勝ち。1999年のブリヂストン以来、国内では10年ぶりとなる10勝目のスピーチでは、夕日を浴びながら声を詰まらせた。

開催期	開催年	優勝者	開催コース
第1回	1963年	石井朝夫	よみうりGC（前半2日間）、読売パブリックC（後半2日間）
第2回	1964年	陳清波	
第3回	1965年	杉原輝雄	
第4回	1967年	河野高明	よみうりGC（前半2日間）、東京よみうりCC（後半2日間）
第5回	1968年	河野高明	
第6回	1969年	杉本英世	
第7回	1970年	杉原輝雄	
第8回	1971年	尾崎将司	
第9回	1972年	尾崎将司	
第10回	1973年	杉原輝雄	
第11回	1974年	尾崎将司	
第12回	1975年	村上隆	
第13回	1976年	前田新作	
第14回	1977年	尾崎将司	
第15回	1978年	青木功	
第16回	1979年	青木功	
第17回	1980年	尾崎将司	
第18回	1981年	羽川豊	
第19回	1982年	中嶋常幸	
第20回	1983年	青木功	
第21回	1984年	中村通	
第22回	1985年	尾崎健夫	
第23回	1986年	中村通	
第24回	1987年	青木功／デビド・イシイ	
第25回	1988年	尾崎直道	よみうりGC（前半2日間）、東京よみうりCC（後半2日間）
第26回	1989年	大町昭義	
第27回	1990年	尾崎直道	
第28回	1991年	尾崎直道	東京よみうりCC
第29回	1992年	陳志明	よみうりGC
第30回	1993年	中嶋常幸	東京よみうりCC
第31回	1994年	佐々木久行	よみうりGC
第32回	1995年	尾崎将司	東京よみうりCC
第33回	1996年	尾崎将司	
第34回	1997年	丸山茂樹	
第35回	1998年	宮本勝昌	
第36回	1999年	細川和彦	
第37回	2000年	片山晋呉	
第38回	2001年	宮本勝昌	
第39回	2002年	片山晋呉	
第40回	2003年	平塚哲二	
第41回	2004年	ポール・シーハン	
第42回	2005年	今野康晴	
第43回	2006年	ジーブ・ミルカ・シン	
第44回	2007年	ブレンダン・ジョーンズ	
第45回	2008年	ジーブ・ミルカ・シン	
第46回	2009年	丸山茂樹	

8 日本ゴルフツアー選手権

1999年、日本プロゴルフ協会からツアープロたちが独立し、日本ゴルフツアー機構（JGTO）を設立。翌2000年から、ツアープレーヤーNo.1を決める同組織のメジャー競技として開催されている。第1回大会は栃木県のホウライCCで行われ、初日63をマークした伊沢利光が、3日目を終え2位に3打差をつけ首位に立っていた。最終日は雨のため中止となり、競技は3日間に短縮され伊沢の優勝が決まった。

第3回大会までホウライCCで行われ、2回大会は宮本勝昌が2位に7打差をつける圧勝。3回大会も最終日64をマークした佐藤信人が、混戦から一気に抜け出し、2位に6打差をつける大差で優勝した。

森ビルがスポンサーとなり、茨城県の宍戸ヒルズへと舞台を移した4回大会は、またもや初代チャンピオンの伊沢が単独首位で最終日へ。69で回り追いすがる高山忠洋、D・スメイルを1打抑え1年8ヵ月ぶりの優勝。ウッドワン広島オープンにも勝ち、賞金王も奪還した。

2007年は史上最多のギャラリーが駆けつける中、片山晋呉が大会初優勝。これで片山は日本オープン、日本プロ、日本シリーズと合わせ、現行の日本タイトル4冠を達成した。

2009年の優勝劇は、味わいのある内容だった。ファイナルQTランク9位で今シーズンに臨んでいた無名の40歳・五十嵐雄二が最終日、1打差の2位でホールアウト。ところがトップを走っていたI・J・ジャンが17、18番と連続ボギーを叩き、ツアー初優勝が転がり込んできた。今季シード権すらなかった苦労人の五十嵐に、向こう5年間のシード権。さらに世界ゴルフ選手権「ブリヂストン招待」の出場権も与えられた。

開催期	開催年	優勝者	開催コース
第1回	2000年	伊沢利光	ホウライCC
第2回	2001年	宮本勝昌	
第3回	2002年	佐藤信人	
第4回	2003年	伊沢利光	宍戸ヒルズCC
第5回	2004年	S・K・ホ	
第6回	2005年	細川和彦	
第7回	2006年	高橋竜彦	
第8回	2007年	片山晋呉	
第9回	2008年	星野英正	
第10回	2009年	五十嵐雄二	
第11回	2010年	宮本勝昌	

9 RECORD 米女子ツアーのメジャー競技

　現在の女子のメジャーは全米女子オープン、全米女子プロ、全英女子オープン、クラフト・ナビスコ選手権の4試合。しかし当初は1937年にスタートしたタイトルホルダーズ選手権とウエスタン・オープンの2試合がメジャーとされた。

　タイトルホルダーズはミネアポリス出身の伝説的名選手であるパティ・バーグが第1回大会から3連勝。13歳でゴルフを始めたバーグはその3年後にミネアポリス・シティー選手権で早くも初勝利。1940年にプロ転向となるが、すでにこの時全米女子アマなど28勝をあげていた。

　一方、ウエスタン・オープンはカリフォルニア州ロングビーチ出身のベティ・ヒックスが制した。

　1946年に全米女子オープンが加わりメジャーは3試合に。それから9年後の1955年、全米女子プロ選手権がスタートしメジャー4競技の体制が整う。しかしタイトルホルダーズが1966年（1972年に1年だけ復活）、ウエスタンも1967年に終了。しばらく全米女子オープン、プロの2試合のみがメジャー競技として開催される。

　1979年にカナダ開催のピーター・ジャクソン（1983年～2000年までドゥ・モーリエ）クラシックがメジャーに昇格。さらに1983年、ナビスコ・ダイナ・ショア（2000、2001年がナビスコ選手権、2002年からクラフト・ナビスコ選手権）が加わり再びメジャー4競技が安定して行われるようになった。

　2001年にドゥ・モーリエに代わり英国で開催される全英女子オープンがメジャーに昇格し、現在に至っている。

クラフト・ナビスコ選手権
Kraft Nabisco Championship

　1972年に人気シンガーであるダイナ・ショアの企画により、歯磨き粉メーカーのコルゲートがスポンサーに付き、米国有数のリゾート地であるカリフォルニア州パームスプリングス近郊のミッションヒルズCCでスタート。1983年にメジャー昇格後もずっと同コースで開催されている。この年のメジャー初戦である点でもマスターズとの共通点は多い。この大会を春の祭典に位置づけ「女性版マスターズ」として育てていきたい、という大会関係者の強い意志の表れと見ることはできる。

　1983年のメジャー昇格と同時に優勝をさらったエイミー・オルコットがこの大会に強く、1988、1991年と3勝。18番の池に優勝者が飛び込む恒例行事の先駆けとしても知られる。この他ベッツィ・キング、アニカ・ソレンスタムも大会最多タイの3勝をあげている。

　2008年はロレーナ・オチョア、2009年はブリタニー・リンシコム、2010年はヤニ・ツェンが優勝を飾った。

全米女子プロゴルフ選手権
LPGA (Ladies Professional Golf Association) Championship

　1955年の第1回大会（ビバリー・ハンソンが優勝）以来、55年間続いているメジャー競技。女子プロ実力No.1を決する大会として位置づけられている。のちに82勝をあげ殿堂入りするミッキー・ライトが1958、1960、1961、1963年と4勝。88勝するキャシー・ウィットワースも後を追うように1967、1971、1975年と3勝を積み上げた。

　1977年、サウスカロライナ州ノースマートルビーチのベイツリー・ゴルフプランテーションで行われた大会で、樋口久子が日本人として初のメジャー優勝を達成する。それまで米国人以外のチャンピオンは1968年のサンドラ・ポスト（カナダ）のみ。9アンダーで2位のパット・ブラドレーら3人に3打差をつける完勝劇は、米国人が圧倒的優位に立つ状況に風穴をあける勝利だった。

　その後は1980年に南アフリカのサリー・リトル、豪州のジャン・スチーブンソンと外国人の優勝者が続出する。しかし残念なのは、同年代に活躍した岡本綾子が再三再四このタイトルを目前にしながら奪えなかったこと。樋口が勝った翌年から、舞台はオハイオ州キングスアイランドのジャック・ニクラウス・スポーツセ

ンターで12年間行われるが、トップ10の常連となりながらどうしても勝てない。特に1989年はロペスに次いで2位となり涙をのんだ。さらに1991年、レギュラーツアーで優勝しているベセスダCC（メリーランド州）でも、メグ・マーロンにわずか1打足りず2位に終わった。

翌1992年、デラウェア州ウィルミントンにあるデュポンCCで開催されたマクドナルド選手権で、岡本は米ツアー最後の優勝となる17勝目を飾る。その2年後の1994年から全米女子プロがこのデュポンに移り、11年間に渡り開催された。岡本はかつて優勝した得意とするコースでメジャーが開催されるという幸運な巡り合わせがありながら、それを活かせなかった。その一方で1983年以降はパティ・シーハン、ナンシー・ロペス、パット・ブラドレー、ベス・ダニエルといった米国勢が11連勝してしまう。

しかし1994、1996年と英国のローラ・デービースが優勝。1998年には韓国の朴セリが優勝。21世紀にやってくる韓国旋風の流れをつくる。

1999、2000年と米国のジュリー・インクスターが連覇したのを最後に、米国勢はなかなか勝てなくなった。2001年は豪州のカリー・ウェブ、02年は朴が2勝目。2003年からはスウェーデンのアニカ・ソレンスタムが3連勝と、圧倒的な強さを見せ付けた。2006年には朴が大会3勝目。2007年はノルウェーのスサン・ペテルセン、2008年は台湾のヤニ・ツェン、2009年はスウェーデンのアンナ・ノードクイストと外国人が9連勝している。

2010年は、岡本が記念すべきツアー2勝目を1983年の6月にあげた思い出のコースでもあるローカストヒルCCで行われ、10年ぶりに米国のクリスティー・カーが勝利した。

全米女子オープン
U.S. Women's Open Golf Championship

女子ゴルフ界最高峰の大会。1946年に第1回大会が開催されたが、それは1895年に全米女子アマが開催されてからじつに51年後のことだった。その理由は、女子プロゴルファーがほとんどおらず、競技として成立しなかったからだ。オーバル・ヒルが1938年にプロ転向を果たしたとき、世界中を見渡してもヘレン・ヒックスぐらいしかいなかったとUSGAの資料にある。

それでも1946年にウイメンズ・プロフェッショナル・ゴルフ・アソシエーション（WPGA）が発足し、全米女子オープンの開催にこぎつける。第1回の優勝はパティ・バーグ。予選の36ホールをメダリストで通過し、36ホールマッチプレーの決勝ではベティ・ジェームソンを5＆4で破っている。バーグは1959年、ピッツバーグのチャーチル・バレーCCの7番でUSGAの大会史上、女子が演じた最初のホールインワンも達成している。

翌1947年からは72ホールのストロークプレーで行われた。1950年になり、WPGAはレディース・プロフェッショナル・ゴルフ・アソシエーション（LPGA）として新たにスタートを切る。11人の設立メンバーにはバーグのほかジェームソン、ルイズ・サッグス、ベーブ・ザハリアスらが含まれていた。

4年後、LPGAはUSGAに全米女子オープンの運営を要請する。USGAの公式競技となった最初の大会はニューヨーク州ロチェスターのザ・カントリークラブで開催され、ベッツィ・ロールズが大会2勝目。ロールズはこの後1957、1960年と4勝をあげる。

第1回を含み全米女子プロ4勝のミッキー・ライトが、全米女子オープンでも1958、1959、1961、1964年とロールズと並ぶ大会4勝の最多勝記録をマークしている。

1967年、フランス人の有名テニスプレーヤーで、ワニのマークのロゴでもおなじみのルネ・ラコステの娘であるカトリーヌ・ラコステが優勝。大会史上唯一となるアマチュア選手の優勝として長く記憶されることとなる。1969、1970年と実力者ドナ・カポーニが連覇すると"ビッグママ"と呼ばれるジョアン・カーナーが1971年に優勝。カーナーは1976年に2度目の優勝を飾った。

1976年には、セクショナルクオリファイに205選手が出場。53年の第1回がわずか37選手で行われたことを考えれば急成長といえた。

1977、1978年と天才少女とも呼ばれたホリス・ステーシーが連覇。時を同じくして登場したナンシー・ロペスは1977年に2打差の2位で涙を呑む。結局ロペスはタイトルに縁の無いまま選手生活を終えることになってしまう。

　岡本にとってもこの大会は試練の連続だった。特に1987年の大会では英国の新星ローラ・デービース、カーナーと並び翌日の18ホールプレーオフへ。結果は71で回ったデービースに2打足りず、優勝はならなかった。ちなみにカーナーは岡本からさらに1打遅れての74。しかしこの英、日、米の3人プレーオフは女子ゴルフが世界的に普及したことの象徴的な現象としてとらえられ、大会ヒストリーの特筆すべきニュースのひとつにあげられている。

　1989、1990年にはベッツィ・キングが、1995、1996年にはアニカ・ソレンスタムがそれぞれ連覇に成功。1999年大会ではベテランの域に入ったジュリー・インクスターが16アンダーの大会新記録で優勝している。2000年からカリー・ウェブも連覇。2001年には980人がエントリー。1979年に4万1200人だった観客は1995年に倍増し、2004年には10万人の大台を突破している。

　また18ホールの1次予選、36ホールの2次予選が開催されるようになった2002年には、インクスターが大会2勝目をあげた。2006年にはソレンスタムが10年ぶりにタイトルを奪回し大会3勝目。2007年はクリスティー・カーが優勝している。

　2009年大会は首位に2打差の2位でスタートした韓国のジ・ウンヒがイーブンパーでラウンドし初優勝を逆転で飾った。2008年大会でも朴仁姫が優勝しており、韓国勢の連覇となった。宮里藍も2007年の10位を塗り替え、自己最高位の6位タイに入った。

全英女子オープン
Women's British Open

　2001年からメジャーに昇格。第1回大会は韓国の朴セリ、2002年は豪州のカリー・ウェブが制した。3年目にして欧州勢のソレンスタムが優勝を飾った。2007年にはセントアンドリュースでも開催され、ロレーナ・オチョアが制している。

　2008年は申ジエが2位に3打差をつける完勝。4打差の3位に不動裕理、5打差の5位に宮里藍が入った。2009年大会では一時宮里藍が首位に立ち、メジャー初優勝の夢を抱かせたが、結局首位に4打差の3位に終わっている。優勝は地元英国の39歳、カトレオナ・マシューだった。

　じつは1976年から開催されているこの大会にも、岡本綾子が歴代優勝者に名を連ねている。メジャーにはまだ昇格していない1984年に、2位に11打差の大差で優勝。あまりの地元選手の不甲斐なさに、『ザ・タイムス』を始めとする英国マスコミは、地元選手たちに「出直して来い（Back to the school）」と強烈な批判記事を載せた。

　1994年から米LPGAツアーの正式な大会に加えられた。メジャー昇格後のこの大会での日本勢の活躍が目立つだけに、将来の優勝を期待して良さそうだ。

クラフト・ナビスコ選手権	優勝者
1983年（メジャー第1回）	エイミー・オルコット（アメリカ）
2006年	カリー・ウェブ（オーストラリア）
2007年	モーガン・プレッセル（アメリカ）
2008年	ロレーナ・オチョア（メキシコ）
2009年	ブリタニー・リンシコム（アメリカ）
2010年	ヤニ・ツェン（台湾）
日本人最高位	福嶋晃子、2位タイ（2001年）
全米女子プロ	優勝者
1955年（第1回）	ビヴァリー・ハンソン（アメリカ）
2006年	朴セリ（韓国）
2007年	スサン・ペテルセン（ノルウェー）
2008年	ヤニ・ツェン（台湾）
2009年	アンナ・ノードクイスト（スウェーデン）
2010年	クリスティー・カー（アメリカ）
日本人最高位	樋口久子、優勝（1977年）
全米女子オープン	優勝者
1946年（第1回）	パティ・バーグ（アメリカ）
2005年	金柱憓（韓国）
2006年	アニカ・ソレンスタム（スウェーデン）
2007年	クリスティー・カー
2008年	朴仁姫（韓国）
2009年	ジ・ウンヒ（韓国）
日本人最高位	岡本綾子、2位（1987年）
全英女子オープン	優勝者
2001年（メジャー第1回）	朴セリ（韓国）
2005年	張晶（韓国）
2006年	シェリー・スタインハウアー（アメリカ）
2007年	ロレーナ・オチョア（メキシコ）
2008年	申ジエ（韓国）
2009年	カトレオナ・マシュー（スコットランド）
日本人最高位	不動裕理、3位タイ（2008年）　宮里藍、3位タイ（2009年）

10 日本女子プロの メジャー競技

日本女子プロゴルフ選手権

　日本の女子プロゴルファーNo.1を決めるメジャーチャンピオンシップ。同時に日本女子プロゴルフ史の1ページ目を飾る、歴史と伝統を持つ大会でもある。1967年、日本プロゴルフ協会は女子のプロテストを実施、協会内に女子部が置かれる。受験した26人全員が合格。すでにプロ活動をしていた15名とともに、41名が女子プロ1期生となる。翌1968年の7月17、18日。「第1回日本女子プロゴルフ選手権大会」が、静岡・天城CCで開催される。

　2日間54ホールのストロークプレーは、中村寅吉門下生の樋口久子が優勝を飾り、優勝賞金の15万円を獲得する。ちなみに賞金総額は45万円だった。さらに愛知・貞宝CCに戦いの場を移した2回目以降も勝ち続け7連勝。PLCCに移った第8回こそ山崎小夜子が優勝するが、9、10回大会も樋口が連勝し圧倒的な強さを見せつけた。

　1974年、日本女子プロゴルフ協会が日本プロゴルフ協会から独立。初代会長に中村寅吉、理事長に現役プロの二瓶綾子が就任する。1977年に樋口が全米女子プロで優勝し、快挙を達成した翌年の11回大会から、ようやく世代交代劇が始まった。森口祐子、岡本綾子、大迫たつ子と、のちの永久シード選手たちが次々にこの大会を勝ち、スターへの階段を上っていく。特に1979年の岡本、大迫の激闘、1982年の岡本、樋口のデッドヒートなどの名勝負も生まれ、女子プロゴルフが成熟期に入ったことを実感させた。

　また1984年の黃玥琴、1985年の涂阿玉の優勝は日本の女子ツアーが国際化したことの証明でもあった。1986年に優勝した生駒佳与子は、元祖アイドルゴルファーとも呼ばれ、女子プロゴルフ界にも華やかさが増していく。1990年代は岡本、大迫、さらに韓国の具玉姫と、ベテランの域に入った実力者が優勝。その後ようやく高村亜紀（1995、2000年）、福嶋晃子（1997年）、服部道子（1998年）と新たな世代が台頭してくる。

　21世紀は2003年に不動裕理が優勝。この年、不動は部門別ランキング全部門制覇という圧倒的な強さを見せた。不動は2005年にも大会2勝目をあげる。翌2006年に優勝を飾ったのが宮里藍。宮里は2003年にアマチュア、しかも高校生ながらミヤギTV杯に優勝し、一大センセーションを巻き起こす。この優勝を機にプロ転向を果たし、2005年までに11勝。この間には第1回の女子ワールドカップ優勝も含まれ、女子プロの人気がピークに達していく中での優勝だった。

　2009年の大会は賞金総額1億4000万円、優勝2520万円。諸見里しのぶが前週のゴルフ5レディスに続く2週連続V。さらにワールドレディスに続く同一年公式戦2勝を達成し、5年シードを獲得した。

日本女子オープン

　日本の女子ゴルフ最高峰のナショナルオープン競技。「腕に自信のある者なら、アマチュア・プロフェッショナルを問わず誰でも来たれ」と2009年の大会プログラムにあるとおり、JGAハンディキャップ7.4までの女子アマチュアなら誰でも全国4ブロックで行われる予選に出場できる。

　しかし2009年には419人の挑戦者のうち、45人が本戦出場権を得たが、このうちアマチュアは1人だけ。2008年も2人と、アマチュアには狭き門となっている。一方で開催年の日本女子学生、日本ジュニア、前年の日本女子ミッドアマチュア王者などが出場でき、日本女子アマは優勝者のほか、クオリファイングラウンド上位3位タイと、マッチプレーベスト8までに出場権が与えられる。

　第1回の1968年から1970年まではTBS女子オープンと銘打ちTBS主催、JGA後援の形で開催。コースも埼玉のTBS越ヶ谷GCで、樋口久子が3連覇している。JGA主催となった大利根CCでの1971年大会も樋口が優勝し、その強さを存分に見せつけた。樋口はその後も1974、1976、1977、1980年と勝

ち、大会最多の8勝をあげている。

　日本女子オープンを語るとき、注目すべきは清元登子の存在だろう。1968年の第1回が単独4位、1972年も4位タイ、1973年も7位タイと、プロに混じりベストテン以内に入る健闘を見せローアマとなっている。さらにプロ転向後の78年大会、樋口をプレーオフで下し見事頂点に立った。

　このあと吉川なよ子（1979、1987年）、大迫たつ子（1981、1984年）、日蔭温子（1982、1992年）、森口祐子（1985、1990年）と実力者が2勝をあげる。そうしたなかで、目を引くのが台湾No.1の実力者涂阿玉の存在。1983、1986、1991年と3勝をあげている。

　一方、1980年代から1990年代にかけ米ツアーで大活躍を演じた岡本綾子は、日米両ツアーに出場していた事情もあり、この大会になかなか勝てなかった。1993年の東名古屋CCでようやく優勝を飾ったときには42歳。しかもプレーオフでようやく勝ち取ったナショナルオープンチャンピオンの座だけに、喜びもまた深く、大きいものであった。岡本はその4年後、東広野GCで行われた1997年大会でも優勝を飾っている。

　世界アマにも出場しているトップアマを母に持ち、15歳から日本女子アマ2連覇（1988年にも3勝目）を演じ、全米女子アマも当時最年少で日本人として初めて制覇している"JGAのシンデレラガール"服部道子の存在も見逃せない。今大会も1994年の武蔵CC（笹井）、2003年の千葉CC（野田）と2度の制覇に成功している。

　2004年にNo.1の実力者だった不動裕理が大会初優勝を演じると、2005年の戸塚CC（西）では新星として注目を集めた宮里藍が優勝。大ギャラリーが詰めかけ、女子ゴルフの人気が沸騰していることを証明した。宮里はこの後訪れるゴルフブームのきっかけをつくった意味でも、ゴルフ界への貢献度は大きく、米ツアーのトッププレーヤーへの足がかりとしている。

　2006年以降は韓国勢の躍進が目立つ。2006年が張晶、2008年が李知姫、2009年が宋ボベと、この4年で3勝。日本勢は2007年の諸見里しのぶのみ。米女子ツアーでも層の厚さで地元米国勢を圧倒している韓国の選手たちは、今後も日本勢には脅威の存在となる。

ワールドレディスチャンピオンシップ

　2008年から公式戦に昇格、これにより国内女子ツアーもようやく4メジャー体制となった。

　2010年大会で38回目を迎えた。大会自体の歴史は古い。1973年、日本テレビが開局20周年を機に日本女子プロゴルフ界の発展と国際親善をうたい、ワールドレディスゴルフトーナメントの開催を提唱。読売グループの東京よみうりCCで開催することとなった。

　第1回、第2回大会は当時抜群の実力を誇った樋口久子が連覇。その翌年からの2大会は米女子ツアーから参戦したジェーン・ブラロックが連覇に成功し、春に行われる国際色豊かな大会として定着していく。

　1977年大会。のちに"世界のアヤコ"となる岡本綾子が、日本のファンにその存在を強く印象づける。プロ3年目、プロの中では圧倒的なパワーを持ち、豪快なショットを連発する岡本がこの優勝をきっかけに4勝。賞金ランク3位に上昇し、トッププロの仲間入りを果たしている。

　翌年、同じパターンで岡本の後を追ったのが、のちの永久シード選手・森口祐子。シーズン4勝、賞金ランク3位と、前年の岡本に匹敵する活躍を演じる。1979年は米国の実力者ベス・ダニエル、1981年は豪州のジャン・スチーブンソンが優勝と、米ツアー勢が底力を見せつけた。

　すでに1977年、樋口が全米女子プロを制しており、日本のファンにとって米ツアーは身近なものになりつつあった。さらに岡本が翌年のアリゾナ・コパーで米ツアー初制覇を成し遂げ米常駐を選択する。トーナメントが当初目指した日本女子プロ界の発展と国際化は、大きく結実した。

　一方で岡本に続き大迫たつ子、森口祐子といった実力者が春の米ツアーに参戦。日蔭温子も米常駐を選択し、女子ツアーに空洞化現象が起こる。そうした中実力を発揮したのが台湾勢。1982年、1985年と涂阿玉、1983年が蔡麗香、1986年が陳麗英と優勝

を飾り、さらなる"国際化"が続いた。

そんな中、鮮やかな王座奪回劇を演じたのが岡本。1987年はこの大会のために一時帰国し、10年ぶりに優勝を飾る。そのままコースからヘリで成田に飛ぶという強行軍ながら、米ツアー復帰後のクライスラー・プリムスでも優勝。アメリカでもこの年4勝をあげ、日本人初の賞金女王にも輝いてしまう。9番にとめられたヘリに向かいながら「ちょっとカッコ良すぎちゃうかしら」と舌を出した笑顔が印象的だった。

1990年以降も大物外国人選手が続々来日する。1990、1991年は1979年にも優勝しているダニエルが連覇。1998年は全米女子オープン王者のリサロッテ・ノイマンが勝つ。2000、2001年はカリー・ウェブ、2003年はアニカ・ソレンスタムと、そのときどきの世界一の実力者が優勝を飾っているのもこの大会の特徴だ。

2000年から6年連続賞金女王と黄金時代を築いた不動裕理も2002、2005年とこの大会を制している。2006年にこの大会を制した大山志保も、この大会を含む5勝をあげ賞金女王の座をつかんだ。東京よみうりCC最後の開催となった2008年は、福嶋晃子が遅ればせながら大会初優勝。ようやく歴代優勝者に名を連ねることとなった。

2009年はポーラ・クリーマー、全美貞という海外の実力者2人を1打抑え、諸見里しのぶが優勝。2006年に米女子ツアーを長期転戦した経験が、国際色豊かな今大会で、見事に生かされた形となった。

LPGAツアーチャンピオンシップ

1979年に明治乳業が協賛し、2日間大会の「JLPGAレディーボーデンカップ」としてスタート。第2回から3日間大会に変更された。4回大会までは日本女子プロゴルフ選手権、日本女子オープン選手権に次ぐ第3の公式戦として、山梨・河口湖カントリークラブで開催された。1996年から4日間大会となり、2001年からリコーが協賛。ツアーの最終戦でその年の優勝者、最終戦までの賞金ランク25位までなど、極めて出場へのハードルが高いエリートトーナメントと

いう点で、男子の日本シリーズと共通点が多い。現在は優勝すると3年シードが与えられる。2009年の賞金総額は1億円で、優勝賞金は2500万円。

この大会、涂阿玉が強かった。第1回、4回大会を制すと千葉のオークヒルズCCへと移った第5回大会にも勝ち連覇に成功。最初の5年間で3勝をあげている。森口祐子も同様で、3、7、9回と3勝した。

涂の後、連覇はしばらく出ず、舞台も1993年から宮崎・青島GCへと移る。さらに1998年からは同じ宮崎のハイビスカスGCで5年間行われた。大会史上2人目の連覇は、県内の宮崎CCへと移った2003年に続き2004年にも勝つ不動裕理。古閑美保も2007、2008年と大会史上3人目の連覇に成功している。2009年大会は2006年にもこの大会を制した横峯さくらが勝ち、前年の古閑同様、最終戦での逆転劇で賞金女王の座に就いた。

歴代優勝者の中に、1979年以降26勝の樋口久子、37勝の岡本綾子の名前がない。樋口は1981年、岡本は1982、1993年と2位に入っているが、結局優勝には届かなかった。

日本女子プロ	優勝者	開催コース
1968年（第1回）	樋口久子	天城CC
2005年	不動裕理	名神八日市CC
2006年	宮里藍	ニドムクラシックコース
2007年	飯島茜	リージャスクレストGC
2008年	辛炫周	片山津ゴルフGC
2009年	諸見里しのぶ	岐阜関CC
日本女子オープン	優勝者	開催コース
1968年（第1回）	樋口久子	TBS越ヶ谷GC
2005年	宮里藍	戸塚CC
2006年	張晶	茨木CC
2007年	諸見里しのぶ	樽前CC
2008年	李知姫	紫雲GC
2009年	宋ボベ	我孫子GC
ワールドレディス	優勝者	開催コース
1973年（第1回）	樋口久子	
2006年	大山志保	東京よみうりCC
2007年	全美貞	
2008年	福嶋晃子	
2009年	諸見里しのぶ	茨城GC
2010年	モーガン・プレッセル	
ツアーチャンピオンシップ	優勝者	開催コース
1979年（第1回）	涂阿玉	河口湖CC
2005年	大山志保	
2006年	横峯さくら	
2007年	古閑美保	宮崎CC
2008年	古閑美保	
2009年	横峯さくら	

練習問題・記録編

検定形式の練習問題にチャレンジしてみよう。

問1 4大メジャー大会をすべて優勝することを何と呼ぶか。
①グランドスラム　②グランドスクラム　③スクーデッド　④ビッグイヤー

問2 ゴルフの大会は歴史の長いものが多いが、次の中で一番古くから行われているトーナメントは。
①全米オープン　②全米プロ　③マスターズ　④全英オープン

問3 米ツアーでも活躍していたこともあり、10年間国内優勝がなく、2009年日本シリーズで復活優勝した選手は誰か。
①倉本昌弘
②丸山茂樹
③中嶋常幸
④杉原輝雄

問4 日本オープンゴルフの第1回優勝者はアマチュア選手だったが、その選手とは。
①浅見緑蔵
②安田幸吉
③中村寅吉
④赤星六郎

問5 近年の女子ツアーブームのきっかけをつくった選手で2005年は日本女子オープンで優勝している選手は。
①横峯さくら
②諸見里しのぶ
③宮里藍
④不動裕理

解答と解説

【解答】　問1①　問2④　問3②　問4④　問5③

【解説】
問1　男子ではジーン・サラゼン（1935年）、ベン・ホーガン（1953年）、ゲーリー・プレーヤー（1965年）、ジャック・ニクラウス（1966年）、タイガー・ウッズ（2000年）の5人のプレーヤーが達成している。
問2　第1回開催は1860年。2010年で139回を数える。かつて、他の大会とは区別する必要がなかったのでThe Openと呼ばれる。
問3　2009年ツアー最終戦で丸山茂樹が、1999年のブリヂストンオープン以来の国内ツアー10勝目をあげた。
問4　赤星六郎以外の選手はプロであり、初期はいずれの選手も赤星の門下生である。
問5　宮里藍は戸塚CCで優勝。ここ数年は韓国勢に勢いがある。

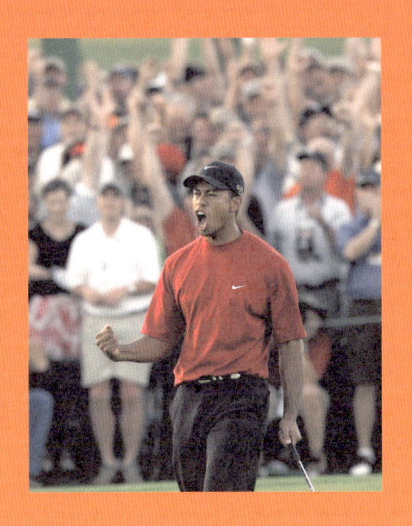

名プレーヤー編
GREAT PLAYERS

偉大な記録を生み出すには、
その記録を打ち立てるプレーヤーがいる。
ここではそんな大記録をつくったプレーヤーと、
人々の記憶に深く刻まれたプレーヤーを紹介する。

GREAT PLAYERS 名プレーヤー編

1 名プレーヤー・海外ツアー・男子

バイロン・ネルソン
（Byron Nelson）
1912年2月4日～2006年9月26日
アメリカ・テキサス州出身

　1945年11連勝、年間18勝の記録は、ほぼ永久に破られることはないだろう。

　1945年は第2次世界大戦が終結した年で、「プロゴルファーの多くはまだ軍隊から市民生活に戻っていない。だから記録を割り引いてみるべきだ」との意見もあるが、ネルソンはほとんどすべてのトーナメントを2ケタアンダーの素晴らしいスコアで優勝しているし、サム・スニードなど有力選手も出場していた中での記録だから、いささかも陰りはない。

　テキサス州フォートワースのグレンガーデンクラブで、10歳のときにキャディーをしたのがゴルフへのきっかけ。同じキャディー仲間にベン・ホーガンがいたが、真面目な少年だったネルソンは、キャディーマスターに目をかけられ、いつもいいお客さんにつくことができた。

　14歳のときキャディートーナメントでホーガンをプレーオフで破り優勝した。

　プロ転向は20歳で、基本的にはクラブプロでときどきトーナメントに出るくらいだ。ネルソンは血友病の持病があり、徴兵検査に合格しなかったので兵役に服することはなかった。

　1930年代はちょうどクラブのシャフトが、ヒッコリーからスチールへと移行した時代だが、シャフトのねじれが少ないスチールの特徴をいち早く生かし、思い切り左へ体重を移し、インパクト後も、左手甲を目標方向に真っすぐ伸ばすスイングが効果的だ。特にアイアンショットの鋭さは群を抜いていた。

　通算52勝のうちマスターズ2勝、全米オープン1勝、全米プロ2勝、計5つのメジャータイトルが含まれている。

　ネルソンは、1945年の偉大なる年が終わったときに現役引退のショッキングな発表をしたが、生まれつき体があまり頑丈でなく、胃腸に障がいを持っていたのが、早期引退の理由である。

　1974年、全米オープン（ウイングドフットGC）でトム・ワトソンが最終日80を叩いて首位から転落したとき、ロッカールームで悲嘆にくれるワトソンを励まし、コーチをするようになり、ワトソンの全盛期をつくり上げたのは有名だ。

　生涯ダラス近郊の牧場の家を離れず、ダラスオープンが1968年からバイロン ネルソン クラシックとなりツアーの人気トーナメントになっている。

バイロン・ネルソン

サム・スニード
(Sam Snead)
1912年5月27日～2002年5月23日
アメリカ・バージニア州出身

　ツアー通算82勝の大記録は揺らぐことなく今日まで語り継がれている。

　サム・スニードがナチュラルゴルファーと呼ばれたのは、生まれながらのゴルファーという意味だ。はだしのゴルファーとも呼ばれ、父親が近くのカスケードホテルで下働きをしていた関係で、小さなころから手製のクラブでボールを打ち始めた。

　少年時代は本当にはだしでプレーをした。経済的理由で靴を買う余裕などなかったからとの説があるが、真実は、アパラチア山脈のふもとの村の野原でゴルフをするとき、雪解けの春先は、靴がどろどろになってしまうので、はだしでプレーすることも珍しくなかったからだ。

　見事なバランスで無理のないスイングは、はだしでのスイングが土台になっている、だからこそ90歳まで現役顔負けのゴルフができた。誰にもスイングを教わることがなかったが、スニードのスイングは誰からも手本にされた。

　メジャーでは7勝しているが、全米オープンのタイトルだけ獲得していないのがジンクスとなったが、スニード自身はほとんど意識していない。

　1937年初めて出場した全米オープンで2位に入り、「いつでも勝てる」との意識から、いつのまにか時が経過していった。だが、根っからの自然人気質も周囲が騒ぐほどに本人は受け止めていなかった。

　全米オープンで2位に4回入る成績を収めたが、1947年に全米オープン（セントルイスCC）でルー・ウォーシャムにプレーオフでの1打差負けが一番優勝に近かった。

　1940～50年代にかけてライバル、ベン・ホーガンとのホーガン＆スニード時代はゴルフの人気を一気に盛り上げた。

　マスターズでは1984年から2002年までオノラリースターター（名誉あるスターター）も務めた。

　スニードは、長年ウエストバージニア州ホワイトスプリングスの高級リゾート、グリンブライアホテルの専属プロだった。ビュイックオープンは2009年で撤退したが、代わって2010年はグリーンブライアクラシックがツアーに登場する。

ベン・ホーガン
(Ben Hogan)
1912年8月13日～1997年7月25日
アメリカ・テキサス州出身

　第2次世界大戦後米国にゴルフブームを巻き起こした最大の功労者トリオのひとりとして、サム・スニード、バイロン・ネルソンと並ぶ偉大なプレーヤー。ホーガンは、技量はもちろんだが誰よりも卓抜した精神力の持ち主で、プレー中はほとんど口を開かない。鋭い眼光からThe Hawk（鷹）とも呼ばれた。

　1912年テキサス州フォートワースの西120キロにある小さな牧畜の町ダブリンで生まれた。ゴルフとの出合いは新聞売りよりキャディーの方が実入りがいいと、近所の人の勧めでフォートワースのグレンガーデ

ベン・ホーガン

ンクラブでキャディーとして働くようになったからだ。

キャディー仲間では賭けのゴルフが日常的に行われていたが、ホーガンは圧倒的に強かった。「ポケットに1セントもないときに、1ドルの賭けをするほど強烈なプレッシャーはなかった」、とのちに自叙伝で告白している。

グレンガーデンでは偶然同年齢のバイロン・ネルソンがキャディーをしていたが、小さいながらも牧場を持つ中流家庭のネルソンは、なにごとにつけても貧困育ちのホーガンと対照的で性格もおっとりし、キャディーとして優等生だった。やがて2人はプロゴルファーへの道を歩み始めるのだが、ネルソンが順調に成長過程をたどったのに対しホーガンは苦節の歳月が続いた。1932年に初めてツアーに出てから、初優勝まで8年を要した。金がなくなるとホームコースのコロニアルCCに戻りレッスンをしながら、次の遠征費用をためる繰り返しだった。

1947年、ホーガンは数ヵ月ツアーから離れ、コロニアルの練習場で朝から晩まではりついてボールを打ち続けていた。より正確なショットを求めてグリップ、スタンス、スイングプレーンのすべてを変えようとしていた。あるとき、これこそ探し求めていたショットとひらめきがあった。まっすぐに出たボールは落下軌道に入るとき、わずかに右へと軌道を変えて落ちていく。今でいうフェードボールを編み出したのだ。ホーガンの新スイングはその後、『Five Lessons of the Modern Fundamentals of Golf』として刊行されてベストセラーになった。今でもスイングの教典としてあがめている名プレーヤーが実に多い。

1949年1月に2勝しバレリー夫人とともに、フォートワースの家で一息入れるために2月1日アリゾナからテキサスへ向けてハイウエー80号を東へ走っていたホーガンの車は、霧のなかから突然現れた大型バスと衝突し、肋骨のほか左足首も骨折した。一命は取りとめたがゴルファーとしては再起不能と見られた。

1950年シーズン開幕戦は1月のロサンゼルスオープン。大会関係者はホーガンを名誉スターターとして招こうと声をかけたが、「名誉スターターではなく選手として出場する」と答え、復帰した。ロサンゼルスではサム・スニードとのプレーオフになり、まだ体力が回復していないホーガンは勝利をスニードに譲るが、奇跡的なカムバック劇だった。

1953年にはマスターズ、全米オープン、全英オープンの三冠獲得の最高の年を持つ。マスターズはそれまでの記録を5打塗りかえる14アンダーのトーナメントレコードで快勝。オークモントの全米オープンも2位スニードに6打差の圧勝だった。自動車事故後、とくに長距離旅行は気が進まないホーガンは、全英オープンには出ない予定だったが、先輩ジーン・サラゼンに「全英オープンを制しないうちは真の偉大なゴルファーの仲間入りはできない」と説得され出場。大西洋を汽船で渡り、2週間前には開催コース、カーヌスティに到着し、計8ラウンドの練習ラウンドをこなして備えた。入念、緻密な準備もあり世界一難コースといわれるカーヌスティで2位グループに4打差をつけて制圧した。ホーガンが出場した全英オープンはこの年の一度だけ。この年全米プロには出場していない。同一年マスターズ、全米オープン、全英オープンの三冠

フェードボール
ボールを打ちまっすぐ飛んだ後、右打ちなら右に、左打ちなら左にわずかに切れていく球筋

獲得選手はホーガンのほかにはいない。

アーノルド・パーマー
（Arnold Palmer）
1929年9月10日〜
アメリカ・ペンシルベニア州出身

「パーマーは攻撃する」で表現される「当たって砕けろ」の攻撃的ゴルフで1950年代後半にデビュー、たちまちファンをとりこにした。ちょうどカラーテレビ時代に入り、美しい緑のコースを飛ぶ白球をうつし出すゴルフのテレビ中継人気が、一気に上昇する時代背景も手伝ったが、常にその先頭を走るのはパーマーだった。

1958年、マスターズを皮切りに計7つのメジャータイトルを手中にしたが、そのすべてが攻撃を身上とするパーマースタイルで獲得したものだ。攻撃的すぎるがゆえに、失敗の代償も、ときには大きい。

1961年、マスターズ史上初めての2連勝を目前にして72ホール目、フェアウェイセンターからの7番アイアンの2打をグリーン右バンカー、3打目は強すぎてグリーン左土手まで落下。ダブルボギーでゲーリー・プレーヤーに優勝を譲ったのは、マスターズの記録的失敗として今でも語り継がれている。

ペンシルベニア州ピッツバーグ東郊外のラトローブに生まれたパーマーは、父親ディーコンがラトローブカントリークラブのプロ兼コーススーパーインテンデント（管理者）だったので、子どものころから父親のプロショップで遊んで過ごす時間がたっぷりあり、自然にゴルフに親しむようになった。

パーマーのカー杯のスイングを見ていたメンバーがディーコンに「あんなスイングをさせて、あなたは息子を壊すつもりか」と忠告したものだが、「子どものころは、ああしたスイングでいい。コントロールは、後からついてくる」とディーコンは取り合わなかった。パーマーの攻撃ゴルフは子どものころから教えられたものだった。

1954年には、全米アマ優勝、直後にプロに転向した。ツアーに入った1955年から快進撃が始まり、賞金王4回、レギュラーツアー優勝62回を記録した。現在ツアー賞金王に贈られるのがアーノルド・パーマー賞であるのをみても、単に強いだけでなく、いかに大きな存在であるかがうかがえる。

1960年、シーズン前「マスターズ、全米オープン、全英オープン、全米プロを制するのがプロのグランドスラム」と宣言し、その年マスターズ、全米オープン優勝まで進んだが目標は遠く、全米プロには勝てなかった。

だがグランドスラムは、パーマーのこの宣言以降、スーパースターが追い求める究極のゴールになっている。

2000年にはプロゴルファーで初のオーガスタナショナルのメンバーになった。また2004年には、マスターズ50年連続出場の偉業も成し遂げている。

2010年1月現在、80歳になったが、ゴルフ界の大御所として活躍は今も続いている。

アーノルド・パーマー

ゲーリー・プレーヤー
（Gary Player）
1935年11月1日〜
南アフリカ・ヨハネスブルク出身

　アーノルド・パーマー、ジャック・ニクラウスとともにビッグ3の1人として世界のゴルフ界に君臨したゲーリー・プレーヤーは南アフリカ、ヨハネスブルク生まれ。

　南ア出身の大先輩ボビー・ロックに憧れ、世界舞台への飛躍を心に誓った。1950年代はまだヨーロッパツアーは存在せず、英国中心のトーナメントが組まれていたが、南アにはほとんどトーナメントがなかったので19歳から英国修行が始まった。

　1956年、ダンロップオープンなどで2勝し、まずまずの成果をあげた。1959年、ミュアフィールド開催の全英オープンでメジャー初優勝。終盤スコアを乱し、優勝チャンスを自ら消してしまった、と意気消沈してホテルに戻っていたが、強まる風で上位選手が軒並み崩れ、プレーヤーに勝利が転がり込んだ。

　1961年、5回目のマスターズ出場で優勝をつかみ、小柄な男は米国でも存在を知られるようになった。

　パーマーと同じマネジャーのマーク・マコーマックのもとでビッグ3の一員になったが、パーマー、ニクラウスに比べ体力的に劣る分、猛烈なトレーニングを欠かさず、飛行機の中でも腕立て伏せをするなど話題をつくった。

　1962年には全米プロを制した初のアメリカ人以外の選手になり、1965年、全米オープンは18ホールのプレーオフでケル・ネーグル（豪州）を下し、グランドスラムを達成した。悪名高いアパルトヘイト（人種差別政策）の南アフリカ出身という理由で、海外でのトーナメントでは大きな苦労がつきまとった。

　いつも黒いシャツを愛用し、ブラックパンサー（黒ヒョウ）のニックネームを持つ、2010年1月現在、メジャー9勝。

ジャック・ニクラウス
（Jack Nicklaus）
1940年1月21日〜
アメリカ・オハイオ州出身

　メジャー18勝（ほかに全米アマ2勝）の記録は、今も20世紀最も偉大なゴルファーの勲章として輝いている。

　オハイオ州コロンバスでドラッグストアを経営する父親チャーリー・ニクラウスがバスケットボールで足首を骨折し、リハビリ過程の運動として歩行量が多い、ゴルフを医師から勧められた。

　地元の名門サイオートカントリークラブでほかのメンバーに迷惑をかけると息子のジャックを練習相手にしたのが、ジャックのゴルフとの出会い。

　8歳のときだが、ジャックはすぐに父親を抜く腕前になり、恵まれた体格からパワフルなロングドライブを打ち、「オハイオの怪童」の存在が全米に知られるようになるまで長い時間を必要としなかった。冬季は雪が積もりプレーできないので、サイオートカントリークラブではインドアの練習場をつくったが、これもニクラウス用といってよい。

　オハイオ州立大学を経てプロ転向し、1962年からツアーに参戦したが初優勝は同年6月である。オークモントCCでの全米オープンでアーノルド・パーマーを

ジャック・ニクラウス

18ホールのプレーオフで下したが、人気の面ではこれが裏目に出た。

　オークモントは当時人気絶頂のパーマーの地元である。どちらかというと肥満型だったニクラウスは「すっかり憎まれ役になってしまった」と苦笑しながら当時を振り返る。

　1967年、ニューヨーク郊外バルタスロールで両雄は再び対決し、競り合いはニクラウスの勝利で決着がついた。精密機械のように正確で計算されたようにゲームを淡々と追求するニクラウスのゴルフは、ようやくファンにも理解され、パーマーに勝るとも劣らない声援がニクラウスにも集まり、人気でもパーマーと肩を並べる存在になった。

　1969年には食事療法で減量に成功し、別人のようにスリムな体型となって魅力はさらに増し、オハイオの白熊からゴールデンベアへとニックネームも一変した。

　パーマーに次いでグランドスラムの夢をニクラウスも追った。生涯では3回達成しているが、年間となると1972年、マスターズ、全米オープンのみ。

　ニクラウスはコース設計でも優れた才能を発揮し、世界中で約250コースを設計している。故郷コロンバスに自ら設計し所有するミュアフィールドビレッジGCで1976年から始めたメモリアルトーナメントは南のマスターズ、北のメモリアルと呼ばれる2大招待競技準メジャー級大会としてツアーの重要なトーナメントになっている。メジャー18勝のうち、1986年、マスターズは46歳で最年長勝利・最多勝利記録、6回目のグリーンジャケットとしてファンの記憶に残る。

レイモンド・フロイド
（Raymond Floyd）
1942年9月4日～
アメリカ・ノースカロライナ州出身

　ノースカロライナ大学を出て、ツアー入り6年目、26歳で全米プロ（NCRカントリークラブ）をさらい、年間3勝、賞金3位になったとき若手大物レイモンド・フロイドへの期待は一気に増した。体格、才能には恵まれているのだが、プレーボーイぶりのほうが有名で、女性だけのロックバンド（レディー・バード）を持ち、サンフランシスコのナイトスポット、ノースショアによく出没した。

　あるとき選手のサーベイランス（調査）をしていた雑誌記者の「あなたの目の色は？」の質問に対し、「大体真っ赤というべきだろう」と答えたエピソードがある。

　フロイドが大きく変身したのはマリアと知り合ったおかげだ。ツアーでの奔放な生活を自慢するフロイドにマリアは「そんな生活をしていて何が面白いの」とぴしゃっと言った。自分でウェアショップを経営していたビジネスパーソン、マリアの言葉で目覚めたのだ。

　フロイドは別人のように猛練習をするようになった。1976年のマスターズでは初日からリーダーに立ち、そのまま走り続け、通算17アンダーで2位に8打差の新記録で優勝した。パワーヒッターで鳴らしていたフロイドは得意の1番アイアンの代わりに5番ウッドをバッグに入れ、パー5ホールだけで15アンダーを稼いで勝利の土台とした。

　今ではほとんどの選手がバッグに入れている5番ウッドは当時、非力な選手だけが頼りとするクラブと

レイモンド・フロイド

見られていたのだ。そうした繊細な感覚も持っている一方、熱いハートも人一倍持っておりフレッド・カプルスにガッツを吹き込んで大成させたのもフロイドだ。

1992年、ドラルオープン優勝後、9月からチャンピオンズツアー資格を得て出場2試合目のGTEノースクラシックで優勝し、史上初の同一年レギュラー、チャンピオンズ両ツアー勝利者になった。1986年に全米オープンも制しメジャー4勝。

トニー・ジャクリン
（Tony Jacklin）～
1944年7月7日
イングランド・ノースリンカンシャー州出身

第2次世界大戦後の英国が生んだ最大のチャンピオンゴルファーと呼ばれる。英国南部サザンプトンに生まれ、この地方の多くの子どもたちと同じように幼いころからクラブを握った。

蒸気機関車運転士の父親は、トニー・ジャクリンがプロゴルファーになることを反対したが、18歳でプロになった。1965年、全英オープン（ロイヤルパークデール）で5位に入ったのが、最初の手応えで、その年ダンロップマスターズでプロ初勝利に結びつけた。

1968年には米国ツアーに挑戦し、ジャクソンビルオープンにも優勝している。

1969年、全英オープン（ロイヤルリザム）で初のメジャー制覇。1951年のマックス・フォークナー以来長らく離れていたタイトルを18年ぶりに英国人の手に取り戻した。

1970年、ミネソタ州ヘーゼルタインの全米オープンは全長7151ヤードで当時としてはモンスター的な長距離コースで、13ホールがドッグレッグ、10ホールがブラインドの難コースで初日は20メートルの強風も手伝い50人が80以上を叩いた。

コースへの不満たらたらの米国選手を尻目に、ただ1人アンダーパー71で首位に出ると、その座を一度も明け渡すことなく優勝した。

ジャクリンはチャンピオンズツアーにも参加し、1勝をしたが、1985年、1987年とライダーカップでキャプテンを務め、米国に負け続けていた借りを返す殊勲も立てた。2002年、ゴルフ殿堂入り。

ジョニー・ミラー
（Johnny Miller）
1947年4月29日～
アメリカ・カリフォルニア州出身

レインボーストライプの派手なパンツと、しなやかなスイングの若者ジョニー・ミラーが全米のファンを驚嘆させたのは、1973年オークモントでの全米オープンだ。ブリガムヤング大学を出てツアー4年目、1971年サザンオープン、1972年ヘリテイジと2勝をあげているが、まだメジャーで優勝する力はないと見られていた。

だが金髪のヤングライオンズの1人が全米オープン史上最大の逆転ドラマをやってのけた。常に速いグリーンで選手たちを翻弄するオークモントの全米オープンで、前半36ホールはなんとか上位につけたミラーだが、3日目に76を叩いてアーノルド・パーマーを含むリーダーグループから6打離されてはノーチャ

トニー・ジャクリン

ジョニー・ミラー

ンスと誰もが思った。

　しかし、最終日奇跡が起こった。前夜かなりの雨が降りグリーンが止まるコンディションになり、ピンを大胆に攻めるミラーは面白いようにバーディーを決め、8アンダー63（パー71）の全米オープン新記録スコアで上位の13人をごぼう抜きし、優勝を勝ち取った。

　ミラクル・ミラーのニックネームで一躍人気選手になったミラーは、1975年開幕からフェニックス、ツーソン、ボブ・ホープと4試合中3勝をあげ、「もうビッグ3の時代は終わった。今のNo.1は自分だ」と宣言した。

　1976年、全英オープン（ロイヤルバークデール）も優勝し、本物のミラー時代到来を思わせたが、下半身を弓のようにしならせるスイングの負担からか足首、すねを痛め、凋落も激しかった。

　その後、時折、勝利はあったがメジャー優勝は1976年の全英オープン以降はない。1987年、AT&Tペブルビーチを最後に、ツアーから姿が消えていった。それでもツアー通算20勝しているのだから非凡なゴルファーといえる。

　現在はNBCテレビのコメンテーターを務め、チャンピオンズツアーにも出場していない。

トム・ワトソン
（Tom Watson）
1949年9月4日〜
アメリカ・ミズーリ州出身

　名門スタンフォード大学を卒業して1972年からツアー入り。将来有望な若者の1人としてジョニー・ミラーと並び将来を有望視された若者は、1974年のウエスタンオープンで初優勝を飾ったが、それより以前に全米のファンをひきつける悲壮なドラマの主人公を演じた。

　ウエスタンオープン2週間前の全米オープン（ウイングドフット）、3日目終了で1打差のリーダーになったが、最終日9オーバー79と大叩きし、ヘール・アーウィンに栄光を奪われ、5位フィニッシュ。強気にピンを狙うワトソンのショットはことごとくグリーンからはじき出されてしまったのだ。

　ロッカールームで悲嘆にくれるワトソンの肩を叩き、慰めと激励の言葉をかけたのがバイロン・ネルソンだ。「君のスイングはもう少し直せば多くのメジャータイトルが待っている。よければいつでも私を訪ねてくれ」

　ワトソンは直ちにテキサス州ダラスのネルソンを訪ねコーチングを受け、その結果はすぐにウエスタンオープン優勝につながった。以後2人の師弟の絆は強いものになり、ワトソンは頻繁にダラスでネルソンに教えを請うようになった。

　その結果、ワトソンの才能は開花し、毎年確実にツアーで勝利をあげるようになり、1977年、最高の名勝負をジャック・ニクラウス相手に2度も演じた。4月のマスターズ、7月の全英オープン（ターンベリー）と土壇場のバーディーでニクラウスとの死闘を制し、帝王交代の年としてゴルフ史上に位置づけられる。

　1982年、全米オープン（ペブルビーチ）は71ホール目、グリーン外からのチップインバーディーで、またもニクラウスを下した。

　60歳となった2010年、思い出のペブルビーチで

トム・ワトソン

行われた全米オープンにチャレンジする。1988年ゴルフ殿堂入り。

グレッグ・ノーマン
(Greg Norman)
1955年2月10日～
オーストラリア・クイーンズランド州出身

　豪州クイーンズランド中西部のマウントアイザで電気技師の父と、フィンランド出身の建築技術者を父に持つ、母との間に生まれる。

　幼少時からサーフィンに熱中。ラグビーやクリケットも人並み以上の腕前を見せるなど運動神経はずば抜けてよかった。16歳の時にシングルプレーヤーだった母のキャディーをしたのがきっかけでゴルフを始め、2年でスクラッチプレーヤーになる。

　父の意向もありオーストラリア空軍のパイロットになるのが夢だったが、デビュー4試合目で優勝したことで、プロゴルファーとして生きる道を選択した。豪州ツアーやアジアサーキットで力をつけ、1979年には香港オープンを制覇。1980年に豪州オープン、世界マッチプレー選手権を制し、その名が世界に知られるようになった。

　世界マッチプレーで2勝目をあげた1983年に米ツアー参戦。1984年のケンパーオープンで米ツアー初制覇。この年、ウィングドフットで行われた全米オープンでファジー・ゼラーと壮絶な優勝争いを演じる。最終日の18番をプレー中、前の組で回るノーマンの好プレーを見てゼラーがタオルを"白旗"に見立て振ったエピソードもある。しかしこの後、ゼラーが翌日18ホールのプレーオフに持ち込み、ノーマンは2位に甘んじた。

　1986年のマスターズはニクラウスに目前の優勝を阻まれ、シネコックヒルズの全米オープンでは最終日に75を叩き自滅。レイモンド・フロイドが優勝している。

　全英オープンでは中嶋常幸と最終日最終組で回り、見事メジャー初制覇を成し遂げたが、全米プロではボブ・ツエーが最終18番のガードバンカーから直接叩き込むスーパーショット。ほぼ手中にしていた優勝を逃している。この年、メジャーの最終日すべてにトップで突入したことで俗に「ノーマンスラム」とも「サタデースラム」とも呼ばれる。年間グランドスラムも可能ではないか、と思わせるノーマンの戦いぶりだった。

　さらに翌1987年のマスターズもプレーオフの11番、ラリー・マイズのチップインにより2位。またもや相手のスーパープレーで苦杯をなめるパターンが続いたが、世界ランクではトップを維持し、スーパースターの地位を築いた。

　その後も1993年の全英オープンでメジャー2勝目。米ツアーでも1990年のメモリアル、1994年のTPC、1995、1997年のワールドシリーズなど、準メジャー級のビッグトーナメントを制し、通算20勝をあげた。日本でも1989年の中日クラウンズ、1993年の太平洋マスターズに優勝している。

　50歳になった2005年から米シニアのチャンピオンズツアーにも参戦。私生活では1981年に結婚したローラ夫人と1男1女をもうけたが2006年に離婚。

　2008年にテニスのスター、クリス・エバートと再婚し世間をアッといわせたが、2009年にスピード破局している。

グレッグ・ノーマン

青木功とも仲が良く、日本人選手にも縁がある。2009年にはプレジデンツカップの主将にも就任。石川遼を積極起用し、その活躍に最大級の賛辞を贈ったのは記憶に新しい。

セベ・バレステロス
(Severiano Ballesteros)
1957年4月9日～
スペイン・カンタブリア州出身

　スペインが生んだ天才ゴルファー。スペイン北部、ピレネー山脈の南にある寒村・パドレーニャで、4人兄弟の末っ子として生まれる。父親は羊飼いをしていたという。

　家業は貧しく、長兄・バルメドロから順にビセンゾ、マニュエルと続く3人の兄たちが小遣い稼ぎのためにキャディーを始め、マニュエルがプロになる。

　スペインの代表的プロゴルファー、ラモン・ソタの甥にもあたる環境のもと、セベも拾ってきた3番アイアンをおもちゃにして育つ。兄たちとふざけて遊ぶうち、3人の兄に負けたくないという闘争心が培われていく。

　1974年、わずか17歳で欧州ツアーにデビュー。この年早くも2勝をあげ、セベの快進撃が始まる。1976年に、ランコムトロフィーなど2勝し、初の欧州賞金王に。

　この年はツアー競技以外にも4勝をあげているが、わずか19歳という若さだった。翌1977年、78年と日本オープンを連覇するほか、フレンチオープン、スイスオープンなどヨーロッパのほとんどのナショナルオープンに優勝していく。

　3年連続欧州賞金王となった1979年には、最初の全英オープンタイトルも獲得した。

　アメリカには1975年にツアーテストを受け、落選していたが、1980年のマスターズで優勝。1983年に2度目のグリーンジャケットにも袖を通し、米ツアーでも4勝をあげている。

　全英にも1984、1988年と3勝。メジャー通算5勝をあげるなど、絶頂期には通算61週も世界ランク1位の座についている。世界中で80勝を超える記録もさることながら、セベの魅力は記憶に残る勝ちっぷりだろう。

　1979年のロイヤルリザムでは16番のティーショットを大きくプッシュアウト。臨時駐車場に打ち込み、ボールは車の下に。しかし車を移動する救済措置を受けると、ベアグラウンドからスーパーショットを放ち4メートルのバーディーチャンスにつける。これを沈めてバーディーをもぎとり、初のクラレットジャグと呼ばれる優勝の証を手にした。

　翌1980年のマスターズは17番の第1打を左に曲げ、隣の7番ホールまで打ち込む。しかしここからバーディーを奪い、最初のマスターズ優勝につなげてしまった。

　一方で1997年のライダーカップでは主将として米国を撃破。この年世界殿堂入りも果たしている。

　事実上の引退を表明した2008年、10月6日にマドリード空港で倒れ、意識不明のままラパス病院へと搬送された。検査で脳腫瘍が見つかり、8日後の14日に大きな腫瘍を摘出する手術が成功。2日後の16日には脳の腫れに対処するため頭蓋骨の一部を除去し、8日後の24日、6時間以上の大手術で残っていた腫瘍

セベ・バレステロス

が除去され、脳の腫れが引いたという。さらにその後、脳内にたまった水を抜き、欠損していた頭蓋骨を修復する4度目の手術を受け、少年たちとのレッスンイベントを開催できるまでに回復した。

ニック・ファルド
（Nick Faldo）
1957年7月18日～
イングランド・ハートフォードシャー州出身

　14歳のとき、両親と共に、新調したばかりのカラーテレビでマスターズを観戦。1972年大会における帝王・ニクラウスの優勝に感動。隣人からクラブを借り、6回のレッスンを受けたのちコースに出る。それから4年に満たない1975年、全英ユースオープンアマ選手権に優勝。同年の全英アマにも勝ち、アマチュアNo.1の地位に上り詰めた。

　1976年にプロ転向。翌1977年のスコール・ラガー・インディビジュアルでプロ初優勝を飾る。1981年からは米ツアーにも参戦。1984年のヘリテージで米初制覇を成し遂げた。さらに上を目指し、1985年ころからデビッド・レッドベターをコーチに招きスイングを改造。ミュアフィールドで開催された1987年の全英オープンで、メジャー初タイトルを手にした。

　1990年には1966年にニクラウスが初めて達成して以来、誰もできなかったマスターズ2連勝を達成。2年連続、プレーオフでの決着だった。ファルドはこの年、セントアンドリュースで行われた全英オープンでも2勝目を達成している。

　1992年にはメジャー初優勝をあげたミュアフィールドで、全英3勝目を飾っている。

　メジャー6勝目となった1996年のマスターズは、首位にいたノーマンが最終日大乱調。78を叩き、67で回ったファルドに大逆転負けしている。

　しかしその翌年、前年の全米アマ王者のタイガー・ウッズと予選2日間を一緒に回って予選落ち。21歳3ヵ月で優勝したそのウッズに、グリーンジャケットを着せることになった。

　翌1997年にバレステロスと共に世界殿堂入り。その後はコース設計やテレビ解説者をしていたが、2007年からシニアツアーに参戦した。さらに2008年、ライダーカップ欧州代表のキャプテンも務めた。

　2009年、ゴルフの発展に貢献したとして、エリザベス女王の叙勲でナイトの爵位を受けた。

　大の自転車好きで、フライフィッシングや写真にも凝る。

アーニー・エルス
（Ernie Els）
1969年10月17日～
南アフリカ・ヨハネスブルク出身

　9歳でゴルフを始め、テニスとの狭間で揺れ続けた。サンディエゴで行われた世界ジュニア選手権14歳以下の部で優勝し、スクラッチプレーヤーとなった14歳のときにゴルフに専念することを決意した。

　1989年にプロ転向。1991年、米下部ツアーネーションワイドツアー4試合に出場したが、タルサオープン9位タイがベストフィニッシュだった。1992年は、南アツアーで6勝。1年間で南アオープンと南アPGA

ニック・ファルド

アーニー・エルス

に優勝したのは、ゲーリー・プレーヤー以来とあって注目を集めた。1993年、全英オープン6位タイとなったが、このとき、大会史上初めて4日間、60台でプレーした。

1994年、全米オープン最終日を2打差単独首位で迎えながら73を叩いてコリン・モンゴメリー、ローレン・ロバーツに並ばれ、翌日プレーオフ。18ホールを終えて78を叩いたモンゴメリーは脱落したが、ロバーツとは74と一歩も譲らず、サドンデスまでもつれ込み、20ホール目でようやく勝利を勝ち取った。

1995年からは米ツアー中心の生活となったが、それでもホームツアーともいうべき欧州や母国南アでも積極的にプレーする多忙な日々を送る。その中でも、毎年、コツコツ優勝を重ねて存在感を示していた。

1997年、コングレッショナルCCで行われた全米オープンでコリン・モンゴメリーに1打差をつけて優勝。外国人としては、英国のアレックス・スミス（1906、1910年）以来の全米オープン2勝目をあげた。1998年、マスターズ16位タイとなったあと、わずか数週間ではあるが世界ランクNo.1の座についた。

2002年、ミュアフィールドの全英オープンで、スティーブ・エルキントン、トーマス・レベ、スチュワート・アップルビーとのプレーオフを制し優勝。メジャー3勝目をあげた。その後も、世界で活躍を続けたが、2005年全英オープン終了後、海でヒザを負傷し、手術を余儀なくされてシーズン後半を棒に振る。2006年の南アフリカオープンで復帰し、2位となったが、結局、2007年12月の南アフリカオープンでようやく優勝した。

2008年はホンダクラシックで3年4ヵ月29日ぶりの米ツアー優勝を飾った。

2010年、WGC-CA選手権で優勝すると、2週後のベイヒル招待でも優勝。完全復活を予感させている。

世界を転戦するのに便利な英国ウエントワースに家族が住み、米国ではフロリダ州オーランドに拠点を置く生活を長い間送ってきたが、2009年に家族でフロリダに転居した。

母国南アフリカでワインを製造、販売もしている。ニックネームはビッグイージー。

フィル・ミケルソン
(Phil Mickelson)
1970年6月16日～
アメリカ・カリフォルニア州出身

2010年マスターズでメジャー4勝目を飾った左利きゴルファーの第一人者。

生後、18ヵ月でゴルフボールを打ち始める。ゴルフ以外はすべて右利きだが、海軍パイロットだった右利きの父と向かい合ってゴルフのマネごとをしていたため、ゴルフだけは左利きで育った。

アリゾナ州立大在学中の1990年、史上初めて全米アマを制した左利きのゴルファーとなる。

翌1991年、米ツアー、ノーザンテレコムオープンにアマチュアとして出場して見事に優勝し、脚光を浴びる。

1992年プロ転向。翌年のビュイック招待で初優勝し、ジ インターナショナルで2勝目をあげる。1993

フィル・ミケルソン

年2勝、1994、1995年各1勝、そして1996年に4勝し賞金ランキング2位。

　1999年、パインハーストで行われた全米オープンで、ペイン・スチュワートに1打差で敗退。だが、その翌日、エイミー夫人が長女、アマンダ・ブリンを出産し、悔しがる間もなく喜びに包まれるドラマを味わった。

　この年以来、全米オープンでは1999、2002、2004、2006年と4度も2位に泣いている。

　実力がありながら、メジャーになかなか勝てなかったが、2004年、マスターズでようやくメジャー初優勝。18番で5.4メートルのバーディーパットをねじ込み、ライバル、アーニー・エルスを突き放した。最後のパットで優勝を決めたのはマスターズ史上、アーノルド・パーマー（1960年）、サンディ・ライル（1988年）、マーク・オメーラ（1998年）以来、3人目。以来、2005年全米プロ、2006年マスターズ、2010年マスターズと確実にメジャータイトルを重ねている。

　家族を大切にすることも有名で、2009年、夫人と実の母親が乳がんであることが発覚したときも、そのサポートを最優先することを宣言。試合をセーブしながら、全米オープンで家族に捧げる優勝を狙ったが、残念ながら4位タイに終わった。

　それでも乳がん撲滅のためのシンボルマークであるピンクリボンをつけてプレーするミケルソンの姿は共感を呼び、ピンクを身につけて登場する選手やキャディー、関係者が一気に増えた。これもミケルソンの姿勢が共感を呼び、乳がん撲滅運動を広げようという気運が高まったために違いない。

タイガー・ウッズ

（Tiger Woods）
1975年12月30日〜
アメリカ・カリフォルニア州出身

　メジャー14勝で、最多の18勝を誇るジャック・ニクラウスに最も近い存在。

　本名はエルドリックだが、グリーンベレーとしてベトナム戦争にも参加していた軍人だった父、アールの恩人の名を取ってつけたのがタイガーというニックネーム。父の影響で幼いころからクラブで遊び、2歳のとき、テレビの"マイク・ダグラス・ショー"でボブ・ホープとパッティング対決して話題となった。3歳のときには、9ホールを48でプレーして注目を集めた。

　1991〜93年、史上初の全米ジュニアアマ3連覇。1994年には史上最年少の18歳7ヵ月29日（当時）で全米アマ初優勝。その後前人未到の3連覇を飾った。アマチュアとして出場したメジャー6試合中4試合で予選を突破。全米アマ3連覇の翌日に鳴り物入りでプロ転向を発表した。

　プロになるとすぐ、シーズン終盤戦に推薦で出場。2試合目のラスベガス招待で初優勝すると、ウォルトディズニーワールド／オールズモビルですぐに2勝目をあげる。わずか8試合で新人王タイトルを獲得。賞金ランキングも24位で、翌年の出場権も手に入れた。

　1997年は前年のツアー優勝者しか出場できない開幕戦メルセデス選手権でいきなり優勝。プロとして初めてのメジャーとなったマスターズでも、通算18アンダーで2位に12打差の圧勝（いずれも新記録）で優勝し、周囲の度肝を抜いた。この年は4勝してプレー

タイガー・ウッズ

ヤー・オブ・ジ・イヤーと賞金王に輝いた。

　1998年は1勝に終わったが、1999年8勝、2000年9勝と手のつけられない強さを見せる。特にペブルビーチGLで行われた2000年全米オープンでメジャー3勝目を飾った後は圧巻で、全英オープン、全米プロとその後のメジャーを総なめにした。

　翌2001年のマスターズに勝てばメジャー4連勝となるが、シーズンをまたいでいるため年間グランドスラムになるかならないかが大論争となったほどだ。結局、世間が出した結論は年間グランドスラムではないということだったが、本人はメジャーすべてのタイトルを持っているということを誇り"タイガースラム"という新語がつくり出された。

　また、2000年には、平均ストローク新記録（68.17）をはじめ、27ものツアー新記録を樹立したことでも話題となった。

　ウッズの台頭と並行して米ツアーの人気もうなぎ上りとなり、賞金額が飛躍的に伸びる"ウッズ効果"が生まれたが、タイガースラムでこれが加速した。

　1999年から4年連続賞金王。2001年から3年連続で5勝しているが、2003、2004年は、ビジェイ・シンに賞金王の座を譲っている。1勝しかできなかった2004年はスランプが心配されたが、2005年マスターズで4度目のグリーンジャケットに袖を通し、これを払拭。聖地セントアンドリュースの全英オープンも含めて6勝し、第一人者の立場を取り戻した。

　2006年には5月3日にゴルフだけでなく心の師でもあった父・アールが長いがんとの闘病生活の末、死去。復帰戦となった全米オープンでは、プロ入り後、初のメジャー予選落ちを喫するほどのショックに苛まれた。

　だが、全英オープンで見事に優勝。人目もはばからず号泣した。この年も8勝して、天国の父に勝利を捧げた。

　以前からヒザの痛みを抱えながらプレーしていたが、2008年マスターズ終了後に手術を決意。だが、復帰戦となる全米オープンでロッコ・メディエートと19ホールに及ぶ激戦のプレーオフを戦い抜き、メジャー14勝目を飾ったが、おかげで再手術を余儀なくされてシーズン後半を棒に振った。だが、この優勝でメジャーすべてに3勝するトリプルグランドスラムを達成した。左ヒザのリハビリ後、復帰した2009年は6勝をあげたがメジャーでは勝てずじまい。最終戦全米プロでは最終日、首位でスタートしながらY・E・ヤンに逆転されてしまった。これまでメジャー最終日に首位なら優勝というジンクスがあったのだが、これを失ってしまった。

　2010年シーズンも無事に迎えるはずだったが、2009年シーズンオフの11月末の深夜、自宅近くで自ら運転する車が消火栓に激突。救急車で搬送されることになったが、これがきっかけでスキャンダルが発覚。しばらくの間ツアー出場を自粛することになった。復帰戦は2010年マスターズとなった。

　私生活では、2004年に結婚したスウェーデン人のエリン夫人との間に長女、サム・アレクシスと長男、チャーリー・アクセルがいるが、スキャンダル以来、緊張感漂う状態が続いている。

2010年、タイガー・ウッズの復帰戦となったマスターズでは4位タイという結果であった。

2 名プレーヤー・海外ツアー・女子

ベーブ・ザハリアス
（Babe Zaharias）
1911年6月26日～1956年9月27日
アメリカ・テキサス州出身

　旧姓はミルドレド・エラ・ディドリクセン。大人になりディドリクソンと姓を変える。少女の頃、男子のソフトボールの試合に出て、1試合5ホーマーの大活躍を演じてから、ベーブ・ルースにちなみ"ベーブ"と呼ばれるようになる。すでに幼少時、ゴルフクラブも握っていた。高校時代にはあらゆるスポーツで群を抜く能力を発揮。18歳時、五輪代表選考会で8種目中5種目に優勝、1932年のロサンゼルス五輪本番では3種目に出場し80メートルハードル、やり投げで金メダル、走り高跳びでも銀メダルを獲得する。一時はこれに幅跳びを加えた4種目で世界記録を保持していた。

　1935年、スポーツライターのグラントランド・ライスに勧められ、本格的にゴルフを始める。同年、出場2試合目のテキサス女子招待で優勝を飾る。

　しかしそのあと、USGA（全米ゴルフ協会）はザハリアスが野球とバスケットボールで収入を得たことを問題視、アマチュア資格を剥奪してしまう。

　1938年、男子の大会であるロサンゼルスオープンに出場した。2003年5月、アニカ・ソレンスタムが男子米ツアーのコロニアルに挑戦し、女子選手が男子プロ大会に出るようになり、この挑戦の歴史に再び光が当たった。

　この年の12月23日にプロレスラーのジョージ・ザハリアスと結婚。1943年になり、ようやくアマ資格を再取得し、全米レベルの試合に復帰。1946年からの1年間で18試合中17勝という圧倒的な強さを見せつけた。その中には1946年の全米アマ、1947年の全英アマというビッグタイトルも含まれていた。特に全英アマは、1893年に同大会が開催されて以来、アメリカ人として初の優勝となった。

　同年にプロ転向するまでに、プロの試合でメジャー4勝を含む5勝を重ねていた。特に1950年は同一年に全米女子オープン、タイトルホルダーズ、ウエスタンと3勝をあげる大活躍。1950、1951年と賞金女王となる。

　10勝に1年と20日、20勝まで2年4ヵ月、30勝到達まで5年と22日というスピード記録も達成している。しかもこの間の1953年には2度のがん手術も受けている。それから1年にも満たない翌1954年の全米女子オープンで優勝。43歳と7日は当時の最高齢記録だった。この年、平均ストローク第1位のベア・トロフィーも獲得している。1955年のシーズン2勝目、プロのトーナメント通算41勝目となるピーチブロッサムクラシックが最後の優勝となるが、ここまでメジャー通算10勝をあげた。

　AP選出のウイメン・アスリート・オブ・ジ・イヤーを1931、1945～1947、1950、1954年と計6回受賞。20世紀を代表する女性アスリートとしての受賞も多数。

　1952年の8月から1955年の7月までLPGAの会長も務めた。しかし1955年の7月に末期がんが判明

ベーブ・ザハリアス

し、テキサス大学病院に入院。15ヵ月の闘病の末、1956年9月27日、45歳の若さでこの世を去った。

ミッキー・ライト
(Mickey Wright)
1935年2月14日〜
アメリカ・カリフォルニア州出身

4歳時、父の勧めでゴルフを始める。11歳時、ラホイヤで初めてレッスンを受けると1年も経たないうちに100を切る。さらに3年後、ローカルトーナメントで70のスコアをマークした。

1952年に全米女子ジュニアを制覇。全米にその名をとどろかせた。1年後、ライトはスタンフォード大学の心理学科に進学した。だが2年に進級する直前の夏、全米女子アマの決勝で敗れ、全米女子オープンでも4位に入り、ローアマも獲得、さらに世界アマでは優勝と大活躍。プロモーターのG・S・メイの勧めもあり、進級を断念しプロ転向を選択する。

1955年にプロ入りし、翌1956年のジャクソンビルオープンでツアー初優勝。この年から17シーズン連続して優勝することになる。特に1959年から1968年の10年間は、通算82勝のうち79勝を積み上げる驚異的な活躍を演じる。

わずかプロ3年目にツアー史上初となる全米女子オープン、全米女子プロの同一年優勝を達成。これをきっかけにトップスターへと駆け上がる。

1961年に賞金女王となってから、さらにその強さを見せつけた。1962年は33戦して10勝、1963年は30戦して13勝、1964年は27戦で11勝と、圧倒的な強さを発揮した。しかも1961年の全米女子プロから全米女子オープン、タイトルホルダース、ウエスタンオープンと4つのメジャータイトルを1年間で保持した経験を持つ。これはLPGA史上ただ1人しかいない大記録。1969年、足の故障で34歳の若さで第一線から退くまでに、82勝を積み上げた。

毎回行われる共同記者会見にも出て、ありとあらゆる取材も受けた。多忙を極める中で全米女子オープン、全米女子プロにそれぞれ4勝し、メジャー通算では13勝に達する。これは15勝のパティー・バーグに次いで2位の記録。平均ストローク第1位のベア・トロフィーを5回受賞。賞金女王4回、2度に渡る4試合連続優勝、女子プロ最少スコアの62、9ホール最少スコアの30、18ホールにおける最多バーディーの9バーディー奪取、8回の最多ホールインワン、年間最多の13勝などの記録が燦然と輝き続けている。

そのスイングの美しさはベン・ホーガンが「私が見た中で最高」と絶賛したほど。

心理学の先生になる夢はかなわなかったが「ゴルフ場で挑戦と失敗を繰り返しながら、効果的なスイングを目指し完ぺきなゴルフを追求し、勉強と経験を積んだことで、心理学のマスターレベルには達することができたと思う」とライトは語っている。

ナンシー・ロペス
(Nancy Lopez)
1957年1月6日〜
アメリカ・カリフォルニア州出身

1970年代後半から1980年代の女子ゴルフ界を

ミッキー・ライト

引っ張ってきた。

　メキシコ出身の父、ドミンゴの指導で8歳でクラブを握ると、1971年にわずか12歳でニューメキシコ女子アマに優勝。翌年には全米女子ジュニアを制覇した。1974年にも2度目の全米女子ジュニア優勝を飾り、1975年にはアマチュアとして出場していた全米女子オープンで2位となる大活躍で全米から注目された。

　名門タルサ大学に進学、ゴルフ部に入部後も大活躍し、2年生となった1977年の夏、プロとして出場した全米女子オープンで再び2位となる。その2日後のQTを3位で突破して、LPGAツアーのメンバーとなった。

　ルーキーとしてプレーした1978年の活躍ぶりは素晴らしい。ベントツリークラシックで初優勝すると、コカ・コーラクラシック、サンスタークラシック、グレーターボルチモアクラシック、ゴールデンライツ選手権、全米女子プロ選手権、バンカーズトラストクラシック、コルゲートヨーロピアンオープン、コルゲートファーイーストオープンと年間9勝。このうち5試合は連続優勝で、全米を熱狂させた。終わってみれば、ルーキー・オブ・ジ・イヤーとプレーヤー・オブ・ジ・イヤーのダブルタイトルを手にした。

　2009年、申ジエがダブルタイトル獲得にあと一歩と迫ったが、最終戦でロレーナ・オチョアにプレーヤー・オブ・ジ・イヤーをさらわれたため、ツアー史上、この記録を持つのは現在でもロペスただ1人である。

　1978年は、賞金女王、平均ストロークNo.1のベアトロフィーも獲得。『スポーツイラストレイテッド』誌の表紙を飾るなどして女子ゴルフへの関心を集めたセンセーショナルなデビューイヤーとなった。

　1987年殿堂入り。スーパースターとなってからも、人をひきつける笑顔は変わらず、気さくな性格で親しまれている。

　2002年からはツアーには参戦していない。2007年以降一部大会で復帰するも、思うようなプレーはできていない。

　欧米対抗戦（ソルハイムカップ）の主将を務めたり、自身のブランド、ナンシー・ロペス・ゴルフで女性用クラブや用品を販売、テレビコメンテーターを務めることもある。

アニカ・ソレンスタム
（Annika Sörenstam）
1970年10月9日～
スウェーデン・ストックホルム出身

　1990年代後半から2000年代にかけて女子ゴルフ界に旋風を巻き起こし、その存在が徐々に大きくなっていたスウェーデン勢の強さの象徴となった。

　12歳のとき、両親の影響で妹のシャーロッタ（LPGAプレーヤー）とともにゴルフを始めた。

　1987～1992年の間、スウェーデンのナショナルチームのメンバーとなる。ソレンスタムの後の活躍により、同チームのジュニア育成方法が世界のゴルフ界で注目を集めた。

　高校卒業後、米アリゾナ大学に留学し、ゴルフ部で活躍。1991年NCAA選手権優勝。後のツアー仲間であるケリー・ロビンスとNCAAプレーヤー・オブ・ジ・

ナンシー・ロペス

イヤータイトルを分け合った。1992年、世界アマ優勝。同年には全米女子アマ2位、全米女子オープンセカンドアマとなる。大学時代に7勝をあげる。

アリゾナ州立大学在学時の1993年、アマチュアのままプレーしたツアーで、スタンダードレジスタービン4位、ラスベガスLPGAキャニオンゲート9位タイと実力を見せた後、QTに挑戦。28位でノンエグゼンプト（シード外）ながら1994年の出場権を獲得した。

1994年には18試合しか出場していないのに全英女子オープン2位などトップ10入り3回でプレーヤー・オブ・ジ・イヤーのタイトルも獲得している。

飛躍の年となったのが1995年だ。

1995年、ザ・ブロードムアで行われた全米女子オープンに優勝。ツアー初優勝をメジャータイトルで飾った。当時はまだ使用するプロが少なかったショートウッド（7番）の使用が話題となり、その後のショートウッド全盛時代の先駆けとなった。この年、GHPハートランドクラシック、サムソン世界選手権でも優勝して3勝。いきなりプレーヤー・オブ・ジ・イヤー、ベアトロフィー（平均ストロークNo.1）、賞金女王を総なめにした。

翌1996年は、全米女子オープン連覇を果たし、前年同様、3勝したが、賞金ランクは3位にとどまった。以来、カリー・ウェブ、朴セリとの3強時代が続くが、その中でもソレンスタムは群を抜いていた。

賞金女王8回（1995、1997、1998、2001、2002、2003、2004、2005年）、プレーヤー・オブ・ジ・イヤー8回、ベアトロフィー6回。2001年スタンダードレジスタービン第2ラウンドでツアー最少の「59」を叩き出した。

さらに、2002年は、年間11勝と勝ちまくった。この記録はミッキー・ライトが1963年に樹立した年間13勝に次ぎ、ライトが1964年に記録した11勝に並ぶものとなった。

2003年に殿堂入りを果たしたが、実績ではとっくに規定をクリアしていながら「ツアー在籍10年以上」という規定を待つという異例の事態となった。

また、2003年には女子選手としては1954年以来となるPGAツアー出場（バンクオブアメリカ・コロニアル）を果たしている。残念ながら予選落ちしたが、世界中の注目を集めた。

2003年6勝、2004年8勝、2005年10勝と勝ち続けたが、2006年は3回目の全米女子オープン優勝を飾り、同時にメジャー10勝目という快挙を成し遂げた。だが、ロレーナ・オチョアの台頭もあり、この年は3勝で5年間守り通した賞金女王タイトルを手放した。翌2007年には腰痛で13試合にしか出場できず、初勝利以来、初めて未勝利のシーズンを送った。賞金ランキングは25位で、こちらも最初に女王タイトルを獲得して以来、初めてトップ5をはずした。

2008年は開幕戦SBSオープン優勝で幸先のいいスタートを切ったが、5月20日にシーズン終了後、現役を引退するという異例の発表をして世間を驚かせた。この年は結局、3勝に終わり、キャシー・ウィットワースが持つ88というLPGAツアー最多勝利数を塗り替えるのは時間の問題とされていたが、結局通算72勝で引退した。

アニカ・ソレンスタム

カリー・ウェブ
（Karrie Webb）
1974年12月21日～
オーストラリア・クイーンズランド州出身

　両親の影響で8歳からゴルフを始め、生涯のコーチとなるケルビン・ホーラーに出会う。1992～1994年の間、アマチュアとして国際競技で6勝をあげ、1994年10月にプロ転向。最初は欧州女子ツアーと下部ツアーのフューチャーズでプレーした。

　いきなり全英女子オープンで優勝した1995年、欧州ツアー新人王となる。その後、米女子ツアーQTに挑み2位で突破したが、じつはこのとき、手首を骨折していたという逸話もある。

　米女子ツアーに新人として臨んだ1996年、2試合目のヘルスサウス・イノーギュラルで3人でのプレーオフを制して初優勝。その後も3勝をあげて、賞金女王となるセンセーショナルなデビューを果たした。同時に、米男女両ツアーで、ルーキーシーズンの獲得賞金が100万ドルを超えた初めての選手にもなった。

　1997年は年間3勝で賞金ランキング2位。女王タイトルこそアニカ・ソレンスタムに譲ったが、平均ストロークNo.1のベアトロフィーを獲得した。

　アニカと2人でツアーをけん引する存在となったウェブだが、1998年は彗星のように現れた、朴セリやアニカに押され気味で年間2勝。再び強さを爆発させたのは1999年のことだった。初のメジャータイトル、デュモーリエを制するなどして年間6勝し、女王タイトルと、初のプレーヤー・オブ・ジ・イヤーを獲得。ベアトロフィーも手にして、まさにツアーNo.1の座を独り占めした。

　2000年にもプレーヤー・オブ・ジ・イヤーとベアトロフィー、女王タイトルを獲得。クラフト・ナビスコ選手権、全米女子オープンとメジャーにも2つ勝ち、圧倒的な存在感を示した。

　2005年は未勝利で苦しんだが、2006年、クラフト・ナビスコ選手権で勝つと一気に復活。年間5勝で強さを取り戻した。この年、日本の岡本綾子らとともに殿堂入りした。

　2007、2008年は優勝に縁がないものの、忍耐強くプレー。2009年JゴルフフェニックスLPGAインターナショナルでツアー36勝目を飾った。

　強豪選手は輩出するものの、ツアーとしてはなかなか発展しない母国豪州ゴルフ界のために積極的に貢献する姿勢でも知られている。

　2000年、母国で開催されたシドニー五輪で聖火ランナーを務めたのも、その姿勢が評価されたからこそだろう。

　アニカ・ソレンスタムが引退した後、若手の台頭が目立つツアーにおいて、存在感を漂わせるベテランとして現在もプレーを続けている。

朴　セリ
（Se Ri Pak）
1977年9月28日～
韓国出身

　現在、世界の女子ゴルフ界を席巻する強豪、韓国勢の憧れの存在。

　父、チュンチョルの教えにより13歳でクラブを握

カリー・ウェブ

朴セリ

り、アマチュア時代、韓国で30勝。後に、当時の父と練習、トレーニングがスパルタだったことを振り返ったが、ときには真夜中、墓場まで1人で行って帰ってくるという方法でメンタルも鍛えたという。

　1996年、18歳でプロに転向し、2年間で韓国ツアー6勝をあげた。1997年米女子ツアーQTを、クリスティー・カーとともにトップで突破。ルーキーとしてプレーした1998年初めてのメジャー、全米女子プロゴルフ選手権でいきなり優勝し周囲を驚かせた。だが、これは朴旋風の始まりにすぎなかった。

　次のメジャー、全米女子オープンではジェニー・チュアシリポーンとの20ホールに及ぶプレーオフを制して史上最年少優勝。ルーキーシーズンのメジャー2勝はジュリ・インクスター以来のことだった。その6日後には、ジェミファークローガークラシックでも優勝。さらに2週後のジャイアントイーグルLPGAクラシックにも勝ち、年間4勝。賞金ランキングこそアニカ・ソレンスタムに次ぐ2位に終わったが、文句なしで新人王タイトルを獲得した。

　1999年も4勝して賞金ランキング3位とツアーで不動の地位を築いたかに見えたが、2000年はまさかの未勝利に終わる。それでも2001年5勝で復活すると、2002年も5勝、2003年は3勝をあげて平均ストロークNo.1のベアトロフィーにも輝いたが、絶好調のソレンスタムには及ばず、3年連続賞金ランキング2位に泣いた。

　2004年にミケロブ・ウルトラオープンで優勝したことでポイント的には殿堂入りの資格を獲得したが、ツアーで10年以上プレーするという条件が満たされず、2007年まで待たされることになる。この年は1勝に終わり、ランキング11位。

　米LPGAツアープレーヤーとして2005年は首や肩、腰、指など故障が全身を痛めつけたことで、出場わずか12試合。後半戦を棒に振って周囲を心配させた。2007年、ようやく機が熟し、韓国人初の殿堂入りプレーヤーとなった。この年、ジェミファー・オーウェンズ・コーニング・クラシックでツアー24勝目をあげている。

ロレーナ・オチョア
（Lorena Ochoa）
1981年11月15日〜
メキシコ・グアダラハラ出身

　家族や友人などの影響で5歳でゴルフを始めるが、スポーツ万能の少女だった。

　ジュニア世界選手権8〜12歳の部で優勝し、米国5勝、日本で2勝などジュニアでも大きな実績をあげてアリゾナ州立大学に進学。1年生で早くもNCAAプレーヤー・オブ・ジ・イヤーに輝いた。2001年から2002年にはNCAA競技8連勝の記録を樹立している。

　また、2001年ツアー競技、ウェルチズ／サークルK選手権にアマチュアで出場して7位タイとなり実力をアピール。翌2002年にスポンサー推薦で出場したウェルチズ／サークルK選手権でプロ転向を宣言。デビュー戦5位タイと期待に応えた。

　さらに、メジャー競技のクラフト・ナビスコ選手権で8位となり、下部ツアーのフューチャーズで賞金女王となり、翌年のツアーカードを手に入れた。

　米LPGAツアーでプレーヤーとしてのルーキー

ロレーナ・オチョア

シーズンである2003年は、2試合で2位になるも残念ながら優勝は逃した。それでも賞金ランキング9位で新人王に輝いた。

初優勝は2年目の2004年のことだった。フランクリン・アメリカン・モーゲージ選手権でメキシコ人初の米女子ツアー勝利を手に入れ、ワコービアLPGAクラシックで2勝目をあげて賞金ランキング3位。2005年にも1勝し、獲得賞金ランキングでは4位となっている。

2007年4月には、かつて圧倒的な強さを誇ったソレンスタムを抜いて世界ランキングNo.1となる。ゴルフの聖地セントアンドリュースが舞台の全英女子オープンで初のメジャータイトルを手にし、この年6勝。25試合中84％の21試合でトップ10に入る安定感は他の追随を許さず、年間獲得賞金は史上最多で400万ドルを超えた。もちろん、タイトルは独占。

ソレンスタム引退でオチョア時代到来かと思われた2009年は、意外にもメジャー未勝利に終わった。

2010年4月、突然引退を表明。地元、メキシコが舞台のトレスマリアス選手権を最後にツアーから引退した。この大会では6位に終わったが、親友の宮里藍が優勝し、オチョアの引退試合に花を添えた。

オチョアは2012年まで現役を続けていれば、殿堂入りのための最後の要件である、「ツアー参加10年」の要件を満たすため、世界ゴルフ殿堂入りの可能性が確実であった。

3 名プレーヤー・日本ツアー・男子

宮本留吉
1902年9月25日～1985年12月13日
兵庫県神戸市出身

1926年に行われた第1回日本プロゴルフ選手権覇者で、創成期の日本プロゴルフ界をつくり上げたひとり。日本人プロゴルファー第1号、福井覚治の弟子で、出場選手がたった6人だった第1回日本プロでは、師匠の福井を撃破して優勝している。日本最初のゴルフ場、神戸ゴルフ倶楽部の近所に住み、小学校5年生の時からキャディーとして同コースでアルバイトをしていた。仕事の合間に木の枝や空き缶でゴルフの真似事をしているうちに上達し、やがて福井の弟子として23歳でプロとなる。

1925年から茨木CCの所属となり、1929年には東京ゴルフ倶楽部の安田幸吉とともにハワイオープンに出場した。これが日本人プロの海外初参戦だ。2年後の31年には、安田、浅見緑蔵の3人で米本土に渡り、ウインターサーキットに参戦。その合間に出場したパインハーストでのエキシビションマッチでは、球聖ボビー・ジョーンズと対戦してこれを制したこともある。このころ、米国で右も左もわからない宮本を、自分の車に乗せて移動するなどしてサポートしたのが親日家で知られるジーン・サラゼンだった。サラゼンは自らもイタリア系移民であることで苦労しており、外国人の気持ちがよくわかったようだ。

宮本留吉

宮本は、ただひとり帰国せず、茨木CCのメンバーたちから支援を受けて大西洋を渡り英国へ。1932年の全英オープンにも日本人として初めて出場している。79・79を叩いて予選落ち。当時の遠征は、いずれも長い船旅を経ての苦労があってのものだったのは言うまでもない。

日本プロ4勝、日本オープン6勝など圧倒的な強さを見せて日本のゴルフ界を引っ張り、1944年2月には現役引退。

中村寅吉
1915年9月17日～2008年2月11日
神奈川県横浜市出身

横浜帷子専修学校（夜間）を中退し、程ヶ谷カントリー倶楽部のキャディーに。20歳でプロゴルファーとなった。太平洋戦争が始まり横須賀の海軍工廠に徴用されたが終戦で復帰。1950年の関東プロで初優勝を飾り、同大会4連覇。1952年に日本オープン初制覇。1954年には日本代表が初挑戦となる第2回カナダカップ（現ワールドカップ）に石井迪夫とともに出場した。日本は団体で14位。中村も個人で14位だった。中村は1956年の日本オープンで2度目の優勝。さらに翌1957年、霞ヶ関CC・東で行われたカナダカップで小野光一と組み、サム・スニードを擁する米国などを振り切り団体で優勝を果たす。同時に個人のインターナショナルトロフィーも制し、日本に第1次ゴルフブームをもたらした。翌1958年にはマスターズにも初出場。41位の成績を残した。

日本オープン3勝、日本プロ4勝を含む25勝をマーク。1969年から転向したシニアでも12勝をあげた。

1974年に日本女子プロゴルフ協会の初代会長に就任。1981年には65歳で出場した関東プロシニア初日、65のスコアで回り、シニアプロとして初めてのエージシュートを達成した。

指導者としても優れ、安田春雄、樋口久子など一流選手を育てた。1985年から1998年まで、氏の功績をたたえ「日経カップ中村寅吉メモリアル」が開催された。トラさんの愛称でゴルフファンに親しまれた。1993年に勲四等旭日小綬章をうけた。2003年に神奈川・伊勢原CC内に「中村寅吉ギャラリー」が設立。

杉原輝雄
1937年6月14日～
大阪府茨木市出身

初任給が数千円だった1950年代、3万円もらえる職業があると聞いた。それがプロゴルファー。中学を卒業するころに、プロゴルファーになろうと決意した杉原輝雄は、12歳にしてゴルフを始める。家の近所に茨木CCがあり、キャディーフィーがもらえたという。

中学卒業後、昼はキャディー、夜は春日丘高校の定時制に通う。そのため、練習する時間がなく、結局高校を中退しゴルフ場の従業員となる。

1957年、20歳のときプロに転向。月8000円の手当をゴルフ場からもらいながら、足りなくなるとキャディーの応援をして稼いだという。平日には自由に練習させてもらえる環境のもと上達し、1962年の日本オープンで初優勝を飾る。

まさに練習の虫。162センチと小柄なハンディを正

杉原輝雄

確なフェアウェイウッドで克服。その粘り強いプレーぶりから、いつしか「マムシ」と恐れられる存在となる。1964年に関西オープン、関西プロ、中日クラウンズと勝ち全国区のスター選手に。両ヒジを曲げた独特な「五角形打法」から繰り出される正確なフェアウェイウッドを武器に37歳で通算30勝、45歳で40勝、49歳で50勝と勝ち星を積み上げていく。

1987年には腎臓の周囲に水がたまる腎膿疱（じんのうほう）を患うがこれをハネ返し、1989年8月KBCオーガスタでツアー制度施行後（1973年）以降25勝目をあげ、AONに続き4人目の永久シード選手となった。

また1998年には前立腺がんの宣告を受けるが手術を拒み投薬治療などを選択。驚異の回復力で病魔を克服している。1989年の日本プロシニアを皮切りにシニアでも6勝をあげている。ゴールドシニア（68歳以上）でも2勝。2008年はエージシュートを4回達成している。

中部銀次郎
1942年2月16日～2001年12月14日
山口県下関市出身

大洋漁業（現マルハニチロ水産）副社長、中部利三郎の三男。小学校時代にゴルフを始める。父が下関GCをつくったことで、中学時代からゴルフに没頭。ベン・ホーガンの『モダン・ゴルフ』を読み、自らグリップを改造。安定したショットを身につけた。

下関西高校2年生だった1958年、廣野GCで行われた関西学生選手権に大学生たちに混じり出場し、見事メダリストとなり一躍その名をとどろかせる。

大学浪人中に日本アマでもメダリストになる。本選は準決勝で敗退したものの、1960年の世界アマの代表に選ばれた。会場はボビー・ジョーンズがグランドスラムを達成したメリオン。ここで中部は20歳のジャック・ニクラウスのゴルフのすごさを目の当たりにする。

中部は初日84を叩き、一方、ニクラウスは66。ニクラウスは残り3日間も67、68、68で回り個人優勝し、アメリカ団体Vの立役者にもなった。ここでショックを受けた中部は翌年甲南大学入学と同時にゴルフ部に入り、一層ゴルフに精進する。その結果、1962年、中部は20歳4ヵ月で日本アマ史上、最年少優勝を飾る。さらに、1964年にも2度目の頂点に立つ。日本学生、関西学生は3年から連覇、信夫杯全日本学生には2年から3連覇。4年で関西アマも制し、関西オープンも3年から2年連続ローアマに輝いている。

大学卒業後はアマチュアのNo.1ゴルファーとして君臨。1967年には日本アマで2位に9打差の圧勝、さらにこの年の西日本サーキットで日本オープン王者の細石憲二、藤井義将ら並みいる強豪プロを抑え2位に6打差の6アンダーで優勝。これは第1回日本オープンでアマチュアの赤星六郎が達成して以来の、プロが出場するオープントーナメントでアマチュアが優勝する快挙となった。

1969年、父・利三郎が亡くなると3年間喪に服しゴルフを封印した。そのブランクをものともせず、復帰後も1974、1978年と日本アマを2度制している。

身長172センチで体重は58キロという痩身ながら、青木功らトッププロが目を見張るロングアイアンを打ち分けた。計6回の日本アマ優勝などのタイトル

中部銀次郎

を積み上げ「プロより強いアマ」「プロ入りしていたらAONのNは中部のことだった」といわれるほどの才能を見せた。

青木　功
1942年8月31日～
千葉県我孫子市出身

　我孫子中学時代の14歳のころ、我孫子ゴルフクラブでキャディーのアルバイトをしたのがゴルフとの出会い。1957年、卒業と同時に東京都民ゴルフ場にキャディーとして就職。翌1958年に林由郎プロに引き抜かれ、我孫子ゴルフ倶楽部に移籍。1961年に飯能ゴルフ倶楽部へ移籍。1964年、2度目の受験でプロ合格を果たした。

　初競技は1965年の関東プロ。初優勝は1971年の同大会だった。1976年に初の賞金王になると、1978年には世界マッチプレー選手権（英国ウエントワースクラブ）で海外初制覇。さらに1980年には全米オープンで帝王ジャック・ニクラウスと最終日最終組で死闘を演じる。優勝したニクラウス、2位の青木とも大会レコードを塗り替えるスコアだった。この間、国内では1978年から4年連続で賞金王に君臨する。

　1981年から米ツアーにも本格参戦。1983年のハワイアンオープンでは最終ホールの第3打を直接叩き込む大逆転イーグルで、日本人による米ツアー初制覇を成し遂げた。

　1989年のコカ・コーラクラシックで豪州ツアー初制覇。日・豪・米・欧州の世界4大ツアーすべてで優勝者となった。

　1992年から米シニアツアーにも参戦。同年のネーションワイドでシニア初優勝を飾り、その後海外シニアでは9勝。グランドシニアでも3勝をあげた。

　国内でも1994年から日本シニアオープン4連覇。2001年のフォードプレーヤーズ選手権で日米通算1000試合出場を達成した。2004年に日本人男子初のゴルフ世界殿堂入り。2007年の日本シニアオープンでは最終日にエージシュートの65をマークし、逆転優勝。鷹巣南雄（たかすなみお）の59歳4ヵ月を大幅に塗り替える65歳2ヵ月の最高齢優勝記録を樹立した。

　2008年の鬼ノ城シニアオープンでも2度目のエージシュートを達成してプレーオフに持ち込み、4ホール目で優勝を決めている。この年、紫綬褒章も受章した。海外ツアー16勝は日本人男子選手としては最多。まさに「世界のアオキ」である。趣味は釣り。

尾崎将司
1947年1月24日～
徳島県海部郡宍喰町（現海陽町）出身

　1964年春の選抜高校野球に徳島県立海南高校のエースとして出場。翌1965年に西鉄ライオンズに入団した。同期入団で新人王となる池永正明のピッチャーとしてのポテンシャルの高さにショックを受け、投手から打者に転向。それでも2軍生活が続き、1967年限りで西鉄ライオンズを退団した。21歳でゴルフに転向後は藤井義将、林由郎の指導を受け、1970年にプロテスト合格を果たす。同年の関東プロでデビューした。

　1971年の日本プロゴルフ選手権で初優勝を飾

青木功

尾崎将司

り、5勝を積み上げると、その圧倒的な飛距離で一気にトップスターへと駆け上がった。1972年のニュージーランドPGAで海外初制覇。1973年のマスターズで東洋人最高の8位に入り、1974年には日本オープンも制す。ツアー制度が施行された1973年から2年連続の賞金王となる。内弁慶などといわれるが、ツアー94勝を含む112勝、12回の賞金王はまさに日本の第一人者を証明する数字である。

次弟の健夫、末弟の直道を一流選手に育てただけでなく、飯合肇、東聡、伊沢利光といった弟子たちを賞金王へと導いた育成手腕も見逃せない。国内においてはまさにスーパースターで、尾崎を慕って集まったプロたちによるジャンボ軍団は、長期にわたってゴルフ界の最大勢力だった。

中嶋常幸
1954年10月20日〜
群馬県桐生市出身

10歳からゴルフを始め、父・巌の英才教育によりゴルフの腕がすぐに上達する。10代で全日本パブリック、日本アマを制し1975年、21歳でプロ転向を果たした。1976年のゴルフダイジェストでプロ初優勝を飾り、翌1977年の日本プロも制する。1982年の日本シリーズ、1983年に日本プロマッチプレーと勝ち、1985年の日本オープンでグランドスラムを達成した。賞金王にも1982、1983、1985、1986年と輝き、青木功、尾崎将司と並んでAONと称される。

1986年のマスターズと全英でともに8位、1987年の全米オープンで9位、1988年の全米プロでも3位と、4大メジャーすべてでトップ10入りを果たしている。2005年の日本シニアオープンにも優勝し、日本アマ、日本オープンという日本ゴルフ協会主催の3大選手権競技制覇の偉業も成し遂げている。また2006年の日本プロシニアにも優勝。これで日本タイトル8冠にもなった。ツアー通算48勝。シニアでも4勝をあげている。長男の中島雅生もプロゴルファー。

倉本昌弘
1955年9月9日〜
広島県広島市出身

10歳でゴルフを始め、中学生で広島GCのクラブチャンピオンとなり"怪童"といわれた。高校3年で日本ジュニア制覇。日本大学時代に日本学生4連勝、日本アマ3勝、朝日杯2勝と勝ちまくる。さらに1980年の中四国オープンでプロを向こうにまわし優勝。プロ入りするとツアー外ながら和歌山オープンを皮切りにいきなり6勝（ツアー4勝）をあげるなどして大活躍。賞金ランクでも2位に食い込んだ。

1982年、ロイヤルトルーンGCで行われた全英オープンで日本人最高位の4位でフィニッシュ。164センチと小柄な体ながら鍛え上げられた肉体で豪快なショットを連発。「ポパイ」の異名を取った。

1992年に25勝目をあげ、永久シードを獲得した。この年のQスクールをトップ通過し、米ツアーに常駐した。2000年に心臓弁膜症の手術を受けたが、2003年のアコムインターナショナルの初日に59をマーク。48歳で通算30勝目をあげている。2005年から米シニアの「チャンピオンズツアー」にも本格参

中嶋常幸

倉本昌弘

戦した。趣味のスキーはプロ級の腕前。

尾崎直道
1956年5月18日～
徳島県海部郡宍喰町（現海陽町）出身

　長兄・将司、次兄・健夫とともにジャンボ3兄弟の末弟として知られる。15歳でゴルフを始め、千葉日本大学第一高校を経て1977年プロデビュー。

　1984年の静岡オープンでツアー初優勝を飾ると、札幌とうきゅう、KBCオーガスタと3勝をあげ、前田新作に次ぐ賞金ランク2位となる。1988年には4勝、1989年には1勝ながら2年続けて賞金ランキング2位。しかし1991年には4勝し、賞金ランクでも1億円の大台に乗せ、初の賞金王に輝いた。1999年にも日本プロ、日本オープンの両メジャーで優勝し、村上隆、青木功、中嶋常幸、尾崎将司に次ぐグランドスラマーにもなっている。同年には2度目の賞金王にも輝いた。この間9シーズンにわたり米ツアーにも参戦。

　通算32勝しており、ツアーに7人しかいない永久シード選手（ツアー25勝以上）の1人でもある。

丸山茂樹
1969年9月12日～
千葉県市川市出身

　10歳でゴルフを始め、日本大学ゴルフ部では朝日杯（1988、1991年）、日本学生（1989、1991年）、日本オープンローアマ（1989、1991年）、アジア大会優勝、文部大臣杯（ともに1990年）など37勝と活躍。1992年にプロ転向後、翌1993年のペプシ宇部興産で初優勝を飾る。

　当時のツアーにはデビュー直後の1990年に3勝をあげ、賞金ランク3位に入り"怪物"と注目を集める川岸良兼がいた。

　1995年から1999年までは賞金ランキングでも3位、5位、2位、7位、3位とトッププロの仲間入り。特に1997年には日本プロ、日本プロマッチプレー、日本シリーズの3大タイトルを含む4勝をあげ、1億5277万4420円を稼いだものの、1億7084万7633円を稼いだ尾崎将司に及ばず賞金王のタイトルを逃す。

　1999年にWGCのアンダーセンマッチプレー5位タイ、NEC招待6位と世界でも通用する実力をつけていることを証明。2000年から米ツアーライセンスを取得し米国へと戦場を移した。2001年のミルウォーキーオープンで初優勝。1983年に青木功がハワイアンオープンで優勝以来、尾崎、中嶋らが逃し続けた日本人の米ツアー制覇を18年ぶりに成し遂げた。

　さらに翌2002年、バイロンネルソン・クラシックで優勝、米レギュラーツアーでは日本人として初の複数優勝者となる。暮れにはメキシコで行われたワールドカップに伊沢利光と組んで出場し、見事優勝。1957年、霞ヶ関で行われ中村寅吉・小野光一が成し遂げて以来45年ぶりの快挙となった。

　2003年のクライスラー・クラシック・オブ・グリーンズボロも制し、米ツアー3勝目。アメリカでもトッププロとしても名をあげた。

尾崎直道

丸山茂樹

片山晋呉
1973年1月31日〜
茨城県筑西市（旧下館市）出身

　2歳でゴルフを始め、日本大学ゴルフ部へ。1992年の日本アマ・マッチプレーに優勝すると、1993年は日本オープンでローアマに輝いたあと、ツアー競技外ながら水戸グリーンオープンではプロたちを抑えて優勝した。さらに1994年の日本学生、関東アマを制し1995年にプロ転向を果たす。

　1998年のサンコーグランドサマーでプロ初優勝し、2000年、ダンロップフェニックス、日本シリーズ、ファンケルオープンIN沖縄など3勝をあげ、20歳代としては1982年の中嶋常幸以来18年ぶりの賞金王となった。

　翌2001年には猛暑のアトランタで行われた全米プロでも4位に入る大健闘。国内でもサントリーオープンなど3勝をあげ、賞金ランクは2位。さらに翌年からも3位、4位となり、2004年から3年連続賞金王と、安定した実力を発揮した。

　2008年の日本オープンで通算25勝目をあげ、史上7人目の永久シード権を獲得している。この年はさらに太平洋クラブマスターズも制し、シーズン3勝をあげ5度目の賞金王の座にもついた。

石川　遼
1991年9月17日〜
埼玉県北葛飾郡松伏町出身

　6歳時に父に連れて行ってもらった練習場で、ゴルフを始める。2004年の横尾要カップ小学校選手権で優勝し、中学進学後の同年埼玉県ジュニア（中学の部）も制す。翌2005年に全国中学校選手権にも優勝を飾る。2006年は埼玉県アマにも優勝。埼玉県ジュニア（中学の部）も連覇した。

　2007年に発足した「チーム・ジャパン・ジュニア」のメンバーで、春の全国中学校ゴルフ選手権に優勝後、5月に行われた日本男子プロゴルフツアーのマンシングウェアKSBカップで史上最年少の15歳で優勝を飾り、一躍注目を集めた。同年8月の日本ジュニア（15〜17歳の部）でJGA主催競技初優勝を飾った。

　2008年1月10日にツアープロに転向。17歳の高校生プロは開幕戦の東建ホームメイトカップで5位タイに入る。そしてセガサミーカップで3位に入賞、賞金シードを視界に入れてしまう。さらに日本オープンで2位に入る大健闘を見せた。秋のマイナビABCでプロ入り後ツアー初優勝。その後も成長を続けダンロップフェニックス2位、カシオワールドの13位タイで1年目から1億円プレーヤーの仲間入りを果たした。

　2009年はミズノ、サンクロレラ、フジサンケイ、コカ・コーラと4勝。池田勇太とのデッドヒートの末、史上最年少の賞金王にもなった。2010年、中日クラウンズ最終日には世界最少ストロークの58で優勝。最年少優勝に続き、またもギネスブックに名を残した。

　日本代表として出場したプレジデンツカップでも世界選抜の一員として大活躍。トレーニングで鍛えた強靭な足腰が、300ヤードドライブを支えている。

片山晋呉

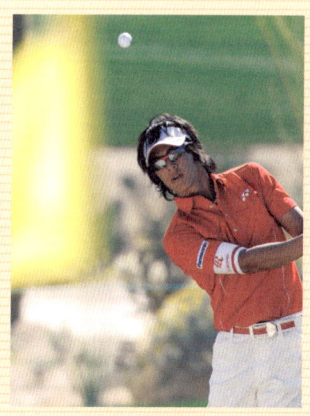

石川遼

4 名プレーヤー・日本ツアー・女子

樋口久子
1945年10月13日～
埼玉県川越市出身

　日本人唯一のメジャー（1977年全米女子プロ）優勝者。1967年、日本の女子プロテストが最初に行われたときの1期生として、日本のゴルフ界を引っ張り続け、1997年から日本女子プロゴルフ協会会長職についている。

　将来の五輪選手として期待も集めた陸上のハードル選手だったが、高校時代にゴルフに興味を持ち、卒業と同時に中村寅吉門下生となる。1968年には日本女子プロ、日本女子オープンそれぞれの第1回大会に優勝。

　その後も勝ち星をあげ続け、国内69勝。賞金女王には通算11回輝いている。

　また、デビュー以来、産休に入る1987年7月までの21シーズンで335試合に出場し、この間、予選落ちわずかに2回という脅威の安定感を持つ。

　日本女子プロゴルフ協会会長職についた1997年の日本女子オープンを最後に現役から退き、協会運営に力を注いでいる。

　2003年、ライフタイム部門で世界ゴルフ殿堂（World Golf Hall of Fame）入りを果たした。日本ツアー永久シード選手。

岡本綾子
1951年4月2日～
広島県豊田郡安芸津町（現東広島市）出身

　日本人女子プレーヤーで、唯一の米女子ツアーで1987年に賞金女王を獲得している。それまで米国人以外に女王タイトルをとった者はなく、その後に続く女子ゴルフのグローバル化の先駆けとなる初のアメリカ人以外の女王となった。

　広島・安芸津中学時代からソフトボールに熱中し、今治明徳高校、実業団・大和紡福井時代を通じてエースで4番打者として活躍した。

　1972年、実業団ソフトボールを引退後、池田CC（大阪）に入社し、ゴルフを始めた。プロ転向は1974年10月。翌1975年美津濃トーナメントで初優勝。1978年、米ツアーに挑戦するも1度目はQTを突破できなかった。

　国内で8勝をあげ、賞金女王となった1981年、再度、米ツアーに挑んでツアーカードを取得。1983年からは米国を主戦場に戦い続け、通算17勝をあげる。1990年には欧州ツアードイツ女子オープンでも優勝している。

　賞金女王となった1987年にローラ・デービース、ジョアン・カーナーと3人のプレーオフとなった全米女子オープンをはじめ、何度もメジャータイトルに手が届きかけるも、惜しくも届かず、通算すると2位が6回。米国にどっしり腰を据えた参戦スタイルは、その後、世界へ羽ばたく日本人選手たちの手本となった。

　2005年、ツアー部門で世界ゴルフ殿堂入り。国内

樋口久子

岡本綾子

通算44勝。日本ツアー永久シード選手。

大迫たつ子
1952年1月8日～
宮崎県西諸県郡高原町出身

　1972年のデビュー戦から、1985年4月に予選落ちするまでの間に、日本ツアー278試合連続予選通過という記録を持つ安定したプレーヤー。

　中学卒業後、宝塚GCにキャディーとして勤めながら練習に励み、1971年プロ入り。

　以来、連続予選通過記録、1977、1980、1987年の3回賞金女王タイトルを獲得した。1994年、故障でプロゴルファーとしては、当時異例だった現役引退宣言をするまでに国内45勝。

　現役時代から後輩の育成には力を注いでいたが、引退後はさらに指導を続けており、関西では抜群の存在感を示している。日本ツアー永久シード選手。

涂　阿玉
1954年9月29日～
台湾台中県豊原市出身

　台湾出身だが、日本女子ツアーで活躍し、永久シードまで獲得した実力者。

　まだアマチュアだった1973年に来日し、初出場したトヨトミレディスでいきなり2位となり、翌1974年に台湾でプロに転向した。

　日本では1974年東海クラシックで初優勝すると、日本ツアーメンバーとなるまでに13勝をあげた。この間に米ツアーにも挑戦し、1976年にはルーキー・オブ・ザ・イヤーにも輝いている。

　1981年1月に日本ツアーのメンバーとなり、1982年には9勝して初の賞金女王に。以来、5年連続で同タイトルを獲得。この間だけで41勝をあげる圧倒的な強さを誇った。

　1987、1988年とタイトルを手放したが、1989年には6度目のタイトルを手にし、底力を見せつけている。日本ツアーでの勝利数は通算69勝。出身は台湾・豊原市の果樹園農家。中学を卒業後、現地の豊原CCでキャディーとなり、17歳のときに淡水GCに移って陳金獅プロに師事、修行を積んだ。台湾女子プロのパイオニア的存在で、2004年1月には母国女子ツアー創立第1戦、廣済堂中日友好女子ゴルフで完全優勝。台湾ゴルフ界になくてはならない存在だ。

森口祐子
1955年4月13日～
富山県富山市出身

　2人の子どもの母となってからも活躍を続けたママさんゴルファーのパイオニア的存在。通算41勝をあげているが、うち18勝は、出産後の優勝という点にも注目だ。バスケットボール部主将として高校時代は活躍していたが、父の影響でゴルフを始め、進路を決める際にプロゴルファーとなることを決意。岐阜CC・井上清次プロの門を叩いた。このとき、師匠に言われたのが、「（当時圧倒的な強さを見せていた）樋口久子を倒すか？」という言葉。これに夢中でうなずいて、弟子入りし、練習に明け暮れた。

　その1年半後、45人が受験して1人しか合格しな

大迫たつ子

涂阿玉

森口祐子

かったシビアな1975年のプロテストを突破。ツアー3年目のワールドレディスで初優勝を飾った。日本ツアー永久シード選手。

不動裕理
1976年10月14日～
熊本県熊本市出身

2004年ゴルフファイブレディスでツアー通算30勝目。史上最年少の27歳285日で、6人目の永久シード選手となった。デビュー以来191試合目、初優勝の1999年伊藤園レディスから116試合目、4年8ヵ月という短い間での快挙であった。

2003年の10勝は国内の年間最多勝記録。賞金女王タイトルは2000年から6年連続で獲得している。

ほかの永久シード選手とは世代が違う、ジュニアゴルフを経験した唯一の存在で、ゴルフを始めたのは10歳のとき。後に賞金女王出身者を多く輩出する清元登子プロに師事して腕を磨いた。

1996年にプロ転向。初のシード権獲得となった1997年からは師匠宅に寄宿し、ひたすら練習に励み、実力を身につけた。

同門の後輩に2006年賞金女王・大山志保、2008年賞金女王・古閑美保がいる。

宮里　藍
1985年6月19日～
沖縄県国頭郡東村出身

高校3年生のアマチュアだった2003年、日本女子ツアーのミヤギテレビ杯ダンロップ女子オープンで優勝し、高校生のままプロに転向。以来、米ツアーを中心に活躍する現在まで、人気、実力ともに日本の女子プロ界を引っ張る存在だ。

ゴルフを始めたのは4歳の時。レッスンプロだった父、優さんの元、長兄聖志、次兄優作（ともに現在はプロゴルファー）の後についてプレーしていた。小学校1年生でショートコースでラウンドデビュー。他県よりは比較的ジュニアのプレー環境が整っている沖縄で、スクスクと育った。中学ではバスケットボール部だったが、それでも1999、2000年と全国中学ゴルフ選手権個人の部で連覇。3年生だった2000年にはダイキンオーキッドでプロツアーデビューを果たした。

同年のサントリーレディスで史上最年少（当時14歳11ヵ月で）予選を突破した。

高校は東北高校に進学してゴルフ部を牽引。1年で全国高校ゴルフ選手権夏季大会を、大会最少スコアで優勝した。これは男子も含めての最少スコアで話題となった。この年、日本女子オープンで5位タイのローアマにもなっている。2年生でも高校ゴルフ選手権で連覇。さらにアジア大会に個人優勝し、団体にも銀メダルをもたらした。

3年になると日本女子ジュニア、日本女子アマでいずれも初優勝。さらに史上最年少の18歳101日で、アマとして2人目のツアー競技に優勝を飾った。

ツアーフル参戦1年目の2004年に、開幕戦となるダイキンオーキッドでプロとして初優勝。プロ146日目での初優勝は、ツアー制度施行後の最短日数記録（当時）だった。いきなり年間5勝をあげて最後まで不動裕理と賞金女王タイトルを争い、結局は敗れたも

不動裕理

宮里藍

のの、女子プロ人気を根づかせた。

　2005年になっても勢いは止まらない。年明け早々のワールドカップ女子ゴルフに北田瑠衣とペアを組んで出場して優勝。年間6勝をあげて賞金ランキング2位になると共に、米ツアーのQTに2位に12打差をつける新記録でトップ合格した。

　2006年以降は米ツアーに戦場を移して戦い続け、2009年、欧州ツアーと共催のエビアンマスターズで念願の初優勝、賞金ランキング3位となった。

　2010年はシーズンのスタートから期待通りの大活躍。開幕戦ホンダPTT・LPGAタイランドでツアー2勝目をあげると、翌週のHSBC女子チャンピオンズでも優勝。世界ランクNo.1を続けていたロレーナ・オチョアの引退試合となったトレスマリアス選手権では、予選ラウンドをオチョアと一緒にプレーして見事に優勝し、親友で先輩の引退に花を添えている。

横峯さくら
1985年12月13日〜
鹿児島県鹿屋市出身

　全身を使った大きなスイングと、フェアウェイからでも打つドライバーショット（通称"直ドラ"）を武器に女子ツアーを引っ張る1人。

　父、良郎が故郷、鹿児島県鹿屋市に手作りした練習場で、2人の姉と共に腕を磨く。1999年、中学2年で日本ジュニア12〜14歳の部に優勝。高校2年で15〜17歳の部にも優勝したが、このときは、同い年で生涯のライバルとなる宮里藍とデッドヒートの上、1打差で競り勝っている。ほかにも全国高校ゴルフ選手権春夏連覇（2003年）や日本オープンローアマ（同）にも輝いている。

　プロツアー競技には、高校1年のときから度々出場。キャディーも務める良郎との親子コンビで、自作キャンピングカーで試合会場に寝泊まりしながら試合を渡り歩いた。アマチュア時代のツアー競技最高位は2004年の再春館レディス。前年秋に一足先に優勝してプロになった宮里同様、勝ってそのままプロになることを目論んでいたが、不動裕理と高又順の実力者2人とプレーオフの末、2位に終わり、結局その年のプロテストを経てプロに転向した。

　ツアー初優勝はプロ2年目の2005年ライフカードレディス。この年、2勝して賞金ランキング4位となり、以来3位、2位、3位と常に上位を争ってきた。2009年は諸見里しのぶとシーズン後半、激しいデッドヒートを繰り広げた。海外メジャーにも出場したため、一時は大きく差をつけられたが最後まであきらめずに奮闘。最終戦で優勝し、逆転で賞金女王の座をつかんだ。

　2005年にはローカル大会とはいえ、日米男子ツアートッププレーヤーも出場するパールオープンで17位タイの経験も持っている。

　2010年最初の国内公式戦、ワールドレディス・サロンパスカップでモーガン・プレッセルとの優勝争いに敗れたものの2位となり、史上最速の生涯獲得賞金6億円を突破している。

横峯さくら

練習問題・名プレーヤー編

検定形式の練習問題にチャレンジしてみよう。

問1 第2次世界大戦後、米国にゴルフブームをもたらし、
『Five Lessons of the Modern Fundamentals of Golf』
を刊行し現在にも影響を及ぼすプレーヤーとは。
①ジャック・ニクラウス　②サム・スニード　③ベン・ホーガン　④フィル・ミケルソン

問2 "ゴールデンベア"のニックネームもあり、
マスターズ6回の優勝を成し遂げたプレーヤーは。
①ジャック・ニクラウス　②アーノルド・パーマー　③ベン・ホーガン　④タイガー・ウッズ

問3 1962年、日本アマチュア選手権に史上最年少優勝した
当時「プロより強いアマ」といわれたゴルファーは。
①杉原輝雄　②中村寅吉　③石川遼　④中部銀次郎

問4 春の選抜高校野球大会で優勝し、その後プロ野球入りするも
その後プロゴルファーになった選手は。
①尾崎将司　②池田勇太　③横田真一　④丸山茂樹

問5 ソフトボール実業団で活躍し、その後プロゴルファーとなり、
世界ゴルフ殿堂入りを果たしたゴルファーは。
①樋口久子　②岡本綾子　③不動裕理　④宮里藍

解答と解説

【解答】　問1③　問2①　問3④　問4①　問5②

【解説】　問1　ベン・ホーガンが極めたスイングのノウハウ本は日本では『モダン・ゴルフ』の名で出版され、ゴルフの教科書として知られている。
問2　1986年にはマスターズ最年長優勝も記録している。
問3　石川遼もKSBカップで優勝したときはアマチュアであった。中部銀次郎は、西日本サーキットで日本オープン王者の細石憲二、藤井義将ら並みいる強豪プロを抑え、2位に6打差の6アンダーで優勝した。
問4　同期入団で新人王となる池永正明のピッチャーとしてのポテンシャルの高さにショックを受け、1967年に西鉄ライオンズを退団した。
問5　広島県安芸津中学時代からソフトボールに熱中し、今治明徳高校、大和紡福井時代を通してエースで4番打者としても活躍した。

問6 2010年、マスターズに優勝し、
乳がん撲滅運動にも尽力している選手は。

①トム・ワトソン
②フィル・ミケルソン
③タイガー・ウッズ
④アーニー・エルス

問7 タイガー・ウッズは2シーズンをまたいで4大メジャーを制した。
そのとき特別な言い方でこの快挙を呼んだが、それは何。

①チャンピオンズ4
②ホール オブ メジャー
③タイガースラム
④パーフェクトウィン

問8 朴セリ以前に、ルーキーイヤー・メジャー2勝をマークした選手は誰。

①ミッキー・ライト
②ナンシー・ロペス
③アニカ・ソレンスタム
④ジュリ・インクスター

問9 日本人第1号の男子プロゴルファーは次のうちの誰か。

①宮本留吉
②中村寅吉
③福井覚治
④浅貝緑蔵

問10 1957年のカナダカップで優勝し、
日本にゴルフブームをもたらせた選手は。

①宮本留吉
②中村寅吉
③赤星留吉
④赤星四郎

解答と解説

【解答】 問6② 問7③ 問8④ 問9③ 問10②

【解説】 問6 2009年、夫人と実の母親が乳がんであることが発覚したときも、そのサポートを最優先することを宣言した。乳がん撲滅のためのシンボルマークであるピンクリボンをつけてプレーしている。

問7 2008年マスターズで優勝し、メジャーすべてに通算3勝するトリプルグランドスラムも達成した。

問8 1983年8月にプロ入りしたインクスターは、5試合目のセーフコ・クラシックにプロ初優勝。実質的なデビュー年の1984年、ナビスコ ダイナショア、ドゥ モーリエにのメジャー2試合を制し、ルーキーとしてはLPGAツアー史上初のメジャー2勝を達成。この年ルーキー・オブ・ジ・イヤーを獲得した。

問9 鳴尾ゴルフアソシエーションの隣に住んで、そこでキャディーをつとめていた。

問10 日本オープン3勝、日本プロ4勝を含む25勝をマーク。1969年から転向したシニアでも12勝をあげた。1985年から1998年まで、中村の功績を称え「日経カップ中村寅吉メモリアル」が開催された。

ルール&マナー編
RULE & MANNER

ゴルフはよく紳士・淑女のスポーツといわれる。
それはルールに適しているかどうかを
自分自身で判断し申告するからだ。
そのゴルフの精神を今一度ここで確認したい。

RULE & MANNER　ルール＆マナー編

1 ゴルフルールの精神

"紳士淑女"のスポーツと呼ばれる理由

　ゴルフが"紳士淑女のスポーツ"と呼ばれるのには理由がある。通常、プレーに審判員が立ち会わないほぼ唯一のスポーツだからだ。
　つまり「ゴルファーはみな誠実であり、故意に不正をおかすものはいない」という性善説に基づきゲームが成り立っている。常にこのことを頭に置いてプレーすれば、大きな間違いは起こらないといっても過言ではない。
　審判員が立ち会わない以上、プレーヤー自身がルールを知っていなければならない。だが、ルールブックにもすべての状況が書かれているわけではないから、そのどれにもあてはまらない場合、誰が見てもフェアである処置をとるという「公正の理念」が適用されてきた歴史がある。これがゴルフの本質であることを、ゴルファーすべてが知れば、なぜ、ゴルフが紳士淑女のスポーツと呼ばれるのかがおのずとわかってくるはずだ。

なぜマナーを守る必要があるか

　ルール以前に知らなくてはいけないのがマナーである。ゴルフ場は広いが、それでも限られた同じ空間で順を追って大勢のプレーヤーが同時にプレーをしている。スタート時間は決められており、時折、マーシャルと呼ばれるコースのスタッフが全体の進行をチェックするが、それでもコースの隅々まで目が行き届くわけではない。つまり、ゴルフ場にいるすべての人間の安全を、プレーヤー全員が守らなければならないのだ。
　ゴルフボールは、至近距離で当たれば人間の生死にもかかわるほどの危険がある。クラブの破損も決して珍しいことではない。だから、自分自身の安全はもちろんのこと、一緒にプレーしている人（同伴競技者）だけでなく、コースにいるすべての人間の安全に気を配ること。さらに、自分のスコアばかりを追求するのではなく、審判のいないゲームを、誰もが気持ちよく楽しむこと。自分だけでなく、同伴競技者をはじめとするプレーヤー全員が楽しめるように気を配ることを大前提にプレーし、コースにいる誰もが素晴らしい時間を過ごせるようにしておくことを常に頭に置いておきたい。自分や自分たちのグループばかりでなく、ほかの誰もがゴルファーと言う仲間だと考えれば、めんどうなことではないはずだ。ほかのホールのティーやグリーンが近くにあることを考えれば大騒ぎもしなくなるだろう。慣れてしまえばごく当たり前のこととして身につくはずだ。自分のためにも他人のためにも、ぜひ、覚えておきたい。また、マナーだけでなく、ルー

ルール＆マナーの章は、『ゴルフ規則2010』に基づいています。本文中にある「規則」の後の数字はゴルフ規則に掲載されている数字です。

ルも含めたゴルファーとして知っておくべきことを知らない相手にはぜひ、ゴルフ仲間として指摘することを心がけたい。ビギナーはもちろんのこと、それ以外でも忘れているゴルファー、間違って覚えているゴルファーがいれば、指摘できるようなゴルファーになりたいものだ。指摘されたほうも、素直にこれを聞くことができれば、ゴルフの正しい普及の一助となるに違いない。

クラブの"掟(おきて)"とは？

ゴルフ場は、誰もが気軽にプレーできるパブリックコースと、限られたメンバーが自分たちのクラブライフを楽しむためのプライベート（メンバーシップ）コースの2種類に大きく分けることができる。特にプライベートのコースでは、競技としてのゴルフ規則とは別に「ジーンズを禁止」「サンダル、下駄履き禁止」「衿なしシャツ禁止」「ショートパンツにはハイソックスを」「クラブハウスではジャケット着用」など、学校の規則のような"掟"があることが多い。

自分たちの特別な空間（クラブ）を、自分たちなりの掟の下に楽しもうというわけだ。当然、メンバーが自分たちで作り、自分たちで守る"掟"だから、外野が文句を言う必要はないし、言える立場にもない。ゲスト（客）としてメンバー以外がプレーできることもあるが、基本はあくまでメンバーの考え方が最優先。ゲストとしてこれに準ずるのは当たり前ということになる。

最近では、プライベートコースでも様々な方法でプレーできる機会が増えたが、基本的には"郷に入っては郷に従え"という気持ちが大切だ。そこがプライベートな空間であることをしっかりと踏まえたうえで、ゲストらしい振る舞いとは何であるかを考えれば、答えはおのずと出るはずだ。

ゴルフ場に行ったら

ゴルファーでなくても当たり前のことだが、挨拶は最低限のマナー。同じコースで1日を過ごすのだから、同伴競技者や仲間だけでなく、コース内で顔を合わせたすべてのプレーヤー同士、さらにはコースのスタッフなどとも挨拶を交わし、気持ちよくプレーに臨みたい。何かの時に「ありがとう」と、口にすることも円滑な人間関係のコツかもしれない。

安全が過信されている日本では、駐車場に止めた車の中に貴重品を置きっぱなしにするケースも多いようだが、ゴルフ場の駐車場は意外に出入りしやすいことも覚えておこう。必ずフロントに預けるか、貴重品ロッカーなどを利用しよう。すべてが自己責任となるのは、プレー中と同じことだ。

シューズを履き替えたらプレーの準備を整える。食事をしたりお茶を飲んだりしてリラックスするのもよいが、スタートのときにバタバタしないのも、いいプレーをするコツ。たとえ練習する時間がなくても、ストレッチで体をほぐし、パッティンググリーンで状態を見る程度のことは、最低限行って、ケガの防止、スムーズなプレーにつなげたい。

余裕を持ってスタートホールに行って、プレーに備えよう。

ゴルフをする際の服装について
アメリカのリゾートコースなどではショートパンツ、ショートショックスのゴルファーが多い。しかし、日本ではショートパンツをはく場合、ハイソックスの着用を義務づけられるなど、まだ服装規定のきびしいコースも多い。

ストロークプレーとマッチプレー

　ゴルフには基本的に、通算スコアを競うストロークプレーと、1ホールずつ勝敗を決めていくマッチプレーという2つの試合形式がある。また、フォアサム、フォアボールなどという団体形式もあり、規則もそれぞれ異なることも少なくない。だが、いきなりそのすべてを覚えるとなると混乱しやすい。まずは、ゴルフの基本を知り、ゴルフに親しむことを目的とした本書では、ストロークプレーの規則を基本とし、マッチプレーの場合を除いていることをあらかじめ了承されたい。

スタート前には

　ローカルルール(注1)の確認が済んだら、クラブ、球の準備をしたい。規則に則したものを用意するのはもちろん大前提だ。使用できるクラブは最大14本。これ以下なら問題ないが、間違ってこれ以上バッグに入っていた場合、ロッカーに置いてくるか、同伴競技者に不使用宣言をして使用するクラブを14本に決めること(規則4-4)。球については、途中、紛失などをしても補える個数を持っていくことはもちろんのこと、同伴競技者とお互いの球を確認することも重要だ。球が自分のものだと確認できなければ紛失球になるし(規則12-2、規則27-1)誤って他のゴルファーの球を打ってしまうと誤球となる(規則15-3)。こうした事態を避けるためにも、球の種類や番号を確認しあうだけでなく、できればマジックなどで識別マークをつけておきたい。自分の球の中でも1つずつ識別できるようにしておくことが大切だ。すぐに暫定球が打てるよう、予備の球はすぐに出せるところに準備しておく。

　また、ゴルフでは自分のキャディー以外にアドバイスを求めることは禁止されている。スイングについてや、プレー上の決断など、ストロークの方法に影響を与えるような助言や示唆がアドバイス[定義3]だ。例えば、パットのラインを尋ねたり、自分のスタンスの方向を聞くなどがこれに当たる。規則や距離、周知の事実（ハザードの位置や旗竿の位置など）についての情報はアドバイスではない。このことを頭に入れてプレーを始めよう。

　ゴルフはスタートしたら9ホールで2時間余。スループレーなら4時間以上クラブハウスに戻ってこないスポーツだけに、天候や体調の様々な変化に事前に備えることが大切だ。雨具、防寒具、水分、軽食などを持って出れば、大抵のことには対応できる。また、芝の照り返しで想像以上に日焼けするので注意したい。

　ポケットなどすぐ出せるところに、ティー、グリーンフォーク、ボールマーカーなどを用意する。

　長い間車や電車の中で同じ姿勢でいたり、荷物を持ったりしてコースに来ているので、ストレッチは十分に。思わぬケガをすることがある。

安全を確認すること

　前述したようにコース上のすべての人間の安全を確認することが、プレーヤーの第一の義務だと考えなくてはならない。これを怠ると四季折々の自然を肌で

注1
ローカルルールについてはP90を参照

定義3
「アドバイス」とは
プレー上の決断やクラブの選択、ストロークの方法に影響を与えるような助言や示唆のこと。プレーヤーは、与えるもの、求めるものも禁止されている。規則や距離など周知のことはアドバイスではない。

味わい、仲間と楽しい時間を過ごすはずのゴルフが、一転して危険なスポーツになってしまう。

具体的にはどんなことに気をつければいいのか。ゴルフ歴の長いプレーヤーでも、意外に忘れていることがあるので、再確認してほしい。まず、実際にプレーするときはもちろん、素振りをするときにも、以下のことをよく確かめること。近くに人がいないかどうか。球はもちろん、球と一緒に石や砂利、木の小枝、あるいは手を離れたり、破損したクラブなどが飛んで行ってしまいそうな場所に人がいないかどうか。前の組がいる場所に球が届く可能性があるのにプレーするなどは問題外だ。また、プレーヤーに限らず、コースの作業員などにもこの可能性があるときは、声をかけるなどして事前に注意を促すべきである。

それでも球が誰かに当たりそうな方向に飛んで行った場合、即座に大声で危険を知らせる必要がある。前方に向かって声をかけるので「フォアー！(Fore！＝前方)」と叫び、前方の注意を喚起する。ほかの方法でもよいが、反射的に声をかけられるようにしておき、とにかく相手に危険回避を促すことを最優先しなければならない。

また、隣接するホールなどに球が飛んで行った場合、そちらのホールのプレーヤーが優先されるのは言うまでもない。打った瞬間、相手の安全を確保し、球を探しに行く時は状況を確認。自分が安全なようなら、隣のプレーヤーに挨拶してから球を探して打つこと。この時、自分のホールが見えないようなら、同伴競技者の安全も確認するよう声をかけてから打つ。

また、自分の身を守るためにも、ほかのプレーヤーの球より前に出てはならない。セルフプレーや電動カートでのプレー普及に伴い、プレーの進行に気を取られるあまり忘れがちなことだが、改めて心しておきたい。また、プレーヤーの真横や後方にいても球が飛んでくる可能性がないとは言えない。常に球を打つプレーヤーから目を離さずにいることが大切だ。

乗用カート使用にも注意が必要だ。意外なようだが想像以上にカートでの事故は多い。運転が簡単なことと、プレーに気を取られているせいもあるだろうが、コース内にはたくさんの起伏もあるし、コーナーもある。車と違ってボディーに守られているわけでもないので油断は禁物だ。スコアカードをつけながら運転していたり、飲み物を取ろうとしたときや、携帯電話で話している時、話に夢中になっているときなどに事故は起こりやすい。振り落とされたり、木に激突したり、溝に転落したりするのは日常茶飯事。池に転落する、横転するなど生命にもかかわる事故も、時折起こるほどなので、真剣に運転してほしい。スピードは控えめに。急ブレーキなどもってのほかだ。自動運転式のカートでは、その前後を歩いている人との事故が多いことも覚えておきたい。

他人の邪魔は禁物

プロのトーナメントなどでギャラリーの携帯電話の音が問題視されているが、その理由はプレーヤーの集中を妨害するからだ。1ラウンド4〜5時間かかるゴルフでは、自分が球を打っている時間よりも、歩いている時間、前の組や他人が打つのを待っている時間などのほうがはるかに長い。その分、球に向かった時

乗用カートには自身でカートを操る自走式と、カート道上にある誘導線に沿って走行する電磁誘導式がある。電磁誘導式には追突防止センサーが搭載されているが、100％安全ではないので、乗用カートを使用する場合は、注意が必要である。

には改めて集中する必要のあるスポーツだ。だから、せっかくのその集中を、自然現象などが妨げるのならともかく、ほかのプレーヤーが邪魔しないようにするのも最低限のエチケットだ。次に打つべきプレーヤーが球に向かいアドレスしたら、周囲の者は話をするのはもちろん動きも止め、球の行方を見守ろう。安全のためにも、あとで球を探す苦労をなくし、プレーの進行を円滑にするためにも大切なエチケットでもある。携帯電話持ち込みを禁止しているコースもあることを知っておきたい。持ち込まざるを得ない場合、細心の注意が必要だ。また、アドレスしたプレーヤーのすぐ近くや、飛球線の後方、ホールの反対側に立つのも、同じ理由でマナーに反している。

グリーン上では

特にプレーに繊細さが求められるグリーン上では、さらなる気配りが必要だ。ほかのプレーヤーのプレーの線(注2)に立たない、影を落とさないなど、自分がされて嫌なことは決してしないこと。同じ組のプレーヤーがすべてホールアウトするまでは待っているのも当然のことだ。

先にホールアウトしたプレーヤーが旗竿を持ち、全員のプレーが終わったらすぐにこれをホールに戻せるようにすること。また、セルフプレーの場合にはクラブの置き忘れなどがないよう、次のホールに向かうところに置いておくことも覚えておこう。すぐにスコアをカードに書き込みたい気持ちもわかるが、後続の組が待っていることもある。ホールアウトしたらすぐにグリーンを離れ、スコアの記入は後回しにしよう。

プレーの進行

ゴルフは、大勢のプレーヤーが順番に18ホールをプレーしていくスポーツだ。そのため、1組のプレーが遅れれば、それ以降の組はすべて遅くなってしまう。自分の組のプレーの進行を遅らせないためには、1人ひとりが自分の番になったらすぐ、プレーできるようにする自覚を持つ必要がある。自分の球の確認、残り距離の確認、使用する可能性のあるクラブを数本持っていること、カートや次のホールの方向に使い終わったクラブを置くなど、各自が十分考えながらプレーしよう。キャディーを伴うプレーでも、通常、日本では1組にキャディーは1人。それなのにプレーヤー全員が様々な場所からクラブを持ってくることを要求したのでは、プレーは遅くなる。キャディーがいてもスムーズにプレーできるよう、できる限り自分のことは自分でしたい。

グリーンに球が乗ったと思っても、こぼれているケースもある。グリーン上の球がはっきりと見えている場合以外は、アプローチ用のクラブを何本かパターと一緒に持っていけばプレーの進行を遅らせることがない。

また打った球がOB[定義39]になったり、紛失したりする可能性のある時は暫定球[定義43]を打つことも、プレーの進行には必要だということも覚えておこう。それでも探している球がすぐに見つからない時には、球探しの規定時間5分を過ぎる前に、後続の組に先にプレーしてもらうことも考えるべきだ。

注2 プレーの線
プレーヤーが球をストロークした後、その球に取らせたい方向のこと。若干の幅を持つ。

定義39
アウトオブバウンズ(out of bounds)
P.89参照

定義43
暫定球
球がウォーターハザードの外で紛失したかもしれない場合やアウトオブバウンズであるかもしれない場合に、時間節約のため規則27-2に基づいてプレーされる球をいう。

コースを保護する

朝一番の組でスタートして、誰もプレーしていないグリーンの美しさや、整備されたばかりのバンカーの気持ちよさを味わったことがあるなら、後続の組も同じ気持ちでプレーできるように心がけよう。自分がコースの状態を変えてしまったらそれを元に戻せばいいだけなのだから実は簡単なことだ。

ティーグラウンドやバンカー、グリーンなどには入り口があることも覚えておこう。

みんながあちこちを踏み荒らすことのないよう注意してみればわかるはずだ。

ティーグラウンドなら、階段などがついていたりする場所がそれだ。バンカーの場合は、球になるべく近い場所でアゴの高くない場所なら、バンカー内が荒れることを最小限に抑えられる。グリーンも花道があればそこから、ない場合でも、なるべくコースを傷つけない場所を選ぶ。いずれも階段などがつくられている場合は、そこが入り口であることは明白だ。出口については、入り口と同じと考えればいい。

バンカーに入ったあとは自分の足跡や球跡だけでなく、それ以前につけられていた跡もきれいにならすのが理想だ。次のプレーヤーが来た時には朝一番の状態と同じであるようにできれば、誰もが気持ちよくプレーできる。使用後のレーキ（バンカーならし）は、あとの人が使いやすいように、ほかのレーキとは離しておく気遣いも欲しい。

ディボット跡やグリーン面のボールマークなども同様だ。グリーン上に靴でつけた跡（スパイクマーク）は、同じ組の全員がプレーを終えたあとでしっかり直そう。

急ぐからといってグリーン上を走るのも禁物だ。歩いている何倍もの体重が足元にかかり、スパイクマークがつきやすく、グリーンを傷つけるからだ。

特にデリケートな転がりを大切にしたいホールまわりには細心の注意を払う。俗に「1シューズレングス」といわれるが、靴1足分くらいはホールから離れた位置で球を拾えばいい。

マナー違反は失格となることも！

これまで述べてきたマナーを守れない者は、いいゴルファーとは言えない。だが、悲しいかな「マナー違反でもルール違反ではないから関係ない」と思っているゴルファーも存在するのが事実だ。だが、重大なマナー違反は、規則33-7を適用されて失格となることもある。「競技ゴルファーではないから」ではなく、それほどマナーは大切だということを肝に銘じておこう。

最低限の言葉（定義）を覚えよう

《アドレス》プレーヤーがスタンスをとってクラブを地面につけたとき「球にアドレスした」という。ただし、ハザード内ではクラブを地面につけることができないので、スタンスを取った時点でアドレスしたことになる。

《インプレーの球》ティーグラウンドから球を打ったらすぐ、その球は「インプレー」の状態になり、ホールに入れられるまではそれが続く。インプレーの球には、

球にアドレス
プレーヤーがスタンスをとってクラブを地面につけたときに、そのプレーヤーは球にアドレスしたことになる。ただし、ハザード内ではプレーヤーがスタンスを取ったときに、球にアドレスしたことになる。

グリーン上以外では、規則で許される特別な場合を除き、触れてはならない。ただし、球を紛失した場合、OBとなった場合、球が拾い上げられた場合、取り替えられた場合は別。

《スルーザグリーン》プレー中のホールのティーグラウンドとグリーン、コース内すべてのハザードをのぞいたすべての場所のことを言う。規則上はフェアウェイもラフも林の中も同じスルーザグリーンとなる。

《バンカー》ハザードのひとつ。砂などを入れられている場合が多い。バンカーの壁やヘリはバンカーの一部。バンカーのふちやバンカーの中で草が生えている場所は、バンカーの一部ではない。

《キャディー》規則に従ってプレーヤーを助ける人のこと。

《カジュアルウォーター》ウォーターハザード以外で、プレーヤーがスタンスを取るときに見える水たまりのこと。救済の対象となる。

《プレーの線》プレーヤーが球を打って狙った方向のこと。若干の合理的な幅を持つ。

《ルースインペディメント》以下のものを含む自然物。石、木の葉、木の枝、動物の糞、ミミズ、虫類その他類似のものとその放出物、堆積物。ただし、以下のものは除く。固定されているもの、生長しているもの。地面に固く食い込んでいるもの。球に付着しているもの。砂とバラバラの土は、グリーン上にある場合のみルースインペディメント。それ以外の場所ではルースインペディメントではない。雪と自然の氷は、カジュアルウォーターかルースインペディメントか、プレーヤー自身の選択でどちらにも扱うことができる。

ルースインペディメントは、自分の球と同じハザード内にある場合を除き、動かすことができる。ただし、パッティンググリーン上以外で、これを取り除いたことが自分の球を動かす原因となった場合には、1打罰をつけてリプレースされなくてはならない（規則23-1）。

《救済のニヤレストポイント》障害から罰なしに救済を受けるときの基点となる点のこと。①ホールに近づかず②救済を受けようとしている状態の障害がなくなる場所。以上の2点の条件を満たし、アドレスを取ったときに元の球の位置に最も近い一点を指す。アドレスを取るときのクラブは、次のストロークで使用するものでなければならない。

《障害物》人工でプレーの邪魔になるもの。ただし、以下のものは除く。

①OBの境界を定めるもの
②動かせない人工物でOB区域にあるすべてのもの。
③委員会によりコースと不可分の部分に指定されているすべての構築物。

障害物には、簡単に取り除くことができる"動かせる障害物"と"動かせない障害物"の2種類がある。

　動かせる障害物の例としてはレーキや空き缶など。動かせる障害物はどこでも無罰で動かすことができる。その結果、球が動いたら罰なしでリプレース。動かせる障害物の上に球が乗ってしまった場合は、球を拾い上げて障害物を取り除き、球があった場所の真下の地点に無罰でドロップ（グリーンではプレース）することができる（規則24-1）。

　動かせない障害物の例は、カート道のように表面が人工の道路や建物などだが、この取り扱いについて

バンカーの中の球はバンカーの外か内か

はローカルルールを確認すること。球がウォーターハザードにある場合以外で、動かせない障害物が物理的にライやスタンス、スイングの妨げとなっている場合、無罰で救済を受けることができる。救済のニヤレストポイントから1クラブレングス以内で、ホールに近づかない場所にドロップ（グリーン上ではプレース）。

注意点としては、自分の球と動かせない障害物の両方がグリーン上にある場合以外、プレーの線について救済はない（規則24-2）。

球がバンカー内にあり、動かせない障害物から救済を受ける場合、球はバンカー内にドロップし、上記と同じ処置をする。ただし、この場合に限り、1打罰でバンカー後方で救済を受けることもできる。

《異常なグラウンド状態》カジュアルウォーターや修理地、穴掘り動物や爬虫類、鳥類がつくったコース上の穴、放出物、通り道のこと。球がウォーターハザードにある場合以外で、物理的にライやスタンス、スイングの妨げとなっていれば、無罰で救済を受けることができる（規則25-1）。詳細は動かせない障害物の措置と同じ。球がグリーン上、バンカー内にある場合も同様。

《アウトオブバウンズ＝OB》コース境界の外側や委員会によりOBと表示された場所すべてのこと。白杭や白線などで示される。地表レベルの表示（線）自体はOB。プレーヤーは、インバウンズにある球を打つためにOB区域に立つことはできる。

球がウォーターハザードの外で紛失したり、OBになった場合、そのままプレーを続けることはできない。最後のショットをプレーした場所から1打罰のもとに別の球をプレーしなくてはならない。球の捜索に認められている時間は5分間。これを過ぎて見つからない場合には紛失球となる。

OBになったり、紛失球となる可能性があるプレーをした場合は、時間の節約のために暫定球を打っておくこと。このとき、必ず、暫定球を打つことを同伴競技者に告げなくてはならない。これを怠った場合には、こちらがインプレーの球となり、最初に打った球がたとえOBになっていなかったり、見つかったりしても1打罰を加えたこちらでプレーしなければならない。

球が見つかったり、OBでないことが確認できれば、暫定球はピックアップし、最初の球でプレーをしなければならない。もしも、暫定球を打っておらずに球が見つからなかったり、OBだった場合には、元の位置に戻り、やはり1打罰を足して打ち直す。「前進ティーから第4打を打つ」などというローカルルールがあるコースも多いが、これはプレーの進行を早めるための暫定措置で、ゴルフ規則上、認められていないものであることを覚えておきたい（規則27）。

OBを示す白い杭や策は固定物なので、動かしたり抜いたりすることはできない。

《局外者》プレーヤーとそのキャディー以外および、その携行品、球以外のすべてのもののこと。風や水は局外者ではない。たとえば駐車場の車やカラス、メンテナンススタッフなどコース内の人などはすべて局外者。

《罰打＝ペナルティー》規則にのっとってスコアに追加されるストローク数。これを支払うことで規則違反を犯してもプレーを続けることができる。

《暫定球》ウォーターハザードの外で球が紛失したかもしれないときや、OBの可能性がある場合に打つ予

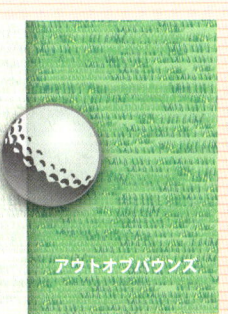

この場合はOBとなる　　　この場合はインバウンズとなる

備の球。規則27-2に基づいてプレーされる。

《ストローク》 球を打って動かす意志をもって行うクラブの前方への動きのこと。ただし、球に当たる前に自分の意志でプレーをやめた場合はストロークしたことにならない。

《ティーグラウンド(正確にはティーインググラウンドまたはティーと言うが、日本ではこれが一般的なので、以降ティーグラウンドと呼ぶ)》 プレーしようとするホールのスタート場所。2つのティーマーカー(注3)の外側を結んだ線を前方と横の境とし、そこから2クラブレングス以内のことを言う。

　ここからティーショット(第1打)を打ってそのホールのプレーがスタートする。この区域外から打った場合には、2打罰で正しい区域から打ち直さなければならない(規則11)。

《クラブレングス》 救済を受ける時などに使う距離を表す言葉。クラブを基準にして測る。1クラブレングス=クラブ1本分、2クラブレングス=クラブ2本分。もとの球があった場所と救済のニヤレストポイント[定義36]の双方にティーなどを差して目印をつけ、実際にクラブを使って測る。自分のクラブなら何を使用してもいい。

　ただし、スイング区域を測る場合には、使用すると思われるクラブで測らなければならない。

《ドロップ》 救済を受ける時や打ち直しをするときなどに新しい球をあるべき場所に置く方法。公平さを期すため、まっすぐに立って球を持った手を肩の高さに水平に伸ばし、球を落とす。必ずプレーヤー自身が行わなければならない。

《プレース・リプレース》 グリーン上や、ドロップしても傾斜で球が止まらない場合などに、規則に基づいて球を置く方法。球を元とは違う位置に置くこと、または別の球を元の位置に置くことをプレース、元の位置に置き直すことをリプレースという。

《ライ》 球が置かれた状況のこと。打ちやすい状態なら「ライがいい」「やさしいライ」、打ちにくければ「ライが悪い」「ライが厳しい(難しい)」などという使い方をする。規則13「球はあるがままの状態でプレー」にも「球の位置やライの改善をしてはならない(抜粋)」と、いう形で出てくる。

ゼネラルルールとローカルルール

　ゴルフの規則にはルールブックに載っているゼネラルルールと、そのコース独自のものやその競技会独自に制定されたゼネラルとは異なるローカルルールの2種類がある。ローカルルールは季節や天候、コースの状態などにより特別に適用されるもので、プレーの進行を円滑にしたり、コースを保護したりする目的がある。ただし、本来の規則に矛盾するものであってはならない。スタート前にマスター室前などにある掲示板で確認しよう。スコアカード裏面に記載されていることもある。特にローカルルールが書かれていない場合、ゼネラルルールにのっとってプレーする。

　また「することができる」と書かれたローカルルールならゼネラルルールどおりにプレーできるが「しなくてはならない」と書かれている場合、コースの保護やプレーの進行上、そちらに従う。

注3　ティーマーカー
ティーアップする場所を決める目印やマーク

ペナルティー（罰打）は救済措置

　具体的な規則について触れる前に、認識しておきたいことがある。様々なケースで規則上科されるペナルティー（罰打）は、決してゴルファーを苦しめるためのものではなく、プレーを続けるための救済措置であるということだ。例えばOBを打ったら、球はコース外に出たことになるからそのままではプレーを続けることができない。だが、1打罰を払えば、元の位置からプレーを続けることができる。ウォーターハザードなどに球が入った時も、そのまま打つことができなければ、1打罰を払ってその先のプレーを続けることができるようになっている。ほかの違反も同様だ。ポジティブな考え方で規則をとらえると、さらにゴルフが楽しくなるはずだ。また、本書に記載の規則は、特に断りのある場合を除き、現在の日本で一般的なストロークプレーの場合を取り上げている。

球はあるがまま

★ゴルフは、ティーグラウンドからホール（カップ）に入れるまで、クラブと1つの球を使ってプレーするゲーム。プレーヤーもキャディーも基本的には球の位置や動きに影響を与えてはならない。ただし、規則に従う場合にはこの限りではない。

★オナーから打つティーショット以外は、基本的にホールから遠いプレーヤーから順に打つ。

★天候や整備などの理由でコースの状態がよくないときに行われる救済措置（プリファードライ注4）やウインタールール）がある。6インチ動かしていいことから、「6インチプレース」などと通称で呼ばれることもあるが、これは、あくまでもローカルルール。ゼネラルルールではないことを肝に銘じておきたい。どんなに悪い状況でも、規則上、救済されない場合はあるがまま打つ。球には触らないのが基本だ。素振りで手前の芝を刈り取ったり、構えたとき手前の芝を押さえつけることもしてはならない。

★自分の球であると思えるものでも、必ずマークなどで識別すること。見えない角度で球が止まっている場合には、マーカーや、相手の同意を得れば、球をマークして拾い上げ、チェックできる（規則12-2）。自分の球でない球を打った場合、誤球［定義61］としてペナルティーがつくことになる。

★あるがままにプレーすることを基本として考え、フェアなスタンスをとったりスイングした時に仕方なく起こる場合を除き、固定物や生長成長物を動かしたり、曲げたり、折ったり、壊してはならない。素振りをしたときも同様。

★球を打つ意志をもってクラブを振ったときは、たとえ球に当たらなくても1打とカウントする（空振り）。素振りではないのに素振りと言い張るのはゴルフの本質に反する。

★球を打つとき、やむを得ずコースを損傷した場合、できる限り修復しなくてはならない。クラブが地面や芝を取り去ってしまった場合（ディボット）、飛んで行ったターフを元に戻してきちんと上から踏みつける。また、そのまま戻せない場合には、事前に準備した砂で

オナー
ティーグラウンドから最初にプレーすべきプレーヤーは、「オナー」と言われる

注4　プリファードライ
ローカルルールの1つ。コース全域に渡って不良なコンディションが広がっている場合に適用される。

しっかり穴を埋めて平らにしておく（目土）。

ティーグラウンドからプレーを開始

★プレーヤーは、クラブをスイングして球にストロークを行わなければならない。押し出したり、かき寄せたり、すくい上げてはならない（規則14-1）。

★各ホールのプレーは、ティーグラウンドから打つ第1打（ティーショット）で始まる。このショットは、前述のティーグラウンドから打たなくてはならない。打つ順番は、競技会の組み合わせ表か、くじ引きなどで決める。2ホール目以降は、その前のホールのスコアが最少の者から順に行う。ティーショットを最初に打つ者をオナーと呼ぶ。

★2打目以降は、ホールから遠い位置に球のある者から順にプレーする。自分の番が来たら、前方の安全を確認し、反対側などから打つ者がいないかどうかを確認したうえで速やかに打つ。基本的にプレーの順番が違っていても罰はない。ただし、あるプレーヤーを有利にするためにプレーの順番を故意に変えた場合、全員が失格になることもある（規則10-2）。

★球探しで隣のホールなどに行く場合、そちらをプレーしているプレーヤーが最優先。その邪魔をしないようにしながら安全を確認し、挨拶することも忘れずに。

★林の中や崖下、深いバンカーの中など、自分の打った球の行方が見えないような場所から打つ場合、同伴競技者やキャディーに声をかけ、安全を確保すること。球の行方も見てもらえば安心だ。

★球の行方を探し始めてから5分以内に見つからない場合、紛失球［定義33］と判断すること。このとき、ほかのプレーヤーの球を踏んだり、動かしたりしないように注意する。

★安全を十分確認したつもりが不十分で、前の組に打ち込みそうになってしまった場合、すぐに「フォアー！」と声をかけて安全を確保すること。その場で帽子を取って頭を下げるなどして謝罪し、追いつく機会があったらもう一度、きちんと謝罪すること。だが、このようなことは基本的にあってはならない。

★カート道やマンホール、木などに当たった球は思わぬ方向や、想像以上の距離を跳ねたりすることがある。そのことも考慮して、不安なら暫定球を打ったほうがよい。

★カート道路は障害物［定義38］。動かせない障害物として扱うため、スタンスやスイングする時の邪魔になるようなら、罰なしに拾い上げ、その影響を受けない最も近い場所（救済のニヤレストポイント）から1クラブレングス以内で、ホールに近づかない場所にドロップ。ハザードやグリーン上でない箇所にすること。

ハザードでは

★バンカーとウォーターハザードのことをハザードという。ハザード内のルールはほかの場所とは異なることが多いので注意が必要だ。基本的なこととして覚えておかねばならないのは、ハザード内の地面や水に自分の手やクラブで触れてはならないということ。ハザード内のルースインペディメント［定義32］にも触れたり、動かしてはならない。いずれも違反すると2打罰（規則13-4）。

定義33
紛失球（ロストボール）
プレーヤーのサイドやそのキャディーが球を探し始めてから5分間以内に、球が見つからないか、またはプレーヤーが自分の球であると確認できないときなどを紛失球と呼ぶ。

定義38
障害物
「障害物」とはコース内にある人工の物をいい、道路・通路の人工の表面と側面、および人造の氷を含む、壁や垣・杭・柵など。また動かせない人工の物で、アウトオブバウンズにあるすべての部分などをいう。障害物には動かせる障害物と動かせない障害物がある。

★バンカーに入るときは、球に最も近く、アゴの低い場所から入り、打ったらすぐにレーキで平らにしながらバンカーを出る。出るときは元の状態に戻すことを心がける。自分より前の人が残していったと思われる足跡なども直すのがマナー。

★ウォーターハザードには、黄杭や黄色いラインで示されたウォーターハザードと、赤杭や赤いラインで示されたラテラルウォーターハザードがある。

★ウォーターハザードに入った球でも、可能ならそのまま打つことができる。

★ウォーターハザード内で打つことが不可能な場合、救済を受けることができる。

★上記の場合、1打罰を加えて、以下の処置から選んでプレーすることができる。

①最後に球を打った場所に最も近い場所からプレー。
②ホールとウォーターハザードの限界を最後に横切った地点（ライン上）を結んだ線上で、ウォーターハザードの後方にドロップ。後方ならばどんなに後ろでもよい。

★赤でエリアを示されたラテラルウォーターハザードの場合に限り、次の2つの処置がくわえられる。

①球が最後にラテラル・ウォーターハザードの限界を横切った地点。
②①の対岸のラテラル・ウォーターハザードの限界上で、ホールから同じ距離にある地点から2クラブレングス以内のいずれかにドロップ。

アンプレアブル

★規則上、ほかの救済の余地がなく、球を打つのが困難な場合、アンプレアブル（プレー不可能）という処置を取ることができる（規則28）。アンプレアブルは、球がウォーターハザード内にある時以外は、コース内のどこででも選択できる。自分の球をアンプレアブルと判断した時は、1打罰をつけたうえで、以下の3つの処置のうち1つを選択する。

①始めの球を最後にプレーした箇所のできるだけ近くからプレーする（規則20-5）。
②ホールと球があった箇所を結んだ線上で、元の箇所よりも後方でドロップ。後方であれば、いくら離れてもよい。
③球のあった箇所から2クラブレングス（クラブの長さ2つ分）以内で、ホールに近づかない場所にドロップ。

★アンプレアブルはバンカー内の球に対してもできる処置だが、後方線上や2クラブレングス以内にドロップする場合は、バンカー内にドロップしなければならない。

★また、ウォーターハザード内で球を打つのが困難な場合は、アンプレアブルは適用できず、ウォーターハザードの規則に基づいて処置しなければならない。

球の方向が変えられたり、止められた場合

★動いている球が局外者［定義40］により方向を変えられたり、止められた場合（ラブオブザグリーンという）誰にも罰はなく、球が止まった場所から次のプレーを行うことができる（規則19-1）。ただし、グリーン以外でストロークされて動いている球が、動いていたり生きている局外者の中か上に止まった場合、その真下

定義40

局外者

マッチプレーでは、「局外者」とは、プレーヤーサイドあるいは相手サイド、いずれのサイドのキャディー、プレーしているホールでいずれのサイドによってプレーされている球、あるいはいずれのサイドの携帯品以外のものをいう。
ストロークプレーでは、「局外者」とは、競技者サイド、そのサイドのキャディー、プレーしているホールでそのサイドによってプレーされている球、あるいはそのサイドの携帯品以外のものをいう。局外者には審判員やマーカー、オブザーバー、フォアキャディーを含む。風や水はいずれも「局外者」ではない。

にできるだけ近く、ホールに近づかない場合にドロップ。グリーン上ではプレースされなければならない。また、グリーン上からストロークされて動いている球が同様の状況に陥った場合、そのストロークは取り消しとなり、リプレースしてプレー。球をすぐにとり戻せない場合、別の球に取り替えることができる。

グリーン上

★グリーンの上では、小さなコインや同様のもので球の位置をマークして拾い上げ、拭くことができる。マークは、球を拾い上げる前に行い、パットの線に触れたりしないよう、ホールに対して球の後方にするべきである。球を元に戻すときは、元の位置に戻す。

★ホールの周辺は特にグリーンの状態を維持すべきところなので、球を拾い上げる時でもなるべくホールに近づかないこと。また、球を拾い上げるとき、ピン（旗竿）を差す時にも、細心の注意を払ってホールを損傷しないよう心がける。

★グリーン面を傷つけないため、靴を引きずらないのはもちろんのこと、走ったり、手に持ったクラブに寄りかかったりしない。

★球がホールをのぞきながら入らない場合、プレーヤーは不当に遅れることなく歩み寄る時間にくわえ、確認のため10秒間待つことができる。その間にホールに球が落ちれば、最後の1打で入ったことになる。10秒たってもそのままなら、球はそこで止まったことになる。

★グリーン上につけた球の跡はすぐに直す。グリーンフォークを使って芝の根を切らないように跡の周囲から寄せるようにし、平らにならす。

★ボールマークや古いホールの埋跡は修理することができるが、靴跡（スパイクマーク）は、プレーする前には修理できない。同じ組のプレーヤー全員がホールアウトしてから直すこと。

★グリーンを立ち去る時には忘れ物をせず、旗竿をきちんと元に戻したことを確認する。

★グリーンの外で打った球が動いている時、動いている局外者や生きている局外者の中や上に止まった場合、真下にできるだけ近く、ホールに近づかない場所にドロップ。グリーン上ではプレースする。

★グリーン上で打った球が動いている時、動いているか生きている局外者によって方向を変えられた場合や、その上か中で止まった場合、その1打は取り消しとなる。元の位置にリプレースして、プレーし直さなくてはならない。球をすぐに取り戻せない場合は、別の球に取り替えることができる。

★グリーン上でプレーする場合、旗竿が取り除かれているか、付き添われてることを確認するべきである。グリーン上から打った球が旗竿に当たった場合、2打罰となる。なお、グリーンの外からであれば罰はないが、旗竿を取り除いてから打つこともできる。

★グリーン上にある他の球に、グリーン上から打った自分の球が当たった場合には2打罰がつくので、マークされていない場合にはマークを要請するべきである。グリーン上以外から打った球については無罰である。

ボールマークの直し方

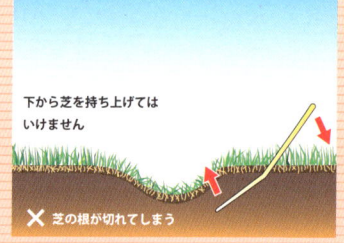

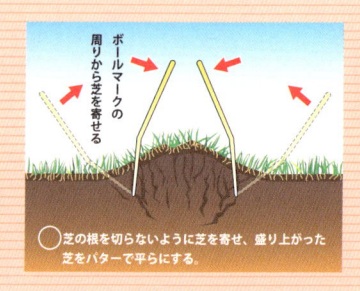

グリーンフォーク
グリーンに乗った時のゴルフボールの跡

下から芝を持ち上げてはいけません
✗ 芝の根が切れてしまう

ボールマークの周りから芝を寄せる
○ 芝の根を切らないように芝を寄せ、盛り上がった芝をパターで平らにする。

カジュアルウォーター／グラウンド・アンダーリペア

どちらも"異常なグラウンド状態"にあたる。スルーザグリーンでは、罰なしに球を拾い上げて、
①救済のニヤレストポイントから1クラブレングス以内で
②ホールに近づかない場所にドロップ。
ただし、球がハザード内にある場合はルールが少し違うことを覚えておこう。

【ニヤレストポイントを決めるとき】
ニヤレストポイントは、救済の対象となる障害物を避けてアドレスを取るが、このときは次のショットで使用するクラブを使用して決定する。ただし、ここから2クラブレングスを測るときには、どのクラブを使用しても良い。

2 トーナメントの観戦マナー

ゴルフの醍醐味を肌で感じよう

プレーするだけでなく、プロのトーナメントを観戦することでゴルフの楽しみはさらに広がる。

シーズン中は毎週のようにトーナメントが行われており、その会場は全国各地。いつ、どこでトーナメントがあるかは、各ツアーのホームページなどで確認できる。近くのトーナメントを選んで見に行けば、テレビや新聞、雑誌でおなじみのプロたちを間近に見られるというわけだ。

だが、野球やサッカーなどと違い、ゴルフはプレーが行われているフィールドと、観客（ギャラリーと呼ばれる）との間にフェンスなどがない。ロープなどが張られていることはあるが、手を伸ばせば届くところで、緊張感漂うプレーが繰り広げられている。観戦エリアは、基本的にゴルフ場全部に及び、特設のスタンド以外は、土や芝、カート道の上を歩いたり、座ったりすることになる。

そのことを念頭に置けば、自然に観戦スタイルや、マナーが見えてくるはずだ。

歩きやすい靴、服で観戦する

プレーの円滑な進行と安全のために、ギャラリーは基本的にラフや林の中、斜面を歩くことになる。だから、できるだけ、歩きやすい格好を心がけよう。コースを保護するためにも、足元には特に注意が必要だ。ハイヒールやゲタなど、芝が傷つくものや歩きにくいものを履かず、坂道でも楽な靴を選びたい。例えば、スニーカーやラバーソールの靴、または金属のスパイクではないゴルフシューズなどが理想的だ。金属製のスパイクシューズは、多くのゴルフ場が使用を禁止しているうえ、トーナメント会場では、ケーブルなどを踏んでしまったり、舗装道路を歩くときに滑ったり、音がしてプレーを邪魔したりしてしまうこともあるので避けたいところだ。

また、屋根のないところでの観戦となるため、できれば帽子も用意したいところだ。

アドレスに入ったら静かにする

エキサイティングなプレーを楽しむためには、ギャラリーもその環境づくりに協力することが大切だ。どこで

ゴルフを見に行く際には、歩きやすい靴で観戦に行くことは必須条件といえる

も、選手たちがプレーしていることを忘れずにゲームに熱中しよう。選手たちは次から次へとプレーするが、それぞれがアドレスに入ったらギャラリーも静かにすることが大切だ。話をしないのはもちろんのこと、動きも止めて次のショットを見守ろう。携帯電話はできれば電源をオフに。米ツアーでは基本的に持ち込みを禁止していることでもわかるように、マナーモードでもバイブレーションが響かないようにするなどの配慮が必要だ。試合中は写真撮影も禁止になっているため、カメラ付き携帯での撮影も厳禁だ。理由は、シャッター音やオートで光ってしまうフラッシュなどが、選手の集中力を乱すことと、肖像権や映像権の問題も発生する可能性があるためだ。音を出さなくても、選手がプレーする体勢に入ったら動かないこと。直接、視界に入らなくても、カゲが動くのが目に入ったり、フェアウェイを横切る姿が邪魔になることもある。すべての観戦マナーは、プレーを邪魔しないことを目的にしている。せっかくの熱戦に知らずに水を差してしまうのでは、自分だけではなく、周囲の人の楽しみも台無しにしてしまう。フェアウェイのクロスウェイを横切る時も、ティーグラウンドを確認するなどして、プレーが円滑に進むように心がけたい。

　また、どんなに近くにいても選手は真剣にプレーしている最中だ。選手に触るなどもってのほかだし、プレーを終えてスコアカードを提出するまでは、サインや握手を求めないのがマナーだ。

球には決して触らない

　トーナメント会場で選手たちがプレーしている球には絶対触ってはならない。前出のように、ゴルフ場では試合のフィールドとギャラリーエリアが厳密に仕切られているわけではないから、手の届く場所に球が飛んでくることもよくあるが、その球はルール上でいう"インプレーの球"。つまり、現在進行形でプレーされているものに他ならない。野球にたとえるなら、フェアグラウンドの中で動いているボールと同じことなのだ。ボールが止まっているからといって、ファウルボールやホームランのボールのように、すでにプレーされていないわけではない。ギャラリーはルール上、局外者に当たるが、それでも持ち去ったり、動かしたりすることによってルール上の大問題に発展しかねないので、球があっても触らないこと。選手が球を探しているようなら、その場所を教えるのは構わない。

自分の安全は自分で確保する

　18ホールすべてでプレーが行われているため、コース内ではあちこちから球が飛んでくる可能性がある。だが、目の前のホールの球の行方は見ていても、隣から飛んでくる球は見ていないことも多い。「フォアー!」などの声が聞こえたら、とにかく、自分の頭部を腕で抱えるなどして安全を確保しよう。

　また、地形によってアップダウンがあったり、小さな段差があるのもゴルフコースならでは。トーナメント開催コースでは、テレビ中継のためのケーブルなどもあちこちにある。芝や枯れ葉の上は想像以上に滑るので、足元には十分注意したい。楽しいゴルフ観戦でケガをするのではつまらない。

選手がアドレスに入って辺りが静かになり、自然の音だけになるのを感じるのも、ゴルフを現場で観戦する楽しみの1つだ。

自然を大切に

　当たり前のことだが、ゴルフ場の自然は大切にしよう。芝や木、花などを折り取ったりするのは禁物だ。誰もいないからといってバンカーなどに入ってみるのもやめよう。プレーしているとき同様、コースには優しくありたいものだ。ゴミや吸殻を捨てないのは言うまでもない。

楽しく観戦するには

　1日の大半を外で過ごすゴルフ観戦では、トイレの場所をチェックしておくことも大切だ。入り口で配られたスタート表やパンフレットに、コースの地図が載っているはず。ギャラリープラザや練習場付近など、何箇所かあるトイレは混雑することもあるので早めにすませておいたほうがよい。

　また、お弁当などを持参するのもOKだが、売ってもいる。ただし、数に限りがあるので、こちらも余裕を持っておきたい。飲酒は禁じられていないが、酔って騒ぐのは論外だ。

　また、雨のときの観戦で傘を差すときにも周囲の人に気を配ったり、自然の中とはいえ喫煙のマナーを守るなど、自分以外の人に不快感を与えないように気をつけたい。誰もが気持ちよく過ごせるように心がけるのは、ゴルフ場に限らず、街中でも同じこと。みんなが楽しみに来ていることを忘れずにするのは、人間として当然のことだろう。

観戦の極意

　観戦方法は大きく分けて2つある。1つは、お気に入りの選手にずっとついて歩く方法だ。ただし、思っているより選手のプレーは速いし、選手よりギャラリーのほうがたくさん歩くため、慣れないとプレーするより疲れるかもしれない。この場合、お目当ての選手と同じ組のほかの選手や、前後の組のプレーも邪魔しないこと。

　2つ目は、定点観測法だ。スタートホールのティーグラウンドや名物ホール、パー3のグリーンなど、居心地がよく楽しめる場所を見つけてどっかりと陣取る。スタンドや斜面、アウトドア用のイスなどを携帯するのもいいだろう。次から次へとやってくる選手たちを比較して楽しみ、これまで知らなかった選手のプレーぶりがわかるのも楽しい。

　通に人気なのが練習場での観戦だ。試合でのプレー以上に見る機会が少ないトッププレーヤーたちの練習方法は、参考になるだけでなく、千差万別で楽しめる。プレー中と違って選手たちもリラックスしていることが多く、素顔に触れやすい点もファンにはうれしい。中には、一日中練習場で過ごすファンもいるほどだ。パッティンググリーンやアプローチ、バンカー練習場なども同様だ。

　また、トーナメント独自のギャラリーサービスも、メーカーのクラブ試打やレッスン会、キッズサービスやグッズ販売など様々で、そこでしか楽しめないものも多い。こちらも、スタート表やパンフレットなどに書いてあるのでチェックすると楽しさ倍増だ。

ツアープレーヤーは背番号や名前が書かれたウェアを着ているわけではないので、スタート表を参考にするとよい。キャディーの背中には選手の名前が記されていて、名前を確認できる。

世界最古の13条のゴルフルール

第 1 条 球は終了したホールからワンクラブ以内にティーアップしなければならない。
第 2 条 ティーは地面に直接置かねばならない。
第 3 条 ティーオフした球は取り替えてはならない。
第 4 条 石や骨、その他クラブをこわす恐れのあるものでもプレーのために取り除いてはならない。ただしグリーン上、球からワンクラブ以内は例外とする。
第 5 条 球が水の中や水たまりに近い泥濘に止まった場合、球はそのハザードの後方に移しティーアップし、任意のクラブで打つことができる。この場合相手に1打譲るものとする。
第 6 条 球同士が触れあって止まっている場合、うしろの球を先に打ち、その間、前の球は拾い上げておくこと。
第 7 条 ホールを狙うときには球を正しく打たねばならない。相手の球が自分の球とホールを結ぶ延長線上にある場合を除き相手の球に向かって打ってはならない。
第 8 条 持ち去られるなど、何らかの理由で球を失った場合、その球を最後に打った地点に戻って別の球をドロップし不運を甘んじて受けること。この場合相手に1打を譲らなければならない。
第 9 条 球をホールに入れるときホールまでのラインをクラブやその他のもので目印をつけてはならない。
第10条 球が人や馬、犬、その他によって止められた場合、球はその止まったままの状態でプレーしなければならない。
第11条 球を打とうとクラブをあげ振りおろす動作に入ったとき、何らかの理由でクラブが破損してもそれは1打とみなす。
第12条 球がある場所から遠い順にプレーせよ。
第13条 コースの維持、保全のため作られた堀や溝、塀はもちろん練習用のホールや軍隊の宿営エリアはハザードとみなさない。球は取り出してティーアップしアイアンクラブで打ってもよい。

13条のゴルフルールについて〜その時代の背景と解釈

第1条の「球は終了したホールからワンクラブの長さ以内にティーアップする」は当時、ティーペッグなど発明されていなかった時代。ゴルファーはホールアウトすると球を入れた直後のホールの底から、砂（土）をつまみだし、その上に球を乗せてティーアップとした。その範囲が1クラブ以内。クラブの長さだけ、と極端に短いのは、想像だが、打ちやすい場所を探しうろうろしたりすることを禁じたのだろう。いつの時代もゴルファーは勝負にこだわりすぎると我を忘れがちになる。スロープレー撲滅にも役立ったと思われる。

第2条。「ティーは地面の上に」は、葉っぱや小石の上におくと打ちやすかったとみなしたのかもしれない。

第5条の「ハザード後方にティーアップする」は、現代のコースで行う"前進3打"などの特別ルールなどに見られる。当時は自然の中で水はけや整備が悪かったのだろう。が、現代はプレーを進行上のやむをえない処置となっている。その場合、「相手に1打を譲る」のはマッチプレーがゴルフの原点だったからだ。相手に1打を譲るという精神がゴルフらしい。

第7条もマッチプレーを知るとわかりやすい。自分のパットライン上に相手の球があると、現代では球を取り上げマークして球位置をずらすが、当時はスタイミールールがあり自分の球で相手のプレーラインをふさぐことがルール上ゆるされていた。邪魔されたほうは球を相手の球に強くぶつけ、はじき飛ばすなどの駆け引きが繰り広げられた。ライン上でない球にぶつける"ぶつけっこ"が頻繁におこなわれたことが想像される、非常に興味深いルールといえるだろう。

第13条は、動かせない障害物の処置とハザードの解釈がひとくくりになっていた。現代では、前者はコース内施設、ホールを囲む金網、トーナメントのテレビ中継用の施設、スコアボードなどは無罰で救済される。またハザードならペナルティーを科すなどの処置が定められている。13条で注目されるのはハザードとみなさず、使用クラブを限定したこと。軍隊の宿営地に打ちこんだら、ホールに近づかずスイングができる地点からティーアップし、アイアンを使えとした。ウッドクラブではなくアイアン。ストロークのペナルティーではなくウッドより飛ばないアイアン、飛距離の罰を科すあたりに考えた末の結論がうかがえる。ゴルフは耳と耳の間のゲーム、ゴルファーはルールづくりにも頭を悩ましてきたのだ。

練習問題・ルール&マナー編

検定形式の練習問題にチャレンジしてみよう。

問1 ゴルフが「紳士淑女のスポーツ」と呼ばれる理由のうち まちがっているのは次のうちどれか。

①通常、審判員が立ち会わないから
②ネクタイをしてプレーしなければならないから
③ゲームの根底に公正の理念があるから
④ゴルファーはみな誠実であるという性善説に基づいてゲームが成り立っているから

問2 ゴルフのルール以前に大切なのは次のうちどれか。

①スコア
②技術
③プレーヤー同士の上下関係
④マナー

問3 プライベート（メンバーシップ）のコースにゲストとしていくときの心がけとして正しいのはどれか。

①納得のいかない規則は守らない
②クラブの規則に従う
③ゲストは接待してもらうのが当たり前だ
④旅の恥はかき捨て。自分のコースではないのでしたい放題にする

問4 グリーン上での行いとして好ましいのは。

①自分のパッティングがすんだら走ってグリーンを出た
②順番を無視して自分の球が入るまで続けてプレーした
③グリーン上では芝を痛めないように静かに歩く
④自分の球が転がりやすいように芝を押さえてならした

問5 1クラブレングスを測るとき使うのはどのクラブか。

①ゴルフ場にある基準クラブ
②自分のパターのみ
③自分の持っているクラブならどれでもよい
④自分以外のプレーヤーのパター

解答と解説

【解答】 問1② 問2④ 問3② 問4③ 問5③

【解説】 問1　審判が立ち会わないのは、性善説に基づいてプレーが進められているという考えがある。
問2　ゴルフはとくにマナーが重視されるスポーツである。
問3　プライベートのコースは基本的にメンバーがゴルフを楽しむところ。ゲストとしてプレーするときは規則を守るべきである。プレーできないが、ゲストとして特別にプレーが許されている場合もある。
問4　グリーンは痛みやすいので歩かなければならない。
問5　1クラブレングスとは救済を受けるときなどに使う長さを表す言葉である。

問6 クラブは何本まで持ってプレーできるか。
　①14本以内
　②ゴルフバッグに入れば何本でもOK
　③15本前後
　④パター1本、ウッド4本は必ず入れ、後は自由に選べ全部で14本

問7 ゴルフのルールは一番初めは何条の条項から成り立っていたか。
　①12条
　②13条
　③17条
　④18条

問8 プレーの進行という観点から、好ましい行動を次の4つからあげよ。
　①キャディー付プレーなのでクラブは毎回、1本しか持って行かず、取り替えたいときには球のところでキャディーの手があくのを待つ
　②自分の番がきてから距離を確認し、クラブを選択して打つ
　③球が左OBギリギリに飛んでいったが、楽観的に判断。OBなら打ち直しに戻ればいいので、とにかく球のところへ行ってみた
　④あるクラブを数本持って球のところに行き、自分の番がきたら速やかに打つ

問9 2打目以降のプレーの順番として正しいのは。
　①距離や位置に関係なく、年齢の上の人から打つ
　②ホールから近い位置に球のあるものから順にプレーする
　③ホールから遠い位置に球のあるものから順にプレーする
　④ハンディの少ない人から打つ

問10 トーナメントの観戦マナーとして望ましいのは。
　①選手がアドレスに入ったら静かにする
　②選手が球を打った後なら写真を撮ってもよい
　③移動中に「がんばれ！」と肩を叩いて励ました
　④球が打ちにくいところに飛んできたので、打ちやすいところに戻してあげた

解答と解説

【解答】　問6①　問7②　問8④　問9③　問10①

【解説】　問6　14本以内であれば、どのクラブを持っていてもよい。ウッドを入れなければならないという決まりもない。
　　　　　問7　「球は終了したホールからワンクラブ以内にティーアップしなければならない」の第1条からはじまり13条ある。
　　　　　問8　ゴルフは同じコースを何組もの人がプレーしているので、前の組が遅いとその後の組まで影響を受ける。よって速やかなプレーが要求される。
　　　　　問9　基本的にプレーの順番が違っていても罰はない。ただし、あるプレーヤーを有利にするためにプレーの順番が違っていた場合、全員が失格になることもある。
　　　　　問10　トーナメントでは球にむやみに触ったりするのは絶対控えなければならない。

ギア&コース編
GEAR & COURSE

ゴルフをするためのフィールド、
そして使用する用具について知ることがゴルフを知る第一歩である。
初歩的な事柄も含め、ゴルフのコースとギアについて解説する。

GEAR & COURSE

ギア & コース 編

1 ゴルフボールの変遷・進化と変化

素材は羽毛からゴムへ

　ゴルフは球技であるから、ボールがないことにはゲームが始まらない。ゴルフ創世記、ヨーロッパで使われていたボールは、牛革の袋の中にシルクハット1杯分のガチョウの羽毛を詰めたもので、「フェザリーボール（feathery ball）」と呼ばれた。フェザリーは、「羽毛のようにやわらかい」という意味。1つひとつが職人の手作りで、製造には高度な技術を要した。耐久性が低く、ある程度使うと革の継ぎ目から羽毛が飛び出してくるようなボールだったが、非常に高価だったため、破れるたびに何度も補修して使われた。

　19世紀中ごろになると、天然ゴムの一種である木の樹液を固めてつくった「ガタパチャ（guttapercha）」が登場する。ゴムの一種とはいえ、その仕上がりは硬く、打感はほぼ石と変わらなかった。しかし、フェザリーボールに比べ、はるかに耐久性に優れていたことと、強く打球することが可能なために飛距離が伸びると、すぐにフェザリーボールに取って代わった。

　ガタパチャの初期の製品は、表面を滑らかに仕上げていたが、使用することで表面にキズがつくと、むしろ飛距離が伸びるということが後にわかり、意図的に表面に凹凸をつけた製品が開発された。これがディンプルの元祖である。

リキッドボールからソリッドボールへ

　さらに時代は進んで、1898年にアメリカ人のコーバン・ハスケルが、ゴムの芯に糸状に引き伸ばしたゴムを巻きつけ、さらにカバーをかぶせて圧縮したボールを開発した。これは後の糸巻きボールの原形というべき、画期的な構造のボールで、開発者の名前を取って「ハスケルボール（Haskell ball）」と呼ばれる。打感がやわらかく、耐久性にも優れ、さらに反発力が高く、飛距離が出るこのボールは、ガタパチャよりはるかに高価だったにもかかわらず大人気となり、取引価格が高騰するほど需要が供給を大幅に上回ったという。

　その後、ハスケルの糸巻きボールは素材、構造が時代とともに進化・成熟し、1980年代までにプロ用ボールは、「リキッドセンター、バラタカバーの糸巻き※1」という概念が定着し、タイトリスト社の「ツアーバラタ」は世界中のプロが愛用した。また、日本国内では多くのプロが、ダンロップ社（現SRIスポーツ）製の「ロイヤルマックスフライ」を使用した。

　プロの世界で糸巻きが主流となる一方で、「2ピース」構造のボール※2の開発も進んだ。2ピースボールは、打感は硬いが初速が伸び、飛距離が出るという

※1
リキッドセンターは、糸ゴムを巻きつける核（コア）の部分に液体を使用しているということ。バラタはカバー素材の樹脂の名前。

※2
コア（中心部）とカバーを含むその周辺部の2層構造になっているボールのこと。

のが特徴で、当初はアマチュア用と目されていた。ところが、1980年代に活躍したニック・プライスがブリヂストン社製の2ピース「レイグランデWF」を使用したことで、その認識は徐々に変化していく。素材革新によって、弱点だった打感の硬さは解消され、さらに構造を3ピースなど多重構造化することで、ドライバー飛距離だけでなく、アイアン、アプローチでのスピン性能などでもプロの使用に耐えうる製品が次々と開発されるようになった。

　現在のように、プロが糸巻きではなく、ソリッドボール（3ピース）を使う流れを決定づけたのは、ウレタンカバーの登場によるところが大きい。ウレタンはやわらかいうえに耐久性に優れ、これをカバーに使用することで、打感とアプローチスピンの性能は格段に向上した。

　ウレタンカバー3ピースのタイトリスト「プロV1」が2000年に大ヒットしたことで、プロ・アマチュアを問わずウレタンボールは人気となり、それが現在まで続いている。ちなみに世界初のウレタンカバーボールは、ブリヂストン社製の「ツアーステージU-Spin」（2000年発売）である。

　ボールの規定については、クラブのデザインに関することに比べ、比較的少ない。重さが1.620オンス（45.93グラム）以下であること、直径が1.680インチ（42.67ミリ）以上でなくてはならないことを除けば、素材や製法に細かい規定はない。ただし、製品として完成したものはR&Aにサンプルを提出し、初速と総合飛距離に関するテストを受けてパスしないと、公認球とはならず公式競技では使えない。

非常に高価だったフェザリーボール

ガタパチャボール

ソリッドボール

ソリッドボールは反発力の強い合成ゴムが主体。2ピース、3ピースボールは、異なる性格の素材を重ねることで、様々な性能を生み出す。

白いボールだけでなく、黄色、オレンジなど色のついたものもある。ラフに入ったときなど見つけやすい。

2 ティーの誕生と変化

はじめは砂、そして木へ

18世紀ごろまでティーグラウンドとグリーンは一体化しており、グリーンを次のティーグラウンドとして使用していた。その後、次のホールのティーショットのための区域（ティーグラウンド）がつくられたという。これによって、グリーンがスパイクなどで損傷せず、また、パッティングが終わるとともにグリーンからプレーヤーが離れるために、プレーの進行が速くなった。

ティーグラウンドが一般化し、次に登場したのが「サンドボックス」である。サンドボックスは鉄製の箱で、この中に砂が入っており、ティーショットをするときには、そのサンドボックスから専用のカップ状のもので砂をすくって取り円錐形に盛り、その上にボールを乗せた。専用の砂取りカップには多めに砂を取るドライバー用と、少なめの砂のアイアン用の2つのカップがあった。

20世紀の初頭までこのサンドボックスが使用され、その形態も下に滑車をつけて移動しやすくしたり、また、高い脚をつけて、かがみこまなくても砂が取れるように様々に改良されてきた。

20世紀に入り、紙を輪切りにして、その上にボールを乗せたカップティーやセルロイド、木、ゴムでできたティーが開発された。中でも木のティーはクラブを傷めることが少ないことから、徐々に木のティーが主流となってきた。

ティーが誕生してから、様々なアイデアでティーがつくられた。例えば、明るい色で塗装して芝の中でも見つけやすくしたり、タバコに火をつけるための紙マッチつきのティーなどがつくられた。

ティーのアイデア商品は、現在も絶えることなく開発されており、2段に分かれてティーの高さがわかるようにしたり、インパクトで抵抗を軽減するティーや、方向が安定するティーなどが次々と生まれている。

3 素材の進化がもたらしたクラブの発展

それぞれのクラブの変化

クラブセットが、現在のようにウッド、アイアン、パターの組み合わせによる14本に定着したのは、ゴルフの歴史から見ればごく最近の出来事である。

ゴルフクラブ購入の最も古い記録は、1502年にスコットランド王のジェームズ4世が、パースという都市の弓職人に製作を依頼したというものである。当時のクラブはすべて木製で、大別するとプレークラブ、フェアウェイクラブ、スプーン、ニブリック、パッティングクリークの5種類しかなかった。

プレークラブはロングノーズ（longnoses）とも呼ばれ、その名のとおりヘッドが長くホッケーのスティックに近い形状で、主にティーショットに使った。フェアウェイクラブはグラスドライバー（grassed drivers）とも呼ばれ、今のウッドと形状も用途も近い

様々なティー

もの。

　スプーンはそれより短い距離を打つためのもので、現在のショートウッド的な役割のクラブ。ニブリックは形状が現在のアイアンに近く、役割的にはウェッジのようなクラブ。

　そして、ニブリックのロフト※を小さくしたようなクラブがパッティングクリークで、主にグリーン上で使った。パッティングクリークにロフトがあったのは、当時のルールは現在と違って、ボールとカップの間に障害物（例えば同伴競技者のボール）があった場合は、その上を跳び越して打たなくてはならなかったからである。

　ウッドクラブというと、ヘッド素材はパーシモンが一時主流であったが、17世紀前半から200年くらいの間はブナ材が用いられていた。1848年に、それまでのフェザリーボールよりはるかに硬いガタパチャボールが発明されると、それに合わせてヘッドの強度アップが図られた。ヘッド形状が現在のウッドのように、植物の球根のような形になったのもこのころ。1900年には、アメリカからパーシモンが輸入されるようになり、これがその後、ヘッド素材として定着した。

　ニブリックのヘッドに鍛造軟鉄を使った、現在のアイアンの原形ともいうべきクラブは1750年ごろから徐々につくられるようになったが、高価だったためすぐには浸透しなかった。鉄製の「アイアン」を一般のゴルファーが比較的気軽に使えるようになったのは、第2次世界大戦後の1963年に、鋳造によるクラブヘッド製作が始まってからのこと。また、バックスピンを増すためのフェースの溝は、1902年にE・バーによって初めてつくられた。

スチールシャフトをR&Aが認定

　シャフトがヒッコリー製になったのは、1826年にスコットランドのクラブメーカー、ロバート・ファーガソンがアメリカからヒッコリーを輸入し、初めてシャフト素材として用いてからである。それまで一般的だったハシバミに比べ、強度とコストの面で優位性が高く、またたく間に浸透した。その後、1890年代の後半にはスチールシャフトの開発が始まっていたが、R&Aが正式にルールで使用を認めたのは1929年のこと。きっかけはウェールズの皇太子が、その年、セントアンドリュースのオールドコースをスチールシャフトを装着したクラブでプレーしたからである。1931年には、ビリー・バークが全米オープンに勝ち、スチールシャフトを使用した初のメジャーチャンピオンとなった。

　1939年には、「プレーに携行するクラブの本数は14本まで」というルールができ、ウッドとアイアンに飛距離ごとに番手をつけるという現在のスタイルが定着した。このころになると、様々な形状や新素材の採用によるメーカーのクラブ開発競争が進み、ウッドのメタル化、さらにチタン化や、アイアンのキャビティーバックの発明とその進化、パターのトゥーヒールバランスやフェースバランスの発明などを経て、現在に至る。ちなみに、センターシャフトのパターがルールで認められたのは1951年と、ごく最近のことである。

※ロフト
ゴルフクラブのボールを打つ面の角度のこと。ロフトが大きいとボールは高く上がり、小さいと低くボールが飛ぶ。

14本のクラブの役割

　1939年に「クラブは14本まで」とルールに明記されてから、クラブはウッド、アイアン、パターと用途別に整理され、現在に至っている。クラブには、ドライバー（1番ウッド）やスプーン（3番ウッド）など、一部現在も残る呼称が一本一本につけられていたが、対応距離ごとに数字（番手）で呼んだほうがセットを組む際にも、プレーの際にもわかりやすいために、番手による呼び方が一般的になった。

　ガタパチャボールが発明された当時、ドライバーの飛距離は最大で225ヤードほどだったといわれている。現在はちょっと飛ばし屋のプロなら楽々と300ヤードを超え、ドラコンに特化した選手なら500ヤードに迫る記録を出せるようになっている。

　それぞれのクラブの飛距離の目安は、例えば、ドライバーの最大飛距離と9番アイアンの飛距離の関係をもとにおおよそ決まる。9番アイアンはドライバー飛距離のちょうど半分に相当し（伝統的なロフト設定の場合）、ドライバーで240ヤード飛ばす人なら、9番アイアンは120ヤード。これを基準に240ヤード以下の距離を「すき間」なく埋めていくのがクラブセッティングの基本である。

　近年は、特に9番アイアンより短いクラブのセッティングの重要性のほうが高いことが多い。というのも、ゴルファーの「飛ばしたい」という欲求にメーカーが合わせた結果、アイアンのストロングロフト化（従来より各番手のロフトを立てて、飛距離が出るようにすること）が進み、ピッチングウェッジでも120ヤード以上飛んでしまうということがままあるからだ。そこで、プロやトップアマチュアの中にウェッジを4本入れるプレーヤーも出てきている。

　また、ストロングロフト化の弊害として、もともとボールが上がりづらくて、一般アマチュアには難しかったロングアイアンがさらに難しくなり、ほぼ使いこなすのが不可能になったことがある。そのため、従来の3番〜9番、ピッチングウェッジの8本セットという販売単位ではなく、5番からの6本セットというのが現在は一般的である。ロングアイアンの距離の代替クラブとして、ウッドとアイアンの中間的な性能を持つユーティリティーが普及してきたのも、このためである。

　ゴルフクラブには番手ごとに決まった名称（呼び名）がついている。番手別の名称は以下のとおり（現在は一般的でない番手、名称も含む）。

クラブの番手と名称	
1番ウッド	ドライバー
2番ウッド	ブラッシー
3番ウッド	スプーン
4番ウッド	バフィ
5番ウッド	クリーク
1番アイアン	ドライビングアイアン
2番アイアン	ミッドアイアン
3番アイアン	ミッドマッシー
4番アイアン	マッシーアイアン
5番アイアン	マッシー
6番アイアン	スペードマッシー
7番アイアン	マッシーニブリック
8番アイアン	ロフター・ピッチングアイアン
9番アイアン	ニブリック

ドラコン
ドライビングコンテストの略。ティーショットで球の飛距離を競う競技。

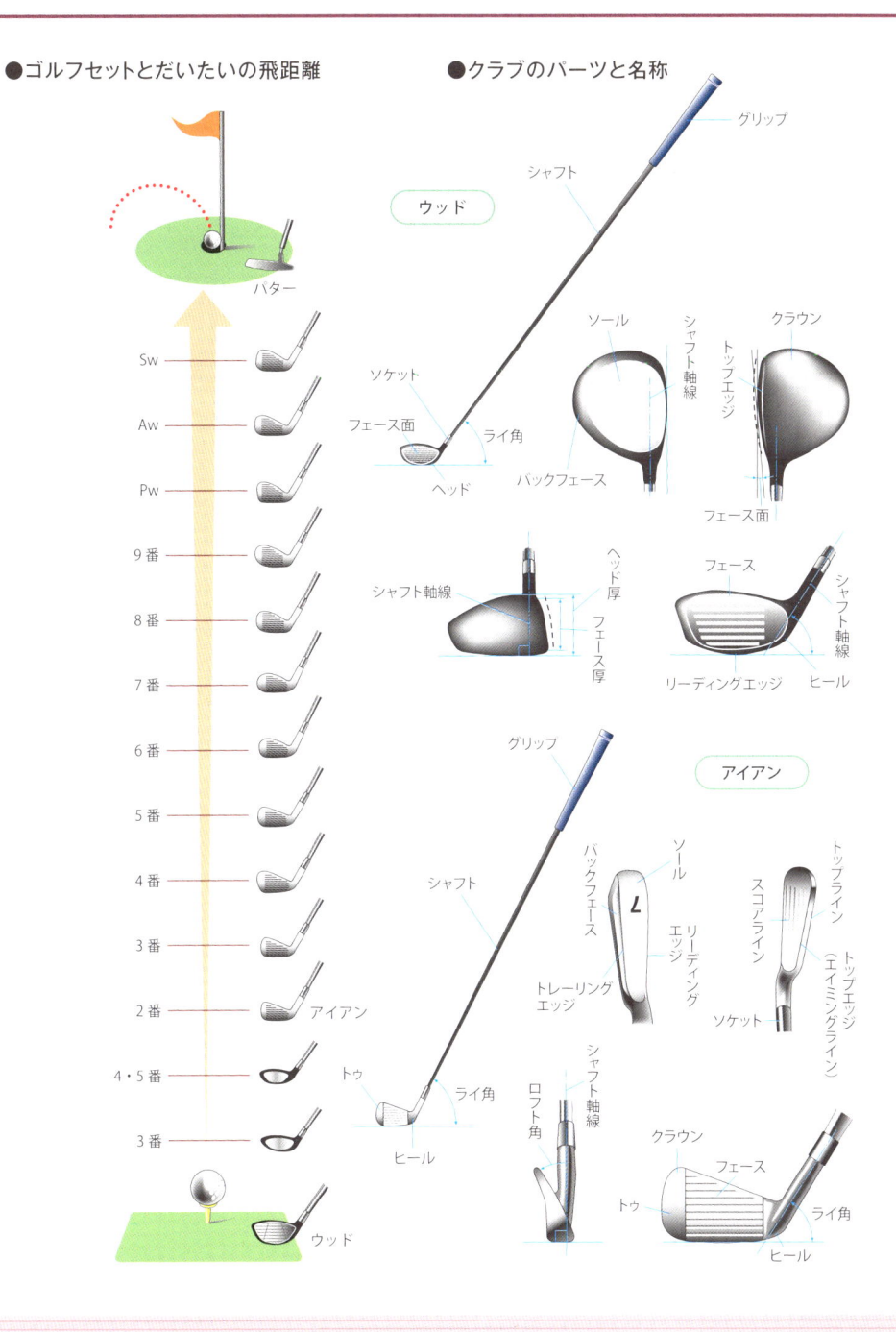

●ゴルフセットとだいたいの飛距離　　●クラブのパーツと名称

ウッド

グリップ
シャフト
ソケット
フェース面
ヘッド
ライ角
ソール
シャフト軸線
バックフェース
クラウン
トップエッジ
フェース面

シャフト軸線
ヘッド厚
フェース厚
フェース
シャフト軸線
リーディングエッジ
ヒール

アイアン

グリップ
シャフト
バックフェース
ソール
リーディングエッジ
トレーリングエッジ
トゥ
ライ角
ヒール
シャフト軸線
ロフト角
トップライン
スコアライン
トップエッジ（エイミングライン）
ソケット
クラウン
フェース
トゥ
ライ角
ヒール

パター
Sw
Aw
Pw
9番
8番
7番
6番
5番
4番
3番
2番
4・5番
3番
アイアン
ウッド

歴史編
記録編
名プレーヤー編
ルール&マナー編
ギア&コース編
エピソード編
模擬試験

クラブの形状と飛距離の関係
ヘッドスピードが同じなら、ゴルフクラブはシャフトが長い方が球が遠くに飛び、短いと距離も短くなる傾向がある。

107

4 GEAR & COURSE　ゴルフの歴史を変えた メタルウッドの登場

当初はあまり人気がなかった

　1979年、テーラーメイドからメタルウッドが発表されたときから、ドライバーの世界は大きく変わった。それ以前は、ドライバーヘッドにパーシモンが使用されていた。パーシモンの中でもアメリカのミシシッピ川流域の柿材が最高とされ、その柿材をオイルで浸して硬くしたオイルハーデンが一般的だった。

　テーラーメイドのゲーリー・アダムスが開発したメタルウッドは「ピッツバーグパーシモン」と呼ばれ、アメリカツアーを中心として、普及していった。しかし、日本では、パーシモン神話があり、ツアープレーヤーの中では「真っすぐに飛ぶのはいいが、インテンショナルでフックやスライスがかけられない」と、爆発的な人気にはならなかった。輸入ものはあったが、日本での本格的な発売は、1988年、テーラーメイドの「ツアープリファードメタルウッド」からだ。当時のヘッドの大きさは、200ミリリットル前後。今でいえば7番ウッド以下の大きさだった。

　メタルウッドの素材は当初はステンレスで、ヘッドの内部は中空。大きな特徴としては、大きな反発力とボールのスピン量が減少し、吹き上がりが抑えられより飛距離が出ること、それとともにサイドスピンも抑えられるためにスライス、フックが出にくいことがあげられる。テクニックにこだわっていた日本のツアープロだが、アメリカツアーでのメタルヘッド人気で徐々に、メタルウッドは浸透していった。

　ヘッドの素材が比重の比較的重いステンレスであったために、ヘッドサイズは大きくすることはできなかった。しかし、ヘッド素材に比重の軽いチタンが用いられるようになったことで、メタルドライバーがまた大きく変わった。世界初のチタンドライバーは1990年にミズノが発売した「Ti-110」だ。比重が軽いチタンのメリットは数多くあるが、まずヘッドのサイズを大きくすることができたことがあげられる。300ミリリットルを超え、360ミリリットルの大型ヘッドが登場、21世紀に入り、400ミリリットルを超えるドライバーが登場した。

　大型化とともにヘッド重量が軽くなれば、ヘッドの重心設計に自由度が生まれてきた。

　ヘッドが大きく、重心設計が自由になることで、スイートエリアは広がり、また、フェースを薄くすることでインパクトでの反発力は大きくなる。飛距離は大きく伸び、やさしさは大幅にアップした。

　クラブの生産技術の向上も見逃せない。重心を低くするためにクラウンを薄くすることが求められるが、ケミカルミーリングなどの技術が採用され、また、ヘッド重量が軽くなり、その余剰重量で、タングステンをヘッド底部や周辺に圧入などすることで低重心化が進められた。

R&A、USGAによるクラブへの規制

　誰でもやさしく飛ばすことができるクラブの登場

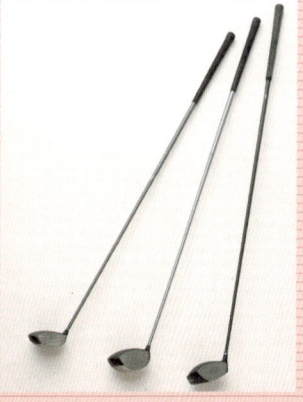

メタルヘッドのクラブ

は、アベレージゴルファーにとって、朗報であった。

一方、ツアープロにとってもやさしくなることは歓迎だったが、ゴルフがやさしくなりすぎるということで、R&A、USGAは反発を規制。反発係数が0.830以内とされ、それ以上のクラブは2008年からすべての公式試合での使用が禁止となった。

同様にクラブの長さも48インチまで、ヘッドサイズは480ミリリットル、また、慣性モーメントにも規制がかけられた。

各ゴルフメーカーは規制の範囲の中で、よりやさしく、飛距離の出るクラブを開発しているが、そのひとつはフェースの肉厚を変化させることで、スイートエリアを拡大するという流れがあり、また、自分でライ角、フェース角を変化させることのできるクラブもひとつの流れになってきている。

「ゴルフがやさしくなりすぎるとゴルフ本来のゲームではなくなる」というR&Aの見解と各メーカーと最新のテクノロジーでよりやさしく、そして、飛ぶクラブを追求するクラブメーカーとのせめぎあいは、これからも続くことは間違いないが、その規制の中でも、確実にクラブは進化し続けることだろう。

5 パターの誕生、そしてテクノロジーの導入

様々な形が誕生したパター

ボールを穴に入れて競うゲーム、ゴルフが始まって500年以上の歴史を刻んでいるが、「ボールを穴に入れる」ということから、クラブの原点は、パターから始まったといってもいい。

ゴルフが始まった当初は、特別にグリーンという所はなく、芝の平らな所にカップを切り、そこにボールを入れていた。したがって、特別にパターというクラブもなかった。グリーンという言葉は18世紀に入ってからで、この当時も、グリーンとティーは共用されていたが、パッティングに使用するクラブは「グリーンパター」と呼ばれていたという。

とはいえ、当時のパターはドライバーやスプーンと同様な形状「ロングノーズスクエアヘッド」というもので、三日月型のヘッドで、ロフトは10度近くあった。

パターが、今のような他のクラブと異なるようになったのは、19世紀。ボールがガタパチャボールになり、それまでのフェザーボールより重く、硬くなったために鉄製のヘッドとなった。

スコットランドのマッセルバラのボブ・ファーガソンが、いち早く鉄製ヘッドのパターを使用。グリーン周りから絶妙のパッティングを見せたことで、一躍、パターが注目され、ファーガソンのパターに「マッセルバラ・アイアン」という名前がつけられたという。

パターは、プレーヤーがカップに入れやすい形を考え、使用していたために様々な形のパターが誕生した。逆L字パターやトンカチ型など、今では見られないものも数多く生まれたが、全英アマでアメリカ人で初めて優勝したウォルター・トラビスが使用したのが、スケネクタディパターで、この時から、一気にスケネクタディパターが流行した。スケネクタディパターは、いわゆるセンターシャフトパター。これは今でも、人気のあ

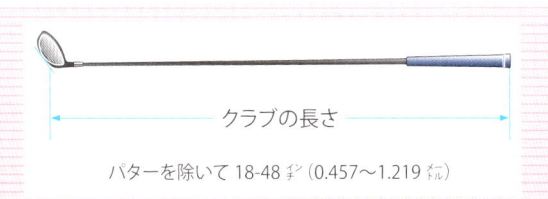

クラブの長さ
パターを除いて 18-48 インチ (0.457〜1.219メートル)

る型だ。

球聖ボビー・ジョーンズが愛用したのは、ヒッコリーシャフトに鉄製のヘッドをつけたL型パターで「カラミティ・ジェーン」とパターに刻まれていた。

ボールを転がしてカップに入れるというパッティングだけに、プレーヤーの感覚、フィーリングが重要視されてきた。

カーステン・ソルハイムが生み出したパター

パターに科学が持ちこまれたのは、ピン社（PING）からといってもいい。1959年、カーステン・ソルハイムがピン社を設立したが、カーステン自身、ゴルフが上手ではなかった。特にパッティングに関しては、まったく自信がなかったという。そんな自分にも、やさしくストロークできるパターをつくるということから、会社を設立、画期的なトゥ・ヒールバランスのパターを誕生させた。パターのトゥ側とヒール側に重量を持たせることで、広いスイートエリアを確保、当たりそこなっても真っ直ぐに転がるという発想のパターは、パターが感覚から科学の世界に踏み出した第一歩だった。

20世紀に入ってからは、やわらかなフィーリングを求めて、フェースインサートに樹脂を採用するパターも多くなってきているが、大きな革新を起こしたのが、キャロウェイの「2ボールパター」。ルールではフェース面の長さより、縦幅は小さくなければならないのだが、「2ボールパター」はそのギリギリまで、縦幅を伸ばした。

いわゆる振り子と同様な動きをとることでストレートにボールをヒットし、カップインの確率を高める。他のクラブと同じく慣性モーメントを高めて、ストロークのブレをなくすということで、以後、各メーカーとも追随している。

一方で、伝統的なキャッシング型、ピン型、マレット型なども多く、プレーヤーの好み、感覚で選ばれていることは間違いない。

また、苦手、視点が高いほうがいいなどの理由から、中尺、長尺も使用されている。

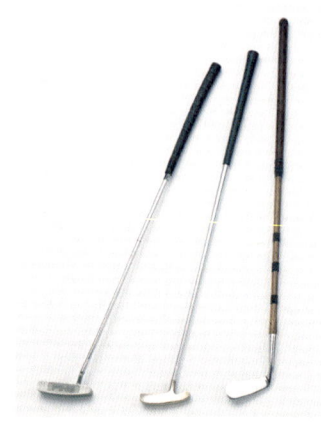

パターにも様々な形状のものがある。

6 オーバーラッピング・グリップの誕生

右手と左手の結婚

1870年、英国生まれのハリー・バードンは全英オープン6回、全米オープンに1回優勝し、当時、ハリー・バードン、ジェームス・ブレイド、ジョン・テイラー

グリップの種類
オーバーラッピング・グリップの他に、インターロッキング・グリップ、ベースボール・グリップ（テンフィンガー・グリップ）などがある。

の3名で三覇時代といわれるほどの名手だった。

　ハリー・バードンの名声は、その戦績だけではなく、後世のゴルフ界に多大な功績を残したことだ。近代ゴルフの祖ともいわれるハリー・バードンだが、数ある功績の中で最も有名なのが「バードン・グリップ」、いわゆるオーバーラッピング・グリップを発明、完成させたことだ。それまでは、いわゆる野球のバットを握るようなベースボール・グリップが主流だった。

　この「バードン・グリップ」は、偶然から生まれたといわれる。バードンの少年時代、当時のゴルフクラブは、木を削って自分でクラブをつくっていたのだが、ゴルフ仲間がやるようにバラ科の木を削ってクラブをつくっていた。しかし、ベースボール・グリップでクラブを握ると、バラのトゲが当たり、うまくグリップできない。そこで、右手の小指を左の人さし指に重ねるように握った。それが、バードン・グリップの始まり。だが、バードンはプロになった時は、ベースボール・グリップでプレーしていた。しかし、思うようにボールが扱えないときに、少年時代にやっていた右手と左手を重ねるグリップ─オーバーラッピング・グリップを思い出して試したところ、思うようにボールをコントロールさせることができたという。それから、このオーバーラッピング・グリップに磨きをかけて完成させた。

　バードンは自らオーバーラッピング・グリップを『右手と左手の結婚』と評したという。

　ハリー・バードンは、一つのグリップを発明したということにとどまらず、スイングの歴史を変えたといってもいい。

　バードン以前は、いわゆる「セントアンドリュース・スイング」といわれるものが全盛だった。スタンスの幅を広くとり、クラブは担ぎあげるように、両肘を曲げたトップ。そこから、体全体をスエー※させながら、右手の力を使い、ボールを強くヒットする。しかし、この「セントアンドリュース・スイング」の大きな欠点として、右手でボールを叩くために、フックが出やすく、ボールをコントロールすることが難しかった。
「オーバーラッピング・グリップ」は両手を一体化させることで右手のパワーを抑え、体のターンでボールを打つことができるようになった。

　オーバーラッピング・グリップでのバードンのスイングは、スタンスを狭くし、スエーさせず、やわらかく真っすぐにリストを使わずテイクバック、ウエートを移動させて、トップをつくり、ダウンスイングでは、左腰がクラブが下ろされる前に左サイドに動き、そこからクラブを振り下ろす。いわゆるボディターンの礎を築いた。

　このバードンのスイングは球聖といわれたボビー・ジョーンズや帝王ジャック・ニクラウスに大きな影響を与えたといわれる。

　余談だが、バードンのグリップの彫像は英国のサウス・ハーツ・ゴルフクラブに展示されている。また、バードンの偉業をたたえ、アメリカツアーで、最少平均打数のプレーヤーには、バードン・トロフィーが授与されている。

※スエー
スイングをするときに、体が左右に動くこと。ゴルフでスエーすることは、ミスが起こりやすくなるためよくないとされている。しかし、意識してスエーするプレーヤーもいる。

7 ゴルフコースの基本

18ホールの起源

　ゴルフコースは、通常9ホール×2（アウト・イン）の18ホールからなっている。

　スコットランドのセントアンドリュースの「ロイヤル・アンド・エンシェント・ゴルフ」が発足したのが1754年。コースは当時、22ホールだった。しかし、クラブ発足後、10年目に22ホールから18ホールに減らすことが決定され、現在の形になった。

　風説によれば、ゴルファーがウイスキーのポケット瓶を持ってラウンドし、そのウイスキーを飲みほしたのが18ホールだったから、18ホールになったという話も伝わっている。

　セントアンドリュース・オールドコースに代表されるように、1番ホールをスタートすると、18ホールを連続でプレーしてハウスに戻ってくるという構成になっていた。そして18ホールのうち、前半の9ホールをゴーイング・アウト、後半の9ホールをカミング・インと呼んだ。つまり9ホールを出て行き、9ホールを帰って来て、ひとまわり。それで、18ホールのプレーを1ラウンドというのである。

　日本では、9ホールあり18ホールあり、27も36も、多いところでは108ホールなどというコースもあるが、ゴルフコースは（ごくわずかな例外を除いて）基本的には9ホールを一つの単位としてその倍数のホールで構成されているといっていいだろう。

ボギーがホールの基準だった

　現在ホールの打数の基準がパーで表されるが、もともとはボギーが基準だった。ボギーマンといわれる人が、コースをラウンドし、その打数が基準とされていたともいわれている。

　その後、ホールのヤーデージによってホールの打数の基準を決めるようになり、パーという呼び方になった。ヤーデージを基準としながら、査定人がラウンド、パーとは別に、ゴルフコースのレーティングが決められる。

　18ホールのゴルフコースは、パー5とパー3が4ホールずつ、10ホールがパー4で構成されているのが普通である。長い歴史を経るうちに、このホール構成が最もバランスがいいことがわかったからであろう。

　パーとは、そのホールをプレーする基準打数のことで、ティーグラウンドから打ち出してグリーンに乗せる打数＋パット2回という計算になっている。つまり、パー3は1打で、パー4は2打で、パー5は3打でグリーンオンさせ、2パットでホールインさせるのが基準ということである。

　これを18ホールで計算すると、パー3×4が12、パー4×10が40、パー5×4が20で、計72となる。だからパー72のコースが多いのだが、ただし必ずこうしたホール構成でパー72になっていなければならないということではない。18ホールでパー72前後が普通と考えればいいであろう。

アンジュレーション
ゴルフコースは必ずしも平坦ではなく、そこにはアンジュレーション（起伏やうねり）がある。

●ゴルフコース 18ホールのレイアウトの例

クラブハウス

ドッグレッグホール
ティーグラウンドからグリーンまで、真っ直ぐなコースばかりではなく、途中で右や左に大きく曲がったホールがあるが、それらを犬の足に例えてドッグレッグホールという。

ホールの構成

「ホール」という語には、グリーン上に切ってボールを入れる「穴」(ホールカップ)と、プレーの単位である、ティーグラウンドからグリーンまでの(○番)ホールという意味がある。

一つの「ホール」は、球を打ち出していくティーグラウンド、ホールカップが切られているグリーン、その間に配置されるフェアウェイやラフ、池や小川、バンカーなどで構成されている。

ただしルールでは、このうち池や小川などのウォーターハザードとバンカーをハザードといい、現にプレーしているホールのティーとグリーン、コース内の全ハザードを除く区域をスルーザグリーンとしている。つまり、プレー中に普通に使っているフェアウェイやラフ、最近ではファーストカットなどといわれる芝がやや長い部分、あるいはグリーン周囲のカラーなどは、言葉では区別してもルール上は基本的に区別はない。

ちなみに、「OB」はアウトオブバウンズ(out of bounds)の略で、プレーしてはいけない区域のこと。ここに打ち込んでしまったら、1打付加して元の位置から打ち直さなければならない。

〈ティーグラウンド〉ティーアップしボールを打ちプレーをスタートするところ。ゴルフコースによって、レギュラーティー(フロントティー)、レディスティー、バックティーと分かれている場合が多い。バックティーは上級者向けで、通常はレギュラーティーから打つ。

〈フェアウェイ〉芝を短く刈ったホールまでのエリア。このフェアウェイのどこにボールを打つかでスコアが変わってくる。フェアウェイにボールを乗せることを「フェアウェイをキープする」という。

〈ラフ〉芝が刈られて打ちやすく転がりやすいフェアウェイに対して、芝が刈られてなく、フェアウェイを囲むようなエリアがラフとなる。ラフという呼び方はあるが、ルール上ではフェアウェイとラフの区別はない。

〈池〉ゴルフコースでプレーをしない人にとっては美しいが、ゴルファーにとっては怖い存在である。ルールではウォーターハザードとなる。池に打ち込むことを「池ポチャ」などといったりする。

〈小川〉クリークとも呼び、ルールではウォーターハザードとなる。仮に小川にボールが入り、流されてOBのエリアに転がればOB扱いになる。池や小川で水が枯れてボールが打てるとしても、ウォーターハザード域内ならハザードのルールが適用される。

〈グリーン〉フェアウェイよりよりきれいに芝が刈られ、平らにならされているエリア。そしてこのグリーンのいずれかのところにホール(カップ)がある。一見平らに見えて、細かなうねりや芝の目によりホールにボールを入れるのは容易ではない。

〈スルーザグリーン〉上記のうち、ティーグラウンド、池(ウォーターハザード)、小川(ラテラルウォーターハザード)、バンカー(ハザード)以外がすべてスルーザグリーンとなる。

ホールの大きさは直径4.25インチ(108ミリ)、深さ4.0インチ(101.6ミリ)以上と規定されている。ボール全体がホールのふちより下にある場合に、ボールが入ったとみなされ、ボールの上半分が出ている場合などは入っていないこととなる。

8 ゴルフコースの芝の種類

ゴルフコースは、基本的に全面をターフ（芝生）に覆われているが、すべて同じ種類の芝ではない。地域によって、そこに適した様々な芝が用いられているのである。日本のコースで使われる芝は概ね次のような種類である。

日本芝

〈ノシバ（野芝）〉ニホンシバ（日本芝）とも呼ばれている日本在来の芝の1つ。葉幅はコーライシバよりも太い。管理に手間がかからないので、ラフに使われることが多い。標高の高いコースではフェアウェイに使われることもある。冬場は枯れる。コウライシバ同様にポピュラーな芝。

〈コウライシバ（高麗芝）〉日本のコースのフェアウェイは普通、このコウライシバ。日本在来の芝の1つである。芝質はきめ細かい。葉の幅によっていくつかに分類され、グリーンには最も葉幅の細いヒメコーライシバ（姫高麗芝）が使われることが多い。寒さには強くなく、冬場は枯れてしまう。

〈ヒメコウライシバ（姫高麗芝）〉コーライシバよりきめ細かく、グリーンに使用される。ちなみに、芝はグリーンでは3.5～5ミリ、フェアウェイでは8～12ミリ、ティーグラウンドでは6～10ミリに刈られ手入れされている。

寒地型洋芝

〈ベントグラス〉パッティングクオリティが高く、現在では北海道・本州のゴルフコースのグリーンに多く使われている。寒さに強く、冬でも枯れることがない。芝目も多少あるが、コーライシバほど強くない。日本に導入された当初はペンクロスが主流だったが、現在では様々な種類が開発されている。まれにフェアウェイなどに使われることもある。

〈ブルーグラス&ライグラス〉寒さに強い。ベントグラスがグリーンに使われるのに対し、北海道のコースや本州のエバーグリーンのコースのティーグラウンドやフェアウェイ、ラフに使われる。ブルーグラスは踏圧に強い。

暖地型洋芝

〈バミューダグラス〉ティフトンに代表される。ティフトンにもいくつかの種類があり、グリーンにもティーにも、フェアウェイ・ラフにも使用される。根も草勢も強く、このラフに入れると厳しい。寒さに弱く、冬には枯れる。

ところで、米国ではペブルビーチGLなど多くの有名コースのグリーンにブルーグラスの一種であるポアナ（Poa Annua）が使われているが、日本ではスズメノカタビラと呼ばれ、雑草扱いで駆除の対象である。

芝には目があり、葉先がボールを打つ方向に向いていれば「順目」、逆に手前側に向いていると「逆目」と言う。

● ゴルフコースの全体と名称

- ウォーターハザード（クリーク）
- グリーン
- バンカー
- ウォーターハザード（池）
- フェアウェイ
- バンカー
- カップ
- グリーン
- バンカー
- ティーグラウンド

バンカーにはフェアウェイに沿って横たわる「フェアウェイバンカー」、フェアウェイを横切るような「クロスバンカー」、そしてグリーンの横に口を開けるガードバンカー（サイドバンカー）などがある。

9 ゴルフ場の分類

ゴルフコースは、ゴルフ発祥の地とされているスコットランドの海岸沿いの、凹凸の豊かな土地に生まれた。それがリンクスである。

その後、ゴルフの普及によってインランドにもコースが造成されるようになり、池や林を人工的に配したパークランドコースや、森林を切り開いたウッドランドコースなどに分類されているという。

日本では、ゴルフ場のガイドブックなどによれば、一般的に以下の様にゴルフ場が分類されている。

〈林間コース〉松林や雑木林を切り開いて造成されたコース
〈丘陵コース〉緩やかな起伏のある丘陵地に造成されたコース
〈山岳コース〉山の中腹などかなり急峻な地形に造成されたコース
〈河川コース〉大きな河川の河川敷に造成された平坦なコース
〈シーサイドコース〉海沿いの土地に造成されたコース

ただし、これらの分類は明確な基準によるものではない。シーサイドコースといっても、丘陵地であったりするし、河川コースでもほとんど林間コースの趣きのコースもある。特に丘陵コースと山岳コースの区分は不明瞭で、山岳コースはきびしいアップダウンというイメージで、丘陵コースは「これが丘陵？」と首をひねらされる起伏に富んだコースも数多い。ゆえに、「アバウトな分類」くらいに思っておけばいい。

ゴルフコースは、距離によりショート、ミドル、ロングの3つのタイプに分けられる。

〈ショートホール〉通常、パー3のホールのことをいう。距離が短いタイプのホールで、一般的には250ヤード（229メートル）以下。18ホールのうち、4ホールあるケースが多い。ただし、ショートホールという呼び方は和製英語で、英語では「par-3 hole」（パー3ホール）という。

〈ミドルホール〉パー4のホールのことをいい、ショートホールとロングホールの中間ということになる。距離では251〜470ヤード（230〜430メートル）のホールとなる。18ホールのうち、10ホールあるケースが多い。ショートホール同様にこれも和製英語。「par-4 hole」（パー4ホール）と英語ではいう。

〈ロングホール〉パー5のホールのことをいい、18ホールの中で距離の長いホール。通常471ヤード（431メートル）以上のホールをいい。4ホールあることが多い。英語では「par-5 hole」（パー5ホール）という。ショート（パー3）が4ホール、ミドル（パー4）が10ホール、そしてロング（パー5）が4ホールで合計18ホール、パー72が基準となっているゴルフコースが多い。

ゴルフの距離表示は、メートルではなくヤードで示すのが普通である。1ヤードは0.9144メートルである。一時、日本のゴルフ場ではメートルで示した時期もあったが、現在ではヤードに戻っている。

練習問題・ギア&コース編

検定形式の練習問題にチャレンジしてみよう。

問1 ゴルフボールについて正しいのはどれか。
①プレーのためボールは3つまで持っていってよい
②予備のボールをいくつか持ち、自分のボールであることがわかるようにマーキングする
③ショットしたボールが気に入らなければ新しいボールに途中で変えてよい
④ボールには特に決まりはない

問2 ゴルフの黎明期に使われていたボールは鳥の羽を詰めていたため、その名がついたが、その名前とは。
①ガタパチャ
②フェザリー
③バーディー
④ウイングボール

問3 グリーン上に切られたカップの大きさは決まっているか。
①直径108ミリ、深さ100ミリ
②直径100ミリ、深さ100ミリ
③直径100ミリ、深さ108ミリ
④特に細かい数字の決まりはない

問4 ティーグラウンドが一般化して、ティーショットをするときにここから専用のカップで砂を盛り、ティーショットをした、このとき砂が入った箱の名前を何というか。
①ティーボックス　②ショットボックス　③ゴルフボックス　④サンドボックス

問5 『右手と左手の結婚』とも呼ばれたオーバーラッピング・グリップを何と呼んだか。
①マリッジ・グリップ
②バードン・グリップ
③ベースボール・グリップ
④セントアンドリュース・グリップ

解答と解説

【解答】　問1②　問2②　問3①　問4④　問5②

【解説】　問1　ボールは何個持ってプレーしてもよいが、他人のボールを打たないためにもマーキングするのが望ましい。
　　　　　問2　革の袋の中にシルクハット1杯分のガチョウの羽毛を詰めたものであった。
　　　　　問3　ルールでは直径108ミリ、深さ100ミリと決まっている。正式名称はホールという
　　　　　問4　サンドボックスの砂取りカップには多めに砂を取るドライバー用と、少なめの砂のアイアン用の2つのカップがあった。
　　　　　問5　「オーバーラッピング・グリップ」は両手を一体化させることで強すぎる右手のパワーを抑える効果があるといわれている。

問6 ゴルフのクラブがヒッコリー製からスチールになったが、
R&Aが正式にルールでスチールシャフト使用を認めた
きっかけの出来事とは。

①メーカーが開発後、アマチュアの間で人気が高かったから
②ウェールズの皇太子がスチールシャフトを装着したクラブでプレーしたから
③メーカーからの圧力が強かったから
④ヒッコリー製シャフトのクラブの生産が間に合わなくなってきたから

問7 現在のようにクラブが14本以内と規定されたのは何年か。

①1938　②1939　③1944　④1955

問8 初期のティーにはユニークなものもあった。
次のうち実際にあったといわれているものは。

①スコアを記録するための鉛筆つき
②タバコを吸うときのためのマッチつき
③拳銃の弾にもなるティー
④無くしても見つかる発信機つき

問9 スコットランド王のジェームズ4世は、
ある職人にゴルフクラブ製作の依頼をしたが、
それは何職人に依頼したのか。

①くつ職人　②弓職人　③家具職人　④傘職人

問10 初期のボールには表面に凹凸がなく滑らかなものもあったが、
あるときから凹凸がついた。その理由は。

①持ちやすいから
②よく飛ぶから
③特に意味はないが見た目がいいから
④ルールで決められたから

解答と解説

【解答】　問6② 問7② 問8② 問9② 問10②

【解説】
問6　1929年、ウェールズの皇太子が、セントアンドリュースのオールドコースをスチールシャフトを装着したクラブでプレーし、1931年にはスチールシャフトを使用したビリー・バークが全米オープンで優勝した。

問7　それまでは、規定がなく20本、30本ものクラブを持ってプレーしていた人もいた。

問8　現在でも開発が進み、明るい色で塗装して芝の中でも見つけやすくしたり、2段に分かれてティーの高さがわかるようにしたり、あるいは方向が安定するティーなど次々と生まれている。

問9　ゴルフクラブを購入したとされる最も古い記録は1502年であり、当時のクラブはすべて木製であった。

問10　はじめは表面を滑らかに仕上げていたが、使用することで表面にキズがつき、そのことにより飛距離が出ることがわかったため表面に凹凸がつけられるようになった。

問11 以下のボールについての規則で正しいのはどれか。

①ボールはR&A指定業者の材料を使用しなければならない。
②ボールの芯には木を使用し、金属やゴムなどを使用してはならない。
③重さや直径の大きさなどの決まりはあるが、材質については特に決まりはない。
④表面にディンプル（凸凹）をつけなければならない。

問12 16世紀になって数種のクラブを使い分けるようになったが、その当時大別すると何種類のクラブを使っていたか。

①4種類　②5種類　③6種類　④7種類

問13 セントアンドリュースでゴルフが始められた当初のホールの数はいくつか。

①9　②10　③18　④22

問14 ゴルフでいう「OB」とは何の略語か。

①out of bounds
②over boost
③obesity
④on the board

問15 グリーンという言葉は18世紀に入ってでき、グリーンとティーは共用されていたため、パッティングに使用するクラブをある呼び方をしていたが、その名前は。

①バッティングクラブ
②グリーンパター
③グリーンクラブ
④グリーンショッター

解答と解説

【解答】　問11③　問12②　問13④　問14①　問15②

【解説】　問11 ただし、製品として完成したものはR&Aにサンプルを提出し、初速と総合飛距離に関するテストを受けてパスしないと、公認球とはならない。
　　　　　問12 当時のクラブはすべて木製で、大別するとブレークラブ、フェアウェイクラブ、スプーン、ニブリック、パッティングクリークの5種類しかなかった。
　　　　　問13 1754年のコース発足当時は、22ホールだったが、10年目に22ホールから18ホールに減らすことが決定され、現在の形になった。
　　　　　問14 アウトオブバウンズ（out of bounds）の略で、プレーしてはいけない区域のこと。ここに打ち込んでしまったら、1打付加して元の位置から打ち直さなければならない。
　　　　　問15 グリーンとティーは共用され、パッティングに使用するクラブは「グリーンパター」と呼ばれていたという。とはいえ、当時のパターはドライバーやスプーンと同じような形だった。

エピソード編
EPISODES

ゴルフにも、もちろん常にストーリーとエピソードがある。
数々のエピソードを知るとゴルフをより知的に楽しむことができる。
ここではエスプリのあるエピソードを紹介する。

EPISODES エピソード編

EPISODES 1 夭折(ようせつ)の天才、トム・モリス・ジュニア

1860年創始の全英オープンは2010年が本来なら150年目の節目だが、2回の世界大戦（第1次1915～19年、第2次1940～45年）の計11回の中止のほかに初期の1871年に開催されなかった。トム・モリス・ジュニアが1868年から3連勝し、当初の取り決めによって優勝者のベルトを所有してしまい、代わりの賞品準備が間に合わなかった、というのが表向きの理由だが、開催10回を数え、修正すべき点が表面化したのだ。

それまではスコットランド西岸プレストウィックだけで開いたのが不公平とする意見も強まり、プレストウィック、セントアンドリュース、エディンバラの開催3クラブで公平に開催することなど、調整に手間取り準備ができなかったのだ。

1872年からは前記3クラブの持ち回りと決定したが、トム・モリス・ジュニアがまたも勝利する。4回連続優勝の今でも破られていない偉大な記録をつくった。またこの年から優勝者にはベルトではなく、トロフィーが贈られることになった。

トム・モリス・ジュニアは初優勝が17歳だが、1875年9月、愛妻が出産後に急逝し、あまりにセンシティブな天才ゴルファーは、悲しみのあまり、この年のクリスマスの日に24歳の若さで世を去った。

EPISODES 2 ボビー・ジョーンズ、1921年の苦い経験

1921年、19歳のボビー・ジョーンズが初めてチャレンジした全英オープンはセントアンドリュースだった。

ジョーンズは神様がつくったといわれるコースに痛めつけられ、3日目はアウト46、10番も6で迎えた11番はグリーン手前のバンカーから2度失敗し、短いパットを入れてもダブルボギー6の場面でボールを拾いあげ、スコアカードを引き裂いて棄権した。

スコットランド人たちは「アメリカで最も有望といわれる若者がこのざまか」と軽蔑と侮辱のまなざしで非難した。

ジョーンズは、1926年ロイヤルリザム＆セントアンズで初優勝した後、1927年にはセントアンドリュースでも全英オープン2度目の勝利を飾った。ジョーンズが全米オープン、アマ、全英オープン、アマの4トーナメントを制し、年間グランドスラム（当時）を達成したのは1930年、28歳のときだった。

「セントアンドリュースが私に教えてくれたものは計り知れない。1921年の苦い経験がなければ、その後の成功はなかった」と生涯ただ一度の途中棄権を振り返る。

トム・モリス・シニア（左）とトム・モリス・ジュニア

1958年、第1回アイゼンハワー杯世界アマ選手権がセントアンドリュースで開かれたとき、ジョーンズは米国チームのノンプレーイング主将に選ばれた。脊髄の病気が進行していて車椅子で大会に臨んだジョーンズは、セントアンドリュース名誉市民の称号を贈られた。万雷の拍手の中、市民ホールでの授与式で「生涯最高の栄誉」と喜びの涙にくれた。

EPISODES 3　出れば勝つ 鉄人、ベン・ホーガン

鉄人ベン・ホーガンは、1953年マスターズ、全米オープン、全英オープンの3冠を獲得した。1949年自動車事故で瀕死の重傷を克服し、奇跡のカムバックを果したホーガンは、旅行には慎重で、特に飛行機旅行を避けて全英オープンには参加していなかった。だが、先輩のジーン・サラゼンから「全英オープンに勝たなければ真のチャンピオンプレーヤーではない」と説得され、1953年、マスターズをトーナメントレコードの274で優勝、全米オープン（オークモントCC）は2位サム・スニードに6打差で快勝した後、初めて全英オープンに挑戦した。

開催コースは世界一の難コースといわれるカーヌスティ。ホーガンは汽船で大西洋を渡り、試合の2週間前にカーヌスティに入った。8ラウンドの練習を積み、最後には18番から1番まで歩いてコースを逆行し、準備万端で本番を迎えた。

スコットランドの寒さで風邪をひき、体調は良くなかったが、類いまれな集中力を発揮して、終始危なげなく、6アンダー272で2位ピーター・トムソンら3人に4打差をつけて優勝した。

ホーガン以後、メジャーの年間3勝は2000年のタイガー・ウッズがいる。ホーガンはマスターズを皮切りにメジャー3連勝なのに対し、ウッズは全米オープン、全英オープン、全米プロの3勝。翌年のマスターズにも優勝し、タイガースラムを達成した。

3冠を達成した年のホーガンは、全米プロに出場していない。当時はまだプロゴルフのグランドスラムの概念がつくられていなかったし、なによりも全英オープンと全米プロは日程が一部重複していたため、全英オープンに出場すると全米プロには自ずと出場できなかった。仮に全米プロにも出場していたら優勝し、年間グランドスラムを達成していたかもしれない。それだけホーガンは強かったのである。

EPISODES 4　天使と悪魔が共存する アーメンコーナー

マスターズをテレビ観戦していると「アーメンコーナー」という言葉がひんぱんに使われるのを耳にするだろう。

アーメンコーナーとはオーガスタ ナショナルの南東の一角に位置する11、12、13番の3ホールを指す。

11番（505ヤード、パー4）、12番（155ヤード、パー3）、13番（510ヤード、パー5）は、いずれもクリークか池が絡む難ホールで、しばしば勝敗の行方を左右する。特にピン位置が難しくなる最終日は、この3

球聖と呼ばれたボビー・ジョーンズ

ホールをイーブンパーで通過すれば大丈夫と選手たちは受け止めている。神に祈る気持ちでこれらのホールをプレーするため、この名がつけられたともいわれている。

この雰囲気を表すのに、これ以上はないぴったりの名称といえるが、じつは古くから呼ばれていたのではない。

1958年に米国の有名なゴルフライター、ハーバート・ウォレン・ウインドが『スポーツ・イラストレイテッド』誌に、その年に起きたドラマチックな展開を表現したのが始まり。

とはいえアーメンコーナーそのものはウインドが創始した表現ではなく、当時シカゴのクラリネット奏者、ミルトン"メッズ"メツロウ率いるジャズバンドが出したレコードの『Shouting at Amen Corner』から引用したものだ。

この年、つまり1958年、アーノルド・パーマーは、サム・スニードと並んで、後続に1打差首位で最終日を迎えた。初日は風もなく絶好のコンディションで幕を開けたトーナメントだが、3日目の夜から明け方にかけて激しい雨に襲われ、コースはぬかるみ、タフなコンディションとなり、選手たちは悩まされた。

パーマーもスコアは伸びず、アウトは36。スニードは1番で右の林に打ち込む。ダブルボギーとつまずき、そのまま後退。代わってパーマーのプレーイングパートナーで25歳のケン・ベンチュリーがアウト35で上昇、1打差に迫ってきた。

12番は155ヤードと短いパー3のホールだが、パーマーのティーショットはグリーンオーバーして土手まで飛んだ。ベンチュリーも同じようにグリーンオーバーだが、運よく跳ね返ってグリーン奥のカラーに止まった。

パーマーのボールは半分、前夜の雨でやわらかくなっていた土の中にめり込んでいた。落下したボールがめり込んでいる場合には、無罰打で拾い上げることができる臨時ルールが適用されるので当然パーマーは救済を主張したが、現場のルール委員は、これを否定し、そのままプレーするよう指示した。パーマーの抗議で結局2ボールをプレーすることになり、ルール委員会の最終判断に任せることになった。

めり込んだボールをまずプレーしたが、ボールは30センチしか動かず、3打で乗せて2パットのダブルボギー。救済を受けた暫定球はピンそばに寄せて1パットの3。このホールのスコアは3か5か？

終盤に入っての2打の違いは直接勝敗の行方をそのまま決めかねない。13番は左ドッグレッグのパー5。パーマーは落ち着かない気持ちではあったが持ち前の攻撃ゴルフを敢行し、2打目、250ヤードを3番ウッドでグリーンに乗せ、ロングパットを一発で決めるイーグル。ベンチュリーは3オン狙いだがバーディーとし、パーマーを猛追する。

パーマーが15番グリーン左手前の有名なサラゼンブリッジを渡っているとき、突然観客からすごい喚声がわき起こった。グリーン後方の大きなスコアボードにパーマーの12番ホールのスコア3が掲示されたのだ。ルール委員会が暫定球を認めたのだ。これでパーマーは一気に初優勝に王手をかけた。

すでに14番で3パットしていたベンチュリーは15、

オーガスタ ナショナルの11番ホール

16番と、3連続3パットであっという間に後退し、パーマーの優勝スコア4アンダー（最終日73）に、2打差の4位で終戦した。

ベンチュリーはまだアマチュアだった1956年にも最終日を首位で迎えて、アマチュア初のチャンピオン誕生かと期待されたが、強風の下で80と崩れ、8打後方にいたジャック・バークに逆転され結局2位に終わっている。

ベンチュリーは、ついにマスターズでの勝利が来ないままでキャリアを終えた。

ドラマを生む
アーメンコーナーのフロントドア

アーメンコーナーのフロントドア、11番もグリーン左に池があり、しばしばドラマを生む。

1987年プレーオフを争うラリー・マイズと、それまで何回かチャンスを生かしきれないでいたグレッグ・ノーマンとの争いも決着はここでついた。

2打目を先に打ったマイズは左の池から逃げるあまりグリーン右に大きくそらした。これを見たノーマンは、わずかにグリーンに届かなかったが手前カラー部分。池を避けた安全なショットだ。

マイズはピンまで40ヤード以上の距離、ボールはグリーンに乗ってから左の池方向へのダウンスロープで加速する極めて難しいチップショットになる。グリーンのわずか外に落ちたマイズのボールは生き物のようにホールに寄っていき、カップに吸い込まれるチップインバーディー。ミラクルチップでオーガスタ生まれのマイズが故郷に錦を飾った。

1990年もプレーオフ2ホール目のこのホールで、レイモンド・フロイドは2打目を左の池に落とし、ニック・ファルドの2連勝の引き立て役になった。

魔女が風を吹かせる？12番

アーメンコーナーのセンターステージは12番だ。ここは155ヤードと短い。風とピン位置で変わるが使用クラブは大体7〜9番で、世界一難しいパー3といわれるのは、ちょうどコースの南東隅に位置し、周りを囲んでいる樹木が風の方向を瞬時にして変えるからだ。「12番の風は3秒で変わる」。マスターズに数多く出場しているベテランたちも、12番を知れば知るほど厄介なホールと位置づける。奥行きの浅いグリーンと気難しい風の組み合わせが、どんなシナリオをつくるのかまったく予測できない。

マスターズ6回優勝のジャック・ニクラウスは「12番では絶対にピンフラッグの揺れ具合を信用しない」という。

ニクラウスは12番ティーに立つと、左方に見える11番グリーンのフラッグのたなびき方で真の風を見極めようとする。さらに最終日の12番の伝統的な右端のピンに対して狙うショットはしない。パーフェクトショットでもクラブヘッドから離れたボールは、風にほんろうされて、どこに飛んでいくかわからないからだ。ニクラウスは必ずグリーンセンターのセーフティーゾーンに打っていく。

1996年、グレッグ・ノーマンは初日に2打リードして2日目4打差、3日目6打差と広げ念願の初優勝に

オーガスタ ナショナルの12番ホール

確実に近づいていった。しかし最終日2番手のニック・ファルドがじわじわと詰め寄り、11番ではノーマンを逆に1打逆転。ノーマンは12番で直接ピンを狙って攻めていったが、ボールは無情にもグリーン手前を横切るレイズクリークに水しぶきとともに消えた。このダブルボギーでノーマンは完全に脱落した。

1992年は珍しく12番が微笑んでくれた年だ。32歳のフレッド・カプルスは10回目の出場で初めてチャンスをつかみかけていた。12番のショットはわずかに短く手前土手に落ちて、そのままレイズクリークへ……、と思われたのが奇跡的に急斜面の土手の水面近くで止まった。右足はほとんど水面に触れる難しいスタンスだが、見事なチップでパーに収め、グリーンジャケットの袖を通すことになる。

明け方まで降った雨のために本来なら、早朝に刈り込むはずの土手斜面の芝を刈っていなかったので、伸びた芝がボールを止めてくれたのだ。

12番を中心とするアーメンコーナーはこれからもスリリングなドラマの主舞台になる。

EPISODES 5 マスターズ王者の証し、グリーンジャケット

マスターズで毎年優勝者に贈られるグリーンジャケットは勝者のシンボルだが、最初からチャンピオンに贈られていたものではなく、1949年サム・スニードの優勝時から始まった伝統である。

グリーンジャケットは、チャンピオンのための特別なジャケットでなく、オーガスタ ナショナルのメンバーが1937年から着用しているメンバーズコートである。マスターズ開催中、メンバーはコースで着用を義務づけられている。

パトロン（観客）が、何か困ったときにジャケットを着ているメンバーから助けを得られやすいからだ。チャンピオンがグリーンジャケットに袖を通す儀式はオーガスタ ナショナルの名誉会員として受け入れられたことを意味する。

グリーンジャケットは、優勝後1年間は外部での着用は許されるが、その後はクラブで保管する。また外部ではビジネス目的で着用してはならないという決まりもある。

グリーンジャケットにまつわるエピソードは多々ある。1961年、ゲーリー・プレーヤー（南アフリカ）が初優勝したが、翌年グリーンジャケットを持ってこなかった。当時のマスターズ委員長クリフォード・ロバーツが返還を求めたがプレーヤーは「故郷南アフリカのヨハネスブルクにある。そこまで取りに来てほしい」と答え、その場は不問になりプレーヤーは新たなジャケットを得た。「オーガスタ ナショナルからは、その後何もいってこない」とプレーヤーはいう。従ってチャンピオンの数より1着多くグリーンジャケットは存在することになる。

2度以上の勝者は、そのつど新ジャケットが用意されるのではなく、以前からのものを使用する。特にサイズに大きな変化が出た場合は新しいジャケットが贈られることになっているが、適用例はまだない。優勝者に贈られるジャケットサイズがいつも表彰式でフィットしているのはトーナメントのフィナーレに近づくと優

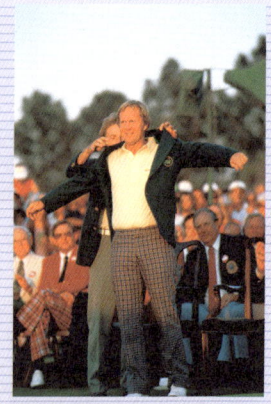

グリーンジャケットに袖を通すニクラウス

勝チャンスのある選手に合ったサイズをプロショップが用意するからだ。

　1966年、ジャック・ニクラウスは史上初の2年連続勝利をした。前年の勝者が新チャンピオンにジャケットを着せる習慣だが、このときはニクラウス自身でジャケットに袖を通した。

　その後1990年、ニック・ファルド、2002年、タイガー・ウッズが2連勝したが、それぞれホード・ハーディン、フーティ・ジョンソンと時のマスターズ委員長が介添役を務めた。

　クラブハウス2階にチャンピオン専用のロッカールームがあるが、非常に狭いので、2～3人が共用で使用している。

6 EPISODES　ゴルフの魅力を体現したジーン・サラゼン

　ジーン・サラゼンのダブルイーグルなしにマスターズは語れない。1935年、マスターズ最終日15番（パー5）で2打目を直接ホールインさせるダブルイーグルで3打差を一気に詰め、翌日36ホールのプレーオフを制して優勝に導いたミラクルショットはマスターズ人気を一気に押し上げただけでなく、ゴルフの持つ魅力とスリルを強烈にアピールし、多くの新しいファンをゴルフに誘い込んだ功績がある。

　このとき、最終日を迎えて屈指のロングヒッター、クレイグ・ウッドがリード。サラゼンは3日目の73が響き3打差4位に後退していた。

　アウトで1打差に詰めたが、13、14番バーディーのウッドに対し、サラゼンは13番のバーディーのみで差は2打に広がっていた。

　先行のウッドが18番をバーディーで、通算6アンダーでラウンドを終わった。

　当時コース内のリーディングボードは、今ほどの速報機能はなかったがマスターズは各ホールを電話でつなぐ速報システムを時代に先駆けて採用していたのでウッドの最終ホール、バーディーもほどなくボードに掲示された。

　サラゼンは最終組近くの遅い組で、ウォルター・ヘーゲンと一緒にプレーしており、14番のグリーン上だった。参考までに決勝ラウンド組み合わせがスコア順になるのは1950年代終わりにテレビ中継がされるようになってからであり、それまではコミティーの判断で組み合わせが決められた。

「ジーン、どうやら終わったようだな」。ヘーゲンはサラゼンに語りかけた。15番からの4ホールで3バーディーをとればウッドに並ぶことができる。非常に厳しい状況ではあるが、気性の激しいサラゼンはまだ勝負をあきらめてはいない。

　オーガスタ ナショナルの15番は485ヤード・パー5（現在は530ヤード）、グリーンの手前に池がある。設計者アリスター・マッケンジーは「ここは通常3ショットのホール。技量に優れ、なおかつ勇敢なプレーヤーのみが2打でグリーンを狙えるが、少しでも完璧さに欠けたショットは池に落ちる」と15番ホールの概略を説明している。

　サラゼンは見事なドライブをフェアウェイセンターよりやや右寄りに打った。残りは池を越えるまで215

ジーン・サラゼン

ヤード、ピンまで235ヤード。残りホールですべてバーディーをとり、ウッドを逆転しようと士気がまったく衰えていないサラゼンは、グリーンを攻めることしか頭になかった。

しかしフェアウェイのボールは、やや沈み加減でライが悪かった。長身の黒人キャディー"ストーブパイプ"(オーガスタ ナショナルのハウスキャディーはみな面白いニックネームを持っていた))は、3番ウッドを差し出した。距離的にはそれでよかったのだが、サラゼンは3番か4番かで迷っていた……。

ミラクルの証人は少なかった

少し離れた場所のヘーゲンが「急げよジーン、おれは今夜はデートがあるのだ」とサラゼンをせかした。迷った末、「このライでは3番ウッドだとグリーン上に止まらない」と得意とする4番ウッドにかけた。少しクローズドフェースにして思い切って打ち込んだショットに手応えはあった。ボールはきれいに伸び、グリーンフロント部分に落ち、ワンバウンド、ツーバウンドしたのち、転がり、ピンの根元に消えたのだ。

大観衆がどよめいた、との説もあるが、これは誇張されている。ジョーンズの伝記なども書いたアトランタの記者O・B・キーラーの観戦記によると世紀のダブルイーグルを見た人は30人前後だったという。

しかし、その中には少し前にプレーを終えていたボビー・ジョーンズが、残った選手のプレーを見ようと15番グリーン後方で見ていたのだ。

「ジョーンズ、ヘーゲンと名手たちが証人になってくれたショットだけにすごくうれしかった」

サラゼンが後々語っている。15番の喚声は18番グリーン近くで勝利の祝福を周囲から受けていたウッドの耳にも達した。

「何が起きたのだ?」「何かが起きたのか?」

ウッドの表情に不安そうな影が横切る。何かが起きたのはわかるが、まさかパー5で、2打目がカップに入るダブルイーグルとまでは誰もわからなかった。だが、その事実が判明するまでにはそれほど長い時間は必要としなかった。

サラゼンは16番以後の3ホールをパーでまとめ、翌日のプレーオフに持ち込んだ。36ホールの決戦は、終始優位に立ったサラゼンが144でプレーし149のウッドを下した。

なお、マスターズは2回目のこの年からアウト・インを入れ替えて行われた。元のままであったら残り3ホールで一気に3打を縮める15番のダブルイーグルはなかったかもしれない。

サラゼンは第1回のマスターズには参加していない。オーストラリアのトリックショット名人ジョー・カークウッドと、2人で南米などでのエキシビション予定が先に入っていたからだ。

1902年、イタリア移民の大工の息子としてニューヨーク近郊、ハリソンで生まれ育ったサラゼンは、キャディーをしながらゴルフを覚えた。1922年、20歳で全米オープンに優勝したのを皮切りに、1935年マスターズまでメジャー7勝をした。サラゼンは4大トーナメントタイトルをさらった初のゴルファーになった。

1メートル50センチそこそこの小さな体だが、持ち

ジーン サラゼン ジュンクラシック
ジーン・サラゼンが現役引退した1977年から、逝去した1999年までジーン サラゼン ジュンクラシックが日本で開催されていたこともあり、サラゼンの名は日本でも馴染み深いゴルファーであった。

前の気の強さで、攻撃的ゴルフを常に前面に押し出すプレーでファンの人気も絶大。

キャディーからゴルフをスタートしたが、本当の名前のジオジニオ・サラツエーニではバイオリニストみたいでゴルファーにふさわしくないと、電話帳をひっくり返し、同じ名前がないのを確かめて"ジーン・サラゼン"と自ら名乗った。

サンドウェッジや練習用のヘッドが重いクラブを考案するなど、いつも物事を前向きにとらえるアイデアマンでもあった。

15番グリーン左手前には有名なサラゼンブリッジがある。すべての選手はサラゼンの偉大な功績を思い出しながらこのブリッジを渡る。

マスターズでは1981年から1999年までオノラリー（栄誉）スターターも務めた。

EPISODES 7 スコアカード誤記で優勝を逃したデ・ビセンゾ

1968年、マスターズは史上初めてのハプニングが起きた年として記憶される。首位タイでフィニッシュしたはずのロベルト・デ・ビセンゾ（アルゼンチン）がスコアカード誤記で、ボブ・ゴールビーとのプレーオフのチャンスを自らつぶしたのだ。

アルゼンチンが生んだ豪放で、おおらかな性格のデ・ビセンゾは世界中どこでもトーナメントを求めて旅をし、力を養い、1967年には全英オープンでジャック・ニクラウスを2打差で破り、初メジャータイトルを手に入れていた。

デ・ビセンゾは1968年マスターズも好調にプレーを進め、3日目を終え、リーダー、ボブ・ゴールビーを1打差で追いかける位置にいた。最終日もこの2人の争いになり、65で回ったデ・ビセンゾが66のゴールビーをとらえ、翌日18ホール・プレーオフで雌雄を決することになる……はずだったが、重大事が起こったのだ。

デ・ビセンゾにスコアカード誤記が見つかった。17番をバーディーの3でプレーしたところをパーの4とカードには記入されていた。ルールでは実際のスコアより少ない打数を記入すると過少申告で失格だが、実際より多い打数の場合は書き込まれた数字がスコアになる。デ・ビセンゾは17番スコア誤記のために本来は65のスコアが66とされ、ゴールビーとのプレーオフのチャンスを自らつぶしてしまった。

マスターズ創始者のボビー・ジョーンズは脊髄の病気が悪化して、この年はトーナメントの場には来ていたが、コースに出ることはなく、10番ティー脇のコテージのベッドに身を横たえていた。

コミッティーから知らせを受けたジョーンズは「ロベルト君には大変気の毒だがルールはルールだ」とつらそうにいい、「だけど1968年マスターズチャンピオンは私の心の中には2人いる、とロベルト君に伝えてくれたまえ」と付け加えることを忘れなかった。

デ・ビセンゾはこの日18番を唯一のボギーとしており、平静さを欠いた気持ちでスコアの誤りに気がつかずにスコアカードにサインをしてしまった。
「おれはなんてバカな男なんだ！」。デ・ビセンゾは人目もはばからず涙にくれた。その日4月14日はデ・ビセ

デ・ビセンゾ

ンゾ満45歳の誕生日だった。

○後日　デ・ビセンゾのスコアカードを記入したマーカーはトミー・アーロンだったが、1973年にアーロンがマスターズ優勝を果たしたとき、「私はこれまで多大な迷惑を周囲にかけてきたから……」と愛妻も呼ばずにたった1人で栄誉を受けた。

　2009年アルゼンチンの後輩アンヘル・カブレラはケニー・ペリー、チャド・キャンベル（いずれもアメリカ）との3人プレーオフを制し、先輩の無念を晴らし母国アルゼンチンに凱旋帰国した。

8 EPISODES　オーガスタの名物ホール

　本番開始前日の水曜、本コースに隣接した9ホールのパー3コースで選手たちが出場するパー3コンテストが行われる。

　パー3コースがつくられたのは1958年。コンテストは1960年から始まった。最初からパーコンテスト開催を意図したのではなく、メンバーが本コースをラウンドしたあと、ちょっとした時間を楽しんでもらうのが目的だった。

　マスターズにはいくつかのジンクスがあった。アメリカ人以外の選手は勝てない（1961年に南アフリカのゲーリー・プレーヤーが初優勝）、2年連続勝利できない（1966年ジャック・ニクラウスが初の2連勝）など、ジンクスが歴史とともに破られていった。

　その中でまだ生きているジンクスがある。アマチュア選手は勝てない、と並んでパー3コンテストに勝つと、その年のマスターズに勝てないのである。

　これまでパー3コンテスト優勝者で本トーナメント勝利に一番近かったのは、1990年レイモンド・フロイド（ニック・ファルドにプレーオフ）、1993年チップ・ベック（優勝ベルンハルト・ランガー）で2位に終わっている。

　日本選手は青木功（1975、1981年）、中嶋常幸（1988年）の2人が優勝している。本トーナメントに出ない元チャンピオンや、名誉招待選手（元全米オープンなどメジャー勝者）もパー3コンテストには出場できる。日本びいきのジーン・サラゼンは、毎年のように自らスタート時間を決め日本選手をプレーイングパートナーに選んで出場するのを楽しみにしていた。

　パー3コースの重要な役割は、ほかにもある。1980年秋に本コースのグリーンをそれまでのライとバミューダの混合からベントに切り替えたが、南部ジョージアでのベントは大冒険だった。2年前からパー3コースでベントが使用に耐えうるかどうかを実験した上で1981年マスターズからベントグリーンを使用した。

　パー3のコースは、最長が6番135ヤード、全長1060ヤード・パー27だが、1987年に旧1、2番を削り、トム・ファジオの設計で池越えの8、9番を新設し、デソート池とアイクの池を巡るルートになっている。

　アイクの愛称で親しまれたアイゼンハワー元大統領（1953～61年在任）はオーガスタ ナショナルのメンバーだった。アイクがロバーツ委員長に「本コースの脇に釣りにもってこいの池がある」といったことから

ベントグリーン
ベントグリーンは、ボールの転がりがよいため、パッティングの微妙なタッチが要求される。

"アイクの池"と名づけられた。

ほかにもアイクゆかりの名称が残っている。17番のフェアウェイ左前方にあるアイクズ・ツリーの松の木がそれ。距離があまり出ないフック癖の大統領がメンバーティーから180ヤードほどにあるこの木にしばしばティーショットを当て、苦労したところから"アイクズ・ツリー"と呼ばれるようになった。

あるときの理事会で大統領が「あの木は邪魔だから伐採してくれ」と提案したがワンマンで知られるクリフ・ロバーツ委員長は「あなたは国政に精を出していればいい。クラブのことは私に任せなさい」と提案を一蹴したエピソードがある。

EPISODE 9 20歳のアマチュアがもたらしたゴルフブーム

1913年、ボストンのザ・カントリークラブで行われた全米オープンは、米国にゴルフブームをもたらした画期的なトーナメントとして知られる。20歳のアマチュア、フランシス・ウィメットが、英国のハリー・バードン、エドワード・レイをプレーオフで破って優勝したのだ。

全米オープンは1895年から始まったが、1800年代後半に英国から米国に入ってきたゴルフは、歴史も浅いため英国人プロ、あるいは米国人ではあっても新天地を求めて米国に渡ってきた英国生まれのプロが、圧倒的な主導権を握っていた。

1911年にジョン・マクダーモットが初の米国生まれ選手として全米オープン優勝を果たしているが、まだ生粋の米国選手は層的にもレベル的にも英国勢と対等に戦えるまでには育っていなかった。

そんな時代背景の中で、ウィメットがプレーオフで劇的勝利をつかんだのだから、米国中が沸き返るはずだ。相手は全英オープン5回勝利のバードン。それに1912年全英オープン優勝者のレイであるから、サプライズ度も想像を絶するものである。

バードン、レイの2人は『ザ・タイムズ』紙(ロンドンタイムズ)がスポンサーとなり、米国各地でエキシビションを開く合間にボストンの全米オープンに出場した。ウィメットはザ・カントリークラブのコース脇の家で育ち、学校への近道としてコースを横切ったのがゴルフとの最初の縁。11歳のときに兄とともにキャディーをするようになり、古いボールとクラブでゴルフをするようになった。

徐々に腕を上げていき、ボストン近辺では少しは名前を知られるアマチュアゴルファーに成長し、全米アマにも出場したが、すべて予選落ち。1913年、4回目の挑戦で初めて予選通過し、準決勝まで進出した。全米オープンは全米アマ直後の9月中旬に開かれたが、のぼり調子とはいえ、キャディー上がりの20歳がまさか英国の強豪2人と優勝を争うとは誰が予想しただろうか。

18ホールのプレーオフはウィメット72、バードン78、レイ79の大番狂わせでニューナショナルヒーローが誕生した。しかし、そこに至るまでのウィメットの超人的ともいえる精神力と粘りは意外に紹介されていない。

第3ラウンドを終わって3人は12オーバーで首位タ

フランシス・ウィメット

イ。ウィメットは74（3オーバー）でバードン（78）、レイ（76）に追いついたのだ。

4日目は前夜来の雨でコースコンディションは最悪。早いスタートのレイが79と崩れたが、全選手がそのコンディション下でスコアを落としていたので、後続待ちになった。

バードンもパッティングに苦しみ、79がやっとでレイと同スコアのフィニッシュ。ウィメットもアウト43を叩いた。普通の選手はここまで崩れたら、勝負をあきらめるところだ。10、12番もボギーとしたのでレイ、バードンと並ぶスコアであがるには残り6ホールを2アンダーでプレーしなければならない。

ウィメットは最後まであきらめていなかった

プレーイングコンディションからしてほとんど不可能な目標だが、ウィメットは負けたとは思っていなかった。13番（パー4）でグリーンエッジからチップインバーディーで1打縮めた。

14番（パー5）でバーディーをとれず、15番では難しいパー4をナイスドライブのあと2打目を左ラフ。深いラフから、3打目のピッチをピンそば1メートルにつけてパーを拾った。16番、3メートルのパーパットでしのいだが、タイに追いつくにはあと1打縮めなければならない。

17番、左ドッグレッグのパー4。アプローチ用のクラブであるジガーを使って転がし上げた2打を、ピン奥6メートルにつけ、ダウンヒルの難しいパットを決めてやっとリーダーたちとタイスコアにこぎつけた。最後の18番（パー4）の2打はわずかに短く、グリーン手前の斜面に止まった。12メートルのチップは1.5メートルショートしたが、これを落ち着いて決めて、43-36の79でバードン、レイと並ぶ304でフィニッシュした。

だが翌日、さらに難関の18ホールのプレーオフが待ち受けている。地元ボストンのファンの熱狂はすごかったが、20歳の若者が相手にするバードン、レイはあまりにも強力であり、プレーオフは経験たっぷりの英国の2人のプロの間で争われるものと半ばあきらめた気持ちがあったのも確かだ。

だが勝負はわからないものだ。プレーオフは早々とレイが脱落し、ウィメットとバードンの争いで終盤まで進んだ。ウィメットが1打リードで迎えた17番、バードンはドッグレッグの左角にある小さいが、深いバンカーにドライビングショットを入れてボギー。ウィメットは第4ラウンドとまったく同じようにプレーしてバーディー。これで決まった。ウィメット72、バードン78、レイ79で米国生まれの20歳のアマチュアが全米オープン覇者になった。

熱戦の模様を新聞で知り、将来の自分をオーバーラップさせて胸をときめかせていたのが、ボビー・ジョーンズ、ジーン・サラゼンもいた。ともに11歳の少年であった。

ジョーンズはアマチュアで生涯を通し、1930年にグランドスラムを達成した。サラゼンはウィメットがキャディーからゴルフを始めたのを知り、すぐにキャディーの道に飛び込んだ。さらにウィメットがインターロッキンググリップをしているのを真似て、同じグリッ

1913年、全米オープンでウィメットが優勝する名勝負をモデルにした映画『グレイテストゲーム』が2005年公開され、大ヒットとなった。

ブも採用し、のちにメジャー7勝をあげる。

　ウィメットが体の小さな少年をキャディーにして歩いている写真がある。10歳のエディ・ロウリーで、10本しか入っていないバッグを重そうに担いていた。全米オープン開幕前日に、自ら売り込んでウィメットのキャディーとなったのだ。プレーオフにもつれ込むと決まったとき、周囲がもっと経験のあるキャディーに代えたほうがいいと、ウィメットに勧めたが、「ここまで一緒にきた2人だから、いまさら代える必要はない」と断ったという。

　ついでだが、ロウリー少年は、その後、サンフランシスコで自動車ディーラーのビジネスで大成功し、多くの若いゴルファーの後援者となった。1964年全米オープンチャンピオン、ケン・ベンチュリーはロウリーに世話になった1人だ。

　ウィメットが勝利したころ、35万人だった米国のゴルフ人口は、10年後には200万人に増加していた。

　ウィメットの勝利がいかに強いインパクトを米国のゴルフ界に与えたかがよくわかる。

10 EPISODES　トレビノとヘビの微妙な関係

　アーノルド・パーマー、ゲーリー・プレーヤー、ジャック・ニクラウスのビッグ3全盛期は1960年代だった。パーマーは1966年の全米オープン（サンフランシスコ、オリンピックCC）でビリー・キャスパーとのプレーオフで負けてからメジャー勝利から遠ざかっていく。

　とはいえ1970年代に入ってもニクラウス、プレーヤーは健在だった。1971年の全米オープンはフィラデルフィア郊外、メリオンGC（イースト・コース）が舞台。メジャー第1戦マスターズでチャールズ・クーディーに勝利を譲り、2位に終わったニクラウスは必勝の意気込みで乗り込んだ。

　ボビー・ジョーンズが1930年グランドスラムを決めたのもこのメリオン。4戦目となった全米アマでジーン・ホーマンスを決勝で8＆7で下して最後を飾っている。

　プロとしてグランドスラムを目指すニクラウスは、歴史的なコースでなんとしてもシーズン最初のメジャー優勝したかった。

　メリオンは6544ヤード。パー70で距離は短いが、狭いコースの中に、128のバンカーが口を開けている。距離よりも正確さが重要なポイントになる。

　4日間を終わってニクラウスはイーブンパー280で首位だが、もう一人首位タイがいた。ニクラウスと誕生日が1ヵ月しか違わない31歳のリー・トレビノだ。エリート派のニクラウスとは対照的で、メキシコ系米国人だ。父親は不明でテキサス州の田舎で電気も水道も引かれていない家で、墓掘りで生計を立てている祖父に育てられた。

　パーマーがプレーオフで敗れた1966年全米オープンが、初めての全国規模のトーナメント出場で、54位に入っている。しかし、誰にも注目されなかった。1967年の全米オープンは東部ニュージャージー州バルタスロールGC。テキサス州から遠隔地なのでトレビノは出場の気がなかったが、クローディア夫人がトレビノの知らない間にエントリーフィーを払い込み、

リー・トレビノ

気が進まないままに出場した結果5位に入った。それでもニクラウスが大接戦でパーマーを下した年であり、トレビノが脚光を浴びることはなかった。

1968年、オークヒルCCの全米オープンに勝利し、スーパー・メックスことリー・トレビノの名前はようやく全国的に知られるようになった。

その3年後のニクラウスとの18ホールのプレーオフ。1番ティー付近を、まもなく始まる決戦を前に緊張が支配していた。ニクラウスはかたわらの椅子に腰を下ろしていた。トレビノはドライバーを軽く振りながらスタートに備えていた。スイングをやめキャディーバッグの中をまさぐっていたトレビノは、何かを取り出して放り投げた。

ゴム製のおもちゃのヘビだ。1万5000人の観客がどよめき、笑い出したが、1人の中年女性の「キャーッ」という甲高い悲鳴がその中で突出していた。これであたりはいっそう騒然となった。ニクラウスも笑いをこらえられず、椅子から転げ落ちそうになった。

緊張の空気は一変した。やがて観客も静けさを取り戻すが、それまでの針1本落ちてもわかるような質の静寂ではない。そんな中でスタートしたプレーオフは早々と優劣がつく。ニクラウスが2、3番と連続してバンカーに打ち込み、いずれも1度で脱出できず、ボギー、ダブルボギーと大きな負債を負う。

一方、トレビノは3番でバーディーを奪うなど、主導権を握り、アウト35-36で1打リード。インでの巻き返しにかけたニクラウスだが、10番はナイスドライブでグリーンまで40ヤードまで運びながら、2打目をダフり、グリーンに乗せることができずボギー。ここでロングバーディーパットを決めたトレビノに3打差をつけられた。

このあと必死に追いかけたニクラウスだが、トレビノ68、ニクラウス71でトレビノに凱歌があがった。全米オープン史上というか、世界のトーナメント史上例を見ないハプニングの「トレビノのヘビ事件」とあって、当然彼の行為に対する強い批判の声が渦巻く。

ニクラウスは「ヘビの一件は勝負とは無関係。単に私のプレーがお粗末だった」とトレビノを非難することはなかったが、おもちゃのヘビによってスタート前、時間をかけてつくり上げていた集中力が乱され、バンカーショットの失敗に表れたであろうことは否定できない。

トレビノはわざとあのような行為をしたのではないだろう。「息子のトニーのおもちゃのヘビがバッグに入っていて、たまたま手に触れたので何気なく放り投げた」という。すでに練習日にクラブに絡ませたゴムのヘビをラフの中から放り投げ、周囲を笑わせるエンターテイナーぶりを発揮しており、「トレビノとヘビ」は出場選手やメディアの中では知られていた。

プレーオフの場に意図的に持ってきたのではないのはわかるが、普通の神経の持ち主だったら、こんな突拍子もない行為はやらなかっただろう。

トレビノは2週間後、カナディアンオープン、さらにその翌週全英オープンも制し、4週間で3つのナショナルオープン制覇で「奇跡の夏」を実現した。ロイヤルバークデールの全英オープンは呂良換が最終ホールまで食い下がり1打差2位になったが、これは東洋人最高の成績としていまだに残っている。

リー・トレビノは、ジョークを飛ばしギャラリーを楽しませ「陽気なメキシカン」の愛称で親しまれている。

11 EPISODES 日本ゴルフ、プロ大会夜明け

　2009年の日本プロ選手権は、恵庭カントリークラブで行われ、23歳の池田勇太がプロ初優勝をメジャーで飾った。日本プロ選手権が北海道で開催されたのは初めてだった。

　日本プロ選手権は日本最古のプロトーナメントである。1926年、大阪・茨木カンツリークラブでの第1回大会は関東2人、関西4人の計6人が出場、7月4日、1日36ホールで争われ、日本人プロ第1号の福井覚治と弟子の宮本留吉が首位を分け、7月10日、同じコースで36ホールのプレーオフの末、宮本が優勝した。

　1日36ホールの長丁場、さらに1週間後に36ホールのプレーオフを行う。ゴルフの敢闘精神、あるがままの精神が深く浸透した古き良き時代、先人たちのゴルフへのこだわりが伝わってくる。ちなみに、このとき宮本留吉も23歳、池田と同い年（2009年日本プロ選手権開催時）だった。

　イギリス人が集まればゴルフコースをつくる、といわれるが、コースがあればトーナメントが開かれる。日本最古のトーナメントは日本アマチュア選手権だ。

　六甲の神戸ゴルフクラブと横浜・根岸の競馬場内につくられたニッポン・レースクラブ・ゴルフィング・アソシエーションの間で行われた対抗戦をきっかけに、日本選手権を開いたのは1907年。当初は日本人不在の外国人在住者だけの大会で、日本人が初参加したのは1916年の一色虎児、日本人で初めて優勝したのは1918年の井上信である。大会は1923年、関東大震災で1回だけ中止となっているが、2009年まで94回の歴史を刻む。

　トーナメント草創期、コースづくりからクラブの運営、大会開催は財界を中心としたアマチュアゴルフが中心であった。前記の日本プロ選手権も第1回は大阪毎日新聞社主催で開催された。今の日本プロゴルフ協会（PGA）主催となるのは1959年からである。

　1923年10月、日本ゴルフ協会（JGA）創立。翌1924年から、日本アマチュア選手権はJGAの主催となった。プロ、アマチュアのチャンピオンシップがそれぞれ行われていたので「双方が参加できる日本オープンを開こう」という流れは自然だった。

　1927年5月、日本オープン選手権の第1回大会が神奈川の程ヶ谷カントリー倶楽部で行われた。参加17人、内訳はアマチュア12人、プロ5人だった。人数が少ないのはナショナルハンディキャップ制がスタートしたばかりで、出場資格のハンデ8までのプレーヤーが少なかったからだ。大会はアマチュアの赤星六郎が79、73、79、78の309で優勝した。2位は10打差でプロの浅見緑蔵だった。

　赤星は兄の四郎とともに日本ゴルフ界の牽引者として知られた。旧薩摩藩士の家系で米プリンストン大学時代、アメリカで優勝したトップアマだった。

日本ゴルフ協会＝Japan Golf Assosiaction
日本プロゴルフ協会＝The Professional Golfers' Association of Japan

12 EPISODES 青木の行くところ 常に記録がついてくる

　世界の青木功が65歳で、65のエージシュートで大逆転優勝。2007年10月の日本シニアオープン選手権（熊本・くまもと中央CC、6965ヤード、パー72）の最終日、青木は8バーディー、1ボギーの7アンダー65、自分の年齢と同スコアをマークするエージシュートを達成。6打差5位から通算スコア12アンダーとする大逆転で、日本シニアオープン史上、最年長優勝も達成した。

　数々の実績を誇る青木が今度はエージシュート、それも最終日に夢のスコアを実現してみせた。そのゴルフ人生はドラマの連続だが、こんな演出もあったのかとみんな驚いた。

　第3日を終わって首位を独走する室田淳が、11アンダーで断然トップ。2打差に高橋勝成、4打差に尾崎健夫、飯合肇。青木はその下の5位、首位と6打差もあり、誰もが上り調子、52歳で青木より年下の室田の逃げ切り優勝を疑わなかった。

　青木は前半3バーディーも8番でボギーを叩くなど、調子はよく見えなかった。しかし、インに入り10番3メートル、12番5メートル、14番パー5は50ヤードからのアプローチをぴたりとつけるバーディーで、通算10アンダーとスコアはついに2ケタの大台、室田に一気に迫った。

　最終組の室田は1番をバーディーとし、12アンダー、しかしその後バーディーはとれず、9番でグリーンオーバーからボギーとなり、スタート時の11アンダーに戻っていた。

　青木のチャンス、室田の誤算。優勝の行方は流れという目に見えない要素に多分に左右される。

　青木は「無我夢中でパットをねじ込んでいたら、室田のスコアがどんどん近づいてきて、やる気になった。勝てるとは決して思わなかったが、スコアは伸ばせるときに伸ばしておこう」と思った。

　室田は「バーディーが出ずいら立ってはいけないと我慢した。自分のゴルフをすればいい。負けることは一切、考えてもいなかった」という。

　16番パー3、青木のティーショットは6アイアンで2メートルについた。「打てば入る、届けば入る」と打ったパットはカップ真ん中を割った。青木は心のうちで「よーし、これで勝てる」と叫んだ。

　18番、6メートルのバーディーパットは高速グリーンを下る、フックライン。ハンドダウンの独特のタップスタイルから打ち出されたボールはカップに吸い込まれた。

　右手を握るガッツポーズをする目線の先、ギャラリーの中に、白いキャップを脱ぐと深々と青木に向かって礼をする室田の姿。青木は軽く手をあげて応えた。

「18番グリーンはプレッシャーがあった。寅さん（中村寅吉）が頭に浮かんだのはエージシュートを意識していたんだろうね。たくさん（エージシュートを）やってるからね」。じつは1ヵ月前、地元千葉のプライベートラウンドで61、65と連日エージシュート。「そのとき、試合でやれるかもしれないと思った」という。「今日は

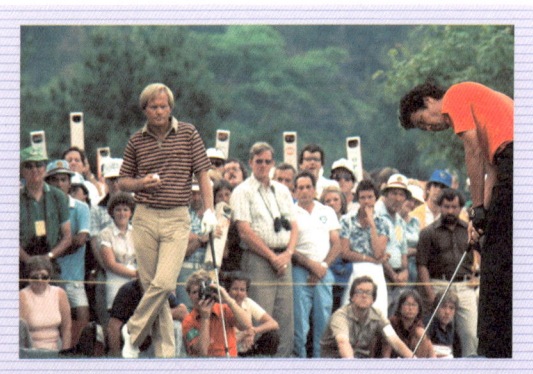

ニクラウス（左）と青木功

ボギーもしてるし、前を見てやったのがよかった。男冥利に尽きる。おれはやっぱりパットはうまい！今日は青木功が何もかも一番だ」

試合中に見せなかった興奮がホールアウト後、時間がたつほどに増幅した。

10年ぶり5度目のタイトル奪回。ビッグタイトルは2002年5月、米チャンピオンツアーのインスティネット クラシックで9勝目をあげて以来。もちろん日本シニアツアーの最年長優勝記録。

青木の行くところ常に記録がついてくるのが見えるようだった。

13 EPISODES メジャーの伝道師・中嶋常幸

青木功は日本を足場にいち早く世界へ飛び出し、尾崎将司は日本を拠点に驚異的な強さを発揮した。この2人のライバル意識が火花と散り、日本ツアーは世界に注目され、その存在感を世界へ強く誇示したわけだが、そうした中で中嶋常幸はとかく陰に隠れがちで損をしているようだ。

だが、世界的には中嶋ほど存在感を持った日本人プレーヤーはいなかった。20歳そこそこで青木、尾崎をしのぎ世界で5指に入るといわれた美しいスイングで、世界制覇を視野に戦った。特にメジャーを語るうえで、中嶋は欠かすことができない。

中嶋が初めてメジャーに出たのは1978年のマスターズトーナメント。強烈なデビュー戦、というと好成績？と思うが、逆に、記録に残るワーストゴルフとなったところが運命の皮肉だ。

第1ラウンド80を叩いて挽回を目指した第2ラウンド、13番ホール、パー5で13の大叩きを演じた。

アザレアのホールネームのつく美しい名物ホール。ティーショットはフェアウェイ、セカンドショットで手前のクリークに入れ、1打罰後の4打目は、手前のピンを意識しすぎ、またもクリークに入れたのが始まりだ。小川に落ちたボールは岩の間で水面から顔を出していた。

しばし考えたあと、サンドウェッジを持ち小川へ入る中嶋を「待ってました」とギャラリー（マスターズではパトロンと呼ぶ）は大歓声で迎えた。好プレーを待ち望むファンだが、ゴルファーの失敗も同じように楽しみのタネだ。

案の定、あとで思えばこれが悪魔の誘い、いや、ゴルファーならここで引き下がるわけにはいかない。中嶋も同じ状況だった。中嶋の5打は右足が水の中、左足は強い傾斜にかかったアップヒルライ。ドライバーショットでもこれ以上は広げられないという広いスタンスから中嶋が打ったボールは、水しぶきとともに高く舞い上がったかに見えた。が、わずかに短く、斜面を転がり落ちると、これが不運にもスタンスをとった左靴に当たった。2打罰。

そして、その後にも災難が待っていた。気をとり直し、ひと息入れようとサンドウェッジをキャディーに手渡そうとする、どさくさの中、クラブがするりと2人の手からすべり落ちた。ハザード内に触れたことで2打罰の追加となった。その後のショットはグリーンオーバー、グリーンにボールを乗せたときには11打を要し2パッ

エージシュート
18ホールを自分の年齢以下のスコアで回ること。日本のプロでエージシュートを一番初めに達成したのが、中村寅吉である。

トで13。名物ホールの13番、その日は13日の金曜日だったことから「13日、13番、13ストローク」として今に残るワーストスコアになってしまった。

マスターズから3ヵ月後の7月、中嶋はセントアンドリュースにいた。

セントアンドリュースのトミーズバンカー

1978年シーズンはジャック・ニクラウスが全英オープンで3勝目をあげ、3巡目のグランドスラム達成にわいた歴史的な大会だ。日本人は5人が参加し当時としては最多の参加人数だ。青木は1、2日トップ、3日目を終わって3位につけ、日本人メジャー最高位の7位に食い込むと、尾崎将司14位、中嶋17位と3人揃って次年度の出場権を獲得するなど史上最も盛り上がった大会となった。しかし、中嶋にとっては、またももったいない大叩きがあった大会でもあった。

第3ラウンド、青木、尾崎そして中嶋が揃って10位以内、スタンドにある黄色の大リーダーズボードに日本人の3選手の名が遠目にも見えた。17番パー4はグリーン手前に深いバンカーを抱く、横長グリーンで、その先はアスファルトの市道のある大会屈指の難ホール。ついた名前がロードホール（道のホール）。

快調にスコアを伸ばした中嶋は、セカンドショットを完璧に打ちグリーン右手前にオン、難しいホールを簡単にパーでクリアするはずだった。

ところが、ファーストパットはマウンドを越え切れず左のバンカーへ。そしてバンカーを脱出するのに4回、9を数えた。グリーンの傾斜とバンカーの難しさ。ピンはマウンドの先にあり下っていた。強くしっかり打っておけばと悔いても遅かった。トミーズバンカー（トミーのバンカー、中嶋のバンカー）としてセントアンドリュースに来るたびに今に語り継がれる、ゴルフの怖さを語るうえでのエピソードは全英初出場、メジャールーキーから生まれたのである。中嶋が23歳のことだった。

「マスターズではグリーンを去るとき、またがんばれよ、とみんなが励ましてくれた。全英のときも僕への拍手は、優勝したニクラウスのものより温かく思えた。一番いい方法を選んでスコアを崩したが、みんなそれを知って励ましてくれた。がっかりしなかったよ」

ゴルファーとして中嶋の血となったマスターズ、肉となった全英オープン。メジャーのスタートはあくまで厳しいものとなったが、むろん無駄にはならなかった。中嶋は1986年、ターンベリーの全英オープンで最終日に最終組をグレッグ・ノーマン（豪州）と回った。結果は8位に終わったが、最終日最終組は全英では日本人初。さらに1988年の全米プロ選手権で3位にも入っている。

14 EPISODES 僕を"ミスター59"と呼んでください

ツアー記録の59（パー71）を出しても、なんとかプレーオフで優勝。倉本昌弘がクイズの問題になりそうなツアー史上に残る珍事を演じたのは2003年のアコムインターナショナル。

ジャック・ニクラウスの設計で知られる茨城・石岡GC

セントアンドリュースのトミーズバンカー

（7046ヤード、パー71＝36、35）の第1ラウンド、倉本はボギーなしの12バーディー、12アンダー59のツアー最少スコアの新記録を達成した。

10番スタートで10メートルのロングパットをねじ込むバーディー発進のあと、12番80センチ、17番7メートル、16番2メートル、18番2メートルと5つのバーディーでスコアは30。

アウトに折り返すと1、2番とピンにぴたりとつけ、波に乗り続けて6番まで6連続、前半の18番から数えて7連続の連続バーディー記録も更新した。

注目の59打目はこの日の最終9番、残り144ヤードを9番アイアンで打ち、ピン下9メートルもあったが、今大会から使い始めた35.5インチ（約90センチ）のベリーパター（腰の高さまでグリップエンドがくる中尺パター）で見事カップに沈めた。

日本では1985年、ツアー競技外のくずは国際CCで入江勉が59を出したが、ツアーで60を切ったのは初。倉本は「何をやってもうまくいったかって？いやもっとうまくいけってやっていました」。12アンダー、2位に5打差を示すリーダーズボードの前で最終日のようにガッツポーズを繰り返した。

だが、勝負はわからないものだ。3日目を終わって倉本と2位とは7打差と広がった。快挙をバックにひとり舞台と思われた最終日、倉本の快進撃が止まるとトーナメントは意外な成り行きへと急展開していった。

倉本は9番で林に入れるダブルボギー、11、14番とボギーを叩き苦しんだ。48歳、ツアー27勝の永久シード権を持つ実績はあっても、8年にわたって優勝していないプレッシャーと、疲れもあったのだろ

う、スコアを崩し2オーバー73、通算スコアが13アンダーに後退すると、3位でスタートした尾崎将司が68、14位の宮本勝昌が65をマーク、プレーオフに持ち込んだ。

18番ホールを使った3人によるサドンデスプレーオフ。宮本はティーショットを右林へ入れ脱落。倉本は手堅くフェアウェイをキープ、セカンドショットをピン上3メートルにつけた。58歳の尾崎にはツアー最年長優勝記録がかかったが、注目のセカンドショットを右バンカーに入れ、寄らず入らずの痛恨のボギー。倉本はただ1人パーに切り抜けて優勝を手にした。

勝利が決まった直後、尾崎らの祝福に思わず涙がこみ上げた。"広島の怪童"ともてはやされたジュニア時代を経てトップアマとなり、日本アマチュア選手権3勝、日本学生選手権は日本大学時代1回もタイトルを譲らず4連覇した。プロ入りした1981年、シーズン半ばにデビューしながらツアー4勝など6勝をあげ、賞金ランキング2位に入った。以来、日本のトッププロの座を歩き通した。

しかし、強気で鳴る強心臓男も40歳を超えて苦難の道が続いていた。2000年には心臓弁膜症の手術を受け、選手生命も危うかったほどだ。
「今日から僕をミスター59と呼んでください」

表彰式でおどけた。夢のスコアを記念して所属メーカーでは、倉本ブランドのボールに「59」の数字を入れて発売した。

59に笑い、最後は勝って泣いた。倉本をもってして達成された驚異のスコア59、その瞬間、誰もが楽勝かと思ったが、そうはいかないところがゴルフなのだ

倉本昌弘

ろう。

　とはいえ、ゴルフの難しさを体感したただ1人のゴルファー、倉本。ゴルファー冥利に尽きる快挙がうらやましい。

15 EPISODES 52歳中嶋常幸、レギュラーとシニアとの両ツアー年間V

　中嶋常幸が太平洋マスターズを52歳23日で制したのは2006年だった。欧州ツアーからやってきたセルヒオ・ガルシア（スペイン）、ダレン・クラーク（英）、2位の谷口徹、3位の片山晋呉ら、そうそうたるメンバーを一蹴する快挙だった。

　大会は第3ラウンドが雨による中断で最終日にずれこんだ。中嶋は最終日、第3ラウンドの残り1ホールを行い首位から6打差、10位。ベテランは頑張っているがこんなものだろう、誰もノーマーク。しかし、あとで聞くと「最終日は風が吹いた。6打差なら（優勝の）チャンス」とあきらめていなかったという。

　打てば乗る、乗ればピンそば、ピンチらしいピンチもなく谷口を追い落とし、片山を16番で抜き去った。2日目に首位に立ったガルシアは自滅し、19位に沈む強風の中、ひとり中嶋は5つ、6つとバーディーを重ねた。18番のグリーン手前が池の名物ホールも2打目をグリーンそばに運び難なくバーディー、なんと7バーディー、ボギーなしのベストスコアの65。この時点でまだコースに残る"優勝候補者"に2打差をつけた中嶋はグリーン上、勝利確信のガッツポーズを何回も繰り返したのだった。

　52歳23日の優勝は年齢ではツアー史上3番目。これまで50歳以上は尾崎将司の55歳7ヵ月29日の2002年全日空オープンなど6人しかいない。1971年の関西プロ選手権（当時公式戦）で戸田藤一郎が56歳8ヵ月という最年長記録もあるが、これはツアー制度施行以前の非公式の記録とされている。

　中嶋のすごいのはこの年、日本プロシニアで初めて勝ち、日本シニアオープン2連勝と2つのシニアメジャーを制覇したのちの今回の優勝、という点。レギュラーとシニアの両ツアーの同一年優勝。それはゴルフというスポーツの特質を一層際立たせて意味があり、意義が高い。ベテランというあいまいな"呼称"があるが、2000年を境に世界は、若手の著しい台頭が目立ち、同時に、ベテラン世代の元気もまた特徴である。

　かつて50歳の声を聞くと引退したプレーヤーたちは、ここからもうひと踏ん張り、一層の飛躍を遂げてみんな元気なのだ。中嶋のレギュラー、シニア両ツアー優勝は杉原輝雄、金井清一、青木功以来4人目となるが、こんな現象は世界中のツアーで起きている。

「力のゴルフを目指していれば年は関係ない」

　中嶋はいった。

「技術は年齢とともに上がる。かつてそのキャリアと技術だけで勝てたこともあるが、今の時代、それを維持するのは体力だ。強い体をつくる努力、それを受け入れる体力があるものが生き残れる。おれは60歳で全盛期を迎えようとやっているんだ」

　52歳はまだ若者、と暗に自分への挑戦状をつきつける。21世紀はこうした元気なシニアプレーヤーが

中嶋常幸

目白押しとなっている。そんな啓示も示して中嶋は大きく見えた。

　1972年、17歳で日本パブリック選手権を勝ち、翌1973年日本アマ。プロとなって日本プロ3勝、日本オープン4勝、日本シリーズ2勝、日本プロマッチプレーも制した。そしてシニア2大タイトル。中嶋に冠をつけるなら"日本8冠・長生きプレーヤー"。選手生命の長さ、頂点が高く息の長いプレーヤー、中嶋。2006年、太平洋マスターズは真骨頂を見事証明してみせた上々の舞台だった。

16 EPISODES 新星スター・石川遼誕生の背景

　15歳の高校1年生が並みいるプロをしり目に、あれよ、あれよの優勝。2007年5月20日、岡山・東児が丘マリンヒルズGCで行われた「マンシングウェアKSBカップ」は東京・杉並学院高校1年生のアマチュア、石川遼が4打差9位から66、通算12アンダーで2位に1打差をつける逆転で優勝した。

　最終日は、第1ラウンドが悪天候中止の影響で、36ホールを行った。第2ラウンドを終わって23位の石川は、第3ラウンド69で首位をうかがうと最終ラウンドのアウトを4バーディー、1ボギーで折り返し10、13番をバーディー、17番ではバンカーからチップインを決める劇的なバーディーで首位に立ち、逃げ切った。

　プロツアー初出場。15歳245日はそれまでのツアー記録だった、1977年日本オープンのセベ・バレステロス（スペイン）の20歳225日を上回る最年少優勝記録。世界の主要ツアーでも最も若い優勝者だった。

　またアマチュアの優勝は、1980年に倉本昌弘が勝った中四国オープン以来だった。

　大会は瞬間風速24.8メートルで第1日が中止となる波乱の幕開け。石川は第1ラウンド、イーブンパー72の70位スタート。第2ラウンドは69をマーク、23位で初のプロトーナメントを見事予選通過の大健闘を見せた。

　2005年埼玉・松伏中学時代、で全国中学生ゴルフ選手権・春季大会優勝、2006年日本ジュニア選手権4位などトップジュニアとして活躍、大会には主催者推薦で出場した。その年の4月、高校進学、その年からスタートしたナショナルチームのジュニア部門にも選出されていた。コースには両親が応援にかけつけていた。

　石川の存在は第3ラウンドが終了して9位に上がった時点でコースに知れ渡った。まさかの若武者、慌ただしさの中、慌てたのは先輩プロたち、トップの小田孔明、2位の宮里優作らのスコアは伸びず、わずかに5位から11アンダーまで、スコアを伸ばした宮本勝昌が、最終18番でバーディーをとればプレーオフ、というところまで追い上げたが、及ばなかった。
「彼の技術、精神力を褒めるしかない」
「まいった。半端じゃない。パットは全部入っちゃうし、思い切り打つショットは歯切れがいいし……」

　プロたちはその飛距離と正確なアイアンに舌を巻き、何よりタフな精神力を褒めた。最後まで抵抗した宮本は、「男子プロ何やってるんだ。じゃなくて、

石川遼

ニューヒーローの誕生です。すごいことが起こったことを喜びたい」

先輩プロたちの脱帽する姿が、新しいスター誕生を際立たせた。

石川ははにかんだ。「まだ実感がわきません」と涙が出た。しかし、気丈だった。プレーオフになるかもしれないと待っている間も、

「いい経験ができるのが、何もかも楽しかった。プレーオフを待っている間も楽しみだった」といった。

ウイニングショットとなった17番、216ヤードのパー3は3番アイアンをひっかけ、左バンカーに入れた。カップまで約30ヤードのバンカーショットは「やばい、オーバーする、と思ったけどラインに乗って入っちゃった」とケロリと振り返った。

プロお手上げ、すごい少年チャンピオン。その誕生にはちょっぴりの幸運も手伝ったのだった。

17 EPISODES 「柔よく剛を制す」とはゴルフでも起こること

2008年、日本オープンは福岡・古賀ゴルフクラブ（6797ヤード、パー71）で73回大会を行い、片山晋呉と石川遼の虚々実々の駆け引きに見応えがあった。

1997年、九州で初めて日本オープンを行った上田治設計の難コースとして注目された。6797ヤードと、通常7400ヤードを常とするツアーの中、その設定基準を極端に短縮したコースとあって戦略や攻略法、果ては使用クラブ構成にまではっきりと違いが出た。

片山晋呉はドライバーをバッグから抜き3、5、7、9番ウッドと2本のユーティリティークラブを入れ、終始ドライバー抜きで戦い切った。

「ホール自体の距離が短く、ラフが長い。そのうえ、グリーンは硬くボールを止めにくい。グリーンを攻略するにはティーショットを絶対にラフに入れてはならない」というのがその理由。

しかし、ドライバーをバッグから抜いた構成は日本オープン史上初。それも片山のみならず、ほかにもドライバーを抜く選手が数人。大会史上まれにみる頭脳戦が練習ラウンドから取りざたされた。

むろん、ドライバーを抜く選手は少数派。しかし、ドライバーを使うプレーヤーは、ドライバーで打ってこそ戦略性は高い、と強く主張した。中でも石川遼はドライバーへのこだわりの筆頭だった。その飛距離を背景に「できるだけグリーンの近くに打っていき、ショートアイアンでピンそばを狙う。少々曲がって深いラフにつかまってもピンに近いほど有利だ」との作戦で一歩も譲らず、片山との対決を色濃く出した。

大会は手に汗握る好ゲーム。第1日、片山は3アンダー68で首位タイ。石川も一時単独首位にたつ好スタートから4位。2日目片山は72とスコアを後退させたが、2アンダーの単独首位に立ち、石川は71、通算イーブンパーで2打差の3位につけた。測ったようにフェアウェイをキープし、難ホールを次々と攻略する片山。

ドライバーでがむしゃらに攻め、アンダーパーの世界に入りながらダブルボギーを連日叩くもったいない

胴上げされる片山晋呉

ゴルフの石川。技と力のぶつかり合い。

3日目、片山は72、またもスコアを落とし、通算1アンダーとしたが、ただ1人アンダーパー。2位の上井邦浩に4打差、石川はアウトで41と崩れ、6打差4位と差が開いた。

最終日、片山は1番でボギー。石川が2番3パットのボギーとしながら3、5、7番とバーディーで肉薄、69のベストスコアをマークしたが、2位に上がるのが精いっぱい。軍配は片山に上がった。

コースと選手の駆け引きに加え、プレースタイルや考え方による違いが、優勝争いをスリリングにした好勝負だった。

石川は、パー5はほとんど2オンを狙ったが、片山は1度として2オンを狙わず。パー4は石川が、すべてフルショットから、ときにグリーンサイドのバンカーまで飛ばしバーディーを目指すが、ときに片山が7番アイアンでティーショット、9番アイアンでグリーンオンすると、カップには片山のほうが近いこともあった。フェアウェイキープを最優先し、2打目のショットのアドバンテージから勝利をもぎ取った片山。

2人は大会中、結局、同じ組で回ることはなかったが、その戦いは同じ組でつばぜり合いをするような迫力があった。

18 EPISODES できすぎた究極のドラマ

2009年、東海クラシックは石川遼が最終日、18番ホールで50センチにつけるバーディーで優勝した。しかし、その道のりは史上かつてない波乱の連続だった。

その日、首位の石川は前半を3アンダー、通算14アンダーで折り返した。1打差に最終組の同組の池田勇太、梶川剛奨がいて、優勝争いは後半の9ホールに持ち込まれた。

その10番だ。石川はティーショットを大きく曲げるOBのダブルボギーとする混戦のスタートだ。

この後、11番のバーディーで再び首位に返り咲くが、今度は14番、ティーショットを林に入れ、ようやく乗せたグリーン上、3パットとインに入って2つ目のダブルボギーを叩いてしまう。

大詰めに入ってから5ホールで、2ダブルボギー。2つの大ミスをやって優勝できるなどあり得ない状況である。

この時点、池田は手堅くパーを重ね1打リード。石川と池田は賞金1、2位を争い、予選ラウンドは同組でしのぎを削った。もう1人の梶川は38歳、2008年のツアー獲得賞金わずか49万円、これまで1度もシード入りしたことのないベテランは10、13番をバーディーとする健闘から13アンダーのトップに並んだ。

ドラマはクライマックスに入った。

15番パー5。石川はセカンドショットを果敢に攻めると、ピン1.5メートルに2オンするイーグルで首位奪回。

だが、16番右奥のカラーからパターでアプローチを試みたが、寄らず入らず。池田があざ笑うかのように5メートルにつけたバーディーパットを放り込んで、またも首位は池田と梶川に入れ替わった。

石川遼

石川は憑かれたもののようにクラブを振った。17番、2打目を60センチにつけるバーディーで、またまた首位に並ぶ。何が起こるのか。かたずをのむギャラリー、3選手も一点を凝視し脳裏にはナイスショットしかない。

　18番、石川のティーショットは、フェアウェイ右のラフに飛んだ。アップダウンのある三好CC西コース。例年よりラフは浅かったが、ボールはすっぽりと緑濃いヘビーラフに潜り込んだ。砲台グリーン右手前のウォーターハザードは、真正面でピンはその上に切られている。と、池田のティーショットが左に引っかかった。林を越えさらに左へ。インに入ってショートホールを除く7つのホールすべてでフェアウェイを外れた。不安が的中し、最後の勝負もミスとなったのだ。

　池田の林越えのセカンドショットは高く上げた分、距離が足りず無情にも手前の池に入った。梶川のセカンドはグリーン中央にのったが、バーディーを狙うには遠すぎた。石川は7番アイアンを持った。188ヤード。一閃したショットは高く上がり、ピンの左へ落ち、右へキックし、ピンから50センチのところに止まった。

　最終ホールをバーディー。インはダブルボギー、バーディーのあと、パーが2ホール続き、落ち着いたかと思う間もなく、またもダブルボギー。

　しかし15番でバーディー、ボギー、そして上がり2ホールが連続の"べたピン・バーディー"。

　この優勝で石川はシーズン4勝目。賞金1億2000万円で2位の池田に2500万円差。このあと1勝をあげ、計5勝し、18歳、世界最年少賞金王に輝いた。

　シーズン末、「池田さんとの死闘を制した大きな優勝であるばかりでなく、ゴルフの可能性を実現した最高の成果だった」とこの試合をベストイベントに選び、胸を張ったものだった。

EPISODES 19　LPGAツアー史上最大の大逆転

　2008年シーズン最終戦「LPGAツアー選手権リコーカップ」（11月27～30日・宮崎CC、6442ヤード、パー72）は、2008年ツアーの優勝者と賞金ランキング25位までの27人が出場、女子日本一を争った。

　初日からシーズン好調の人気選手が好スタートを切り、手に汗握る激戦。口火を切ったのは古閑美保だった。最終日3打差6位からスタートすると古閑は6バーディー、2ボギーの68、通算6アンダーとスコアを伸ばしホールアウト。すると直後から後続の選手が次々とスコアを落とし、あれよ、あれよという間に優勝が転がり込んだ。さらに前週まで首位の李知姫がランクを落としたことで賞金女王の座も獲得する大逆転劇をやってのけた。

　ドラマの第1幕は古閑が17番バーディー、18番もカップ左1メートル半のバーディーを沈める連続バーディーでホールアウトして切って落とされる。首位の全美貞に2打差と迫り、2位の不動裕理には1打差をつけ2位に。しかし、その時点では優勝の行方は混とん、古閑の優勝のチャンスは、2割か、3割という状況だった。

　異変は続き、首位を行く全が17番ティーショットを

池田勇太

宮崎CCは、女子ツアーでは数少ない高麗芝のグリーンである。最終ホール、不動裕理のパッティングが明暗を分けた理由の1つかもしれない。

左の林に入れるボギーで1打差。動揺した18番では右バンカーからの第3打を左ラフまで大きくオーバーすると4オンののち、2パットのダブルボギーで2位に後退した。

しかし、これで優勝が決まったわけではない。同じ組の不動が最終ホールをパーとすればタイでプレーオフ。だが、あろうことか、不動は1メートルにつけたバーディーチャンスを3パットのボギーにし、全と同じ5アンダー、1打差の2位に沈んだ。

「やったあ!信じられない」と驚き喜ぶ古閑。

18番グリーンサイドは古閑への祝福と敗れた2人の心中を思いやるギャラリーの吐息が入り交じり、微妙な雰囲気となった。ゴルフの怖さ、難しさ、そして筋書きのないドラマの意外な展開に誰もが驚いた。

さらにもう1つの思わぬ展開もあった。賞金女王争いだ。

大会を迎えて首位の李知姫1億786万円、2位横峯さくら1億170万円、古閑は9585万円の3位。

賞金女王の行方は上位3人に絞られ、2人が逆転するにはともに大会の優勝賞金2500万円獲得が最低条件。その場合でも横峯が勝つには李が単独4位以下、古閑の場合は李が9位以下でなければならなかった。

"キーウーマン"となった李知姫は、第3日首位から遅れること6打差の11位。日本女子オープンなど2勝の好調なシーズンを乗り切り、トップ5入りは確実視されていた。17番を終わって通算3アンダーの7位。だが、18番でショットを曲げ3オン、3メートルのパーパットも外れるボギーとなった。7位以内なら韓国人初の賞金女王。しばらくは言葉を発することもできなかった。優勝を逃した全美貞、賞金女王の座を目前にしながら獲得できなかった李。最強・韓国人選手たちの自滅という考えられない展開だった。

古閑、無欲の結実だった。

「16番を終わって首位と4打差もあった。2位か3位を狙おう」。目標の方向転換が幸運を呼んだ。

古閑の賞金額1億2085万4137円、2位李知姫、1億1965万円。奇跡が26歳を初めての女王に導いた。

20 EPISODES 横峯さくら、初の賞金女王 奇跡の再現

奇跡は繰り返された。

2009年シーズン最後を飾る「LPGAツアー選手権リコーカップ」は23人が出場、横峯さくらが大逆転優勝から、初の賞金女王の座も獲得した。2008年の最終戦でも古閑美保が奇跡の逆転劇で、優勝と賞金ランキング1位を獲得したシーズン最後の公式戦は、2年連続逆転ドラマを繰り広げ奇跡の舞台となった。

5打差5位スタートの横峯は、アウトを2バーディー、1ボギー。チャンスにつけるが、パットが決まらずイライラのラウンド。だが、14番、チップインバーディーで波に乗った。セカンドを砲台グリーン左ラフ、ピンまで20ヤードのサンドウェッジのアプローチは「ちょっと強いかな」というが、カップに吸い込まれた。ぽかんと口をあけて次いでにっこり。ツキも引き寄せた。

横峯さくら

15番パー4は413ヤード、奥に行くほど下がったグリーンが難物のタフなホール。141ヤードを8番アイアンで打ったボールは、右手前のこぶに当たるとボールはピンに吸い寄せられるように転がり、カップのふちに止まった。南国の強い太陽に育まれた日本独特の高麗グリーンは、手前から奥へ順目。コースを熟知し、手前から徹底した攻め、作戦も功を奏した。この連続バーディーで1打差2位。最終グリーンでは2メートルのパーパットを沈めホールアウト。プレーオフへの期待を胸に後続の上がりを待った。

　賞金女王の行方も2年連続でもつれ、興奮が渦巻いた。

　それまで6勝をあげ、1億5542万円の諸見里しのぶ、横峯は5勝、1億5001万円とその差はあってないようなものだった。5勝をあげた有村智恵も1億3839万円とチャンスがあった。

　第1日、横峯は69、2日目70の首位と好スタート。諸見里は4位、有村は8位。しかし、3日目、大会は大きく動いた。

　飯島茜が65、通算8アンダーの猛チャージで首位に立つと、服部真夕が5アンダー2位、4アンダー3位に諸見里、宋ボベが続いた。横峯は5番パー3で目玉となる不運もあってダブルボギーなどで73、首位から5打差の5位へ転落、暗雲が垂れこめた。有村は8位。

　そうして迎えた最終日。後続勢は明暗に分かれた。

　飯島はスコアを落とし、服部は伸びなかった。注目の諸見里は17番でバーディーとし最終ホール、8メートルのバーディーパットを入れればプレーオフと勝負どころ。だが、8メートルはこの状況の中いかにも長すぎた。パットは入らなかった。横峯はプレーオフに備えてパッティングの練習をしていた。そこへ飛び込んできた嬉しいしらせ。横峯はプレーオフで戦うことなく優勝したことを知った。横峯の今シーズン6勝目は、単なる1勝ではなく賞金女王に輝く大きな1勝となった。全34戦にフル出場。直前まで賞金レースの首位を歩きながら横峯の踏ん張りに敗れ去った。涙が頬を伝った。

　横峯は泣き崩れ次いで笑顔が輝いた。
「ミラクル、神懸かっていた、実力以上のものが出た」

　賞金1億7501万6384円で初の女王。8部門のうち平均ストローク、パーオン率、リカバリー率の3部門でトップを占めた。

　だが、パットランク3位が光った。2008年8位から急上昇したことでグリーンが安心して戦えた。有村とともに諸見里に次ぐ32戦。海外メジャーを回避し、賞金女王にかけた。諸見里とは夏、4400万円の大差があったのを追い上げ逆転した。

　2008年は最終戦で、李知姫、横峯さくら、古閑美保の3人による熾烈な賞金女王争いの結果、古閑が無欲の勝利。

　そして2009年は諸見里しのぶ、横峯さくら、有村智恵による戦い。今回もある意味では横峯の無欲の勝利と言える。

　ただ、いずれの戦いも、目標となる選手がすぐ近くにいたからこそ、それぞれの選手はより精度の高いゴルフを求めていったともいえるだろう。

　横峯、諸見里、そして有村の3人の執念が生んだ名勝負は、ライバルの重要性を浮き彫りにした。

諸見里しのぶ

練習問題・エピソード編

検定形式の練習問題にチャレンジしてみよう。

問1 1971年全米オープンでニクラウスと接戦を繰り広げていたトレビノがキャディーバッグの中から放り投げたものは何。
①野球のグローブ
②タオル
③クマのぬいぐるみ
④ヘビのおもちゃ

問2 マスターズでは観客のことを特別な呼び名で呼ぶ。その呼び名とは。
①パトロン
②サポーター
③オーディエンス
④スペクテーター

問3 日本人のプレーヤーで一般的にAONとは誰のことを言うか。
①青木功　尾崎将司　中部銀次郎
②青木功　尾崎直道　中嶋常幸
③青木功　尾崎将司　中嶋悟
④青木功　尾崎将司　中嶋常幸

問4 マスターズで優勝者に贈られるものは。
①ゴールドメダル　②グリーンジャケット　③シルバーリング　④プラチナカップ

問5 1978年セントアンドリュースで行われた全英オープンに初出場した中嶋常幸は3日目の17番で大叩きを演じた。そのホールのスコアは。
①7
②8
③9
④10

解答と解説

【解答】 問1④　問2①　問3④　問4②　問5③

【解説】
問1　1971年の全米オープンのプレーオフ直前でゴム製のおもちゃのヘビを観客に放り投げ、緊張の空気は一変、ニクラウスの緊張の糸は切れてしまった。

問2　マスターズを見に来る観客は、後援者、支援者などの常連のみであったため、そう呼ぶ慣わしになった。

問3　中部は名プレーヤーだったが生涯アマチュアで通した。もしプロになっていたらAONのNは中部と言われたかもしれない。

問4　マスターズで優勝すると、ディフェンディングチャンピオンがグリーンジャケットを優勝者に着せる慣わしになっている。

問5　1978年全英オープン初出場のとき、脱出するのに4打を要したロードバンカーのことを"トミーズバンカー"と呼んだ。

問6 オーガスタ ナショナルGCの11、12、13番ホールのことを何と呼んでいるか。

①ヘブンズドア
②キャッツ&ドッグ
③アーメンコーナー
④ビクトリーコーナー

問7 オーガスタ ナショナルGCの17番ホールにはある米国大統領にちなんだの名前の木がある。その大統領の名前は。

①アイゼンハワー　②ジョン・F・ケネディ　③リンカーン　④クリントン

問8 全英オープンで今でも破られていない4回連続優勝を果たした夭折の天才ゴルファーとは。

①ボビー・ジョーンズ
②ベン・ホーガン
③トム・モリス・ジュニア
④トム・モリス・シニア

問9 1968年マスターズで最終日にトップを追い上げ、プレーオフに持ち込むかと思われたが、スコアカードの誤記があったため2位に甘んじた選手は。

①リー・トレビノ
②アーノルド・パーマー
③ジャック・ニクラウス
④ロベルト・デ・ビセンゾ

問10 2010年に58の最少スコアを石川遼が達成したが、それまでのツアー最少スコア59を保持していた選手は誰か。

①片山晋呉
②倉本昌弘
③青木功
④尾崎将司

解答と解説

【解答】　問6③　問7①　問8③　問9④　問10②

【解説】　問6　このアーメンコーナーは数々のドラマを生み出した名物ホールとしてよく知られている。
　　　　　問7　フック癖の大統領がメンバーティーから180ヤードほどにあるこの木にしばしばティーショットを当て、苦労したところから愛称のアイクをとって"アイクズ・ツリー"と呼ばれるようになった。
　　　　　問8　トム・モリス・ジュニアは、1868年から4回連続優勝したが、24歳の若さで世を去った。
　　　　　問9　最終日65で回ったロベルト・デ・ビセンゾは、17番をバーディーの3でプレーしたところをパーの4とカードには記入し、1打差で敗れた。
　　　　　問10　2003年のアコムインターナショナルでの初日に12バーディー、12アンダー、59の当時ツアー最少スコアの新記録を達成した。

ゴルフ検定
模擬試験

全100問
試験時間60分

ゴルフ検定で実際の試験と同じように、
100問を60分でチャレンジしてみてください。
解答は巻末にあります。

この模擬試験は4級、5級相当の内容です。
正答率が80％以上なら4級、
70％以上なら5級の合格を目安としてください。

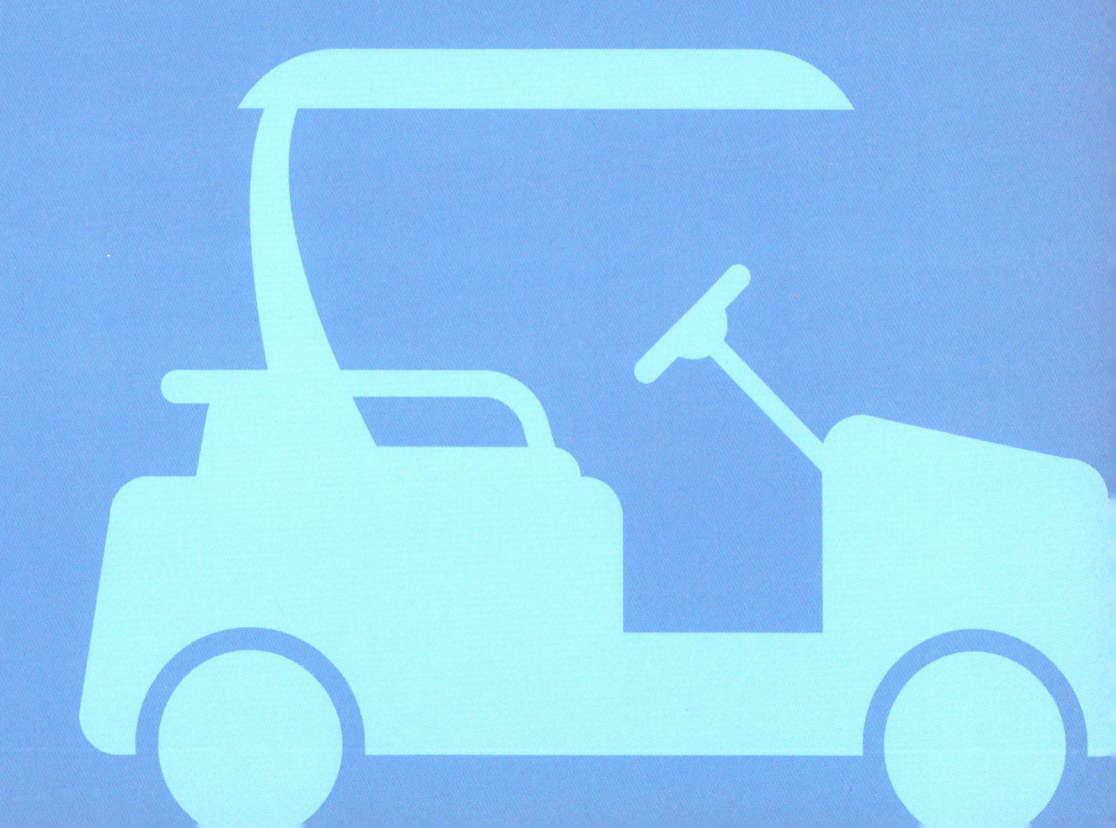

ゴルフ検定 模擬試験

問1 2009年日本男子ツアーの賞金王は誰か。
①池田勇太　②石川遼　③丸山茂樹　④小田孔明

問2 では、2009年日本女子ツアーの賞金女王は。
①横峯さくら　②諸見里しのぶ　③古閑美保　④有村智恵

問3 2009年日本女子ツアーは最終戦で賞金女王が決定した。
その最終戦とは。
①LPGAツアー選手権リコーカップ　②ゴルフ日本シリーズ
③ミズノクラシック　④エリエールレディースオープン

問4 全米プロゴルフ選手権で、日本人選手の最高位は誰か。(2010年5月現在)
①青木功　②片山晋呉　③伊沢利光　④中嶋常幸

問5 1999年にスタートした日本ゴルフツアー選手権の第1回優勝者は誰か。
①伊沢利光　②宮本勝昌　③深堀圭一郎　④横田真一

問6 ゴルフでよく使われるヤードという単位があるが、1ヤードは何メートルか。
①約0.6m　②約0.9m　③約1.5m　④約1.8m

問7 ラウンド中、通常のプレーで1本のクラブが破損、
その時の処置として間違っているものは。
①1本を補充することができる
②同伴競技者の同意を得て、同伴競技者のクラブを借りる
③1本、少ない状態でプレーを続ける
④破損したクラブをバッグに入れておく

問8 第2打を打つ順番は次のうちどれか。
①前のホールでスコアの最少者から
②年齢が上の者から
③ホールから遠い者から
④ホールから近い者から

問9 コース内にある白い杭は何を意味するのか。
①アウトオブバウンズ(OB)　②ウォーターハザード　③ラテラルウォーターハザード　④修理地

問10 1ラウンド中、使用できるボールの数は。
①18個まで　②9個まで　③無制限　④ハンディキャップの数だけ

問11 各ホールの第1打を最初に打つ者を何と呼ぶか。
①オナー　②オーナー　③スターター　④ペースメーカー

問12 青杭で表示され白線で囲まれたエリアを何と呼ぶか。
①アウトオブバウンズ　②修理地　③ウォーターハザード　④ティーグラウンド

問13 グラスバンカーは規則上、何に当たるのか。
①グリーン　②ラフ　③スルーザグリーン　④ハザード

問14 OBとは何の略か。
①アウトオブバウンズ　②アウトオブボーダー　③オールドボール　④オールドボーイ

問15 クラブについての記述で正しいのはどれか。
①ウッドの本数は7本まで
②グリーン上ではパターしか使ってはいけない
③パー3以外のティーショットは、ドライバーで打たなくてはならない
④自分のプレーに怒ってラウンド中に折ってしまったクラブは、補充したり修理することはできない

問16 次のうちボールがインプレーでなくなるのはどのケースか。
①バンカーに入ったとき
②空中を飛んでいる時
③アウトオブバウンズに入ったとき
④グリーンに乗ったとき

問17 球探しに許された時間は何分か。
①7分間　②5分間　③後ろの組から「早く!」と急かされるまで　④3分間

問18 アドレスをしたらティーから球が落ちてしまった。さあ、どうする。
①無罰で再度、ティーアップしてよい
②1打罰で再度、ティーアップ
③ティーから落ちたのを1打と数え、落ちた球をそのまま打たなければならない
④2打罰でプレーを続行

問19 ゴルフクラブ(パターを除く)の長さは、最長何インチまでと決められているか。
①50インチ　②49インチ　③48インチ　④47インチ

問20 クラブの長さは、最長が定められているが、最短もルールで決められている。何インチ以上か。
①14インチ　②16インチ　③18インチ　④20インチ

問21 クラブヘッドが大型化しているが、ヘッドの体積は最大いくつまで認められているか。
①460cm³　②470cm³　③480cm³　④500cm³

問22 プレーで使えるクラブの本数には規定がある。それは何本か。
①12本　②13本　③14本　④15本

問23 使用できるクラブの本数の規定が出来たのは何年か。
①1925年　②1929年　③1939年　④1942年

問24 ゴルフボールの初期、フェザリーボールが愛用された。どんな種類の動物の羽毛か。
①アルパカ　②ガチョウ　③ダチョウ　④アヒル

ゴルフ検定 模擬試験

問25 バンスのあるサンドウェッジを考案したのは誰か。
①ボビー・ジョーンズ　②ウォルター・ヘーゲン　③ジャック・ニクラウス　④ジーン・サラゼン

問26 そのヒントとなったのは。
①ヨットの帆　②自動車のバンパー　③ショベルカー　④飛行機の尾翼

問27 スチールシャフトがR&Aにより初めてルールで使用を認められた年は何年。
①1915年　②1923年　③1929年　④1938年

問28 糸巻きボールの原型といわれるボールは、何と呼ばれていたか。
①ハスケルボール　②ガタパチャ　③フェザリーボール　④ラバーボール

問29 オーバーラッピング・グリップを考案した人は誰か。
①ヘンリー・コットン　②ボブ・チャールス　③ハリー・バードン　④アーノルド・パーマー

問30 パターのロフトは何度以下と言われているか。
①5度　②7度　③10度　④12度

問31 ティーペッグは現在木製やプラスティック製などがあるが、20世紀初頭までは何を使っていたか。
①ゴム輪　②砂　③ボール紙　④鉛筆

問32 アメリカ人として初めて全英アマに優勝したウォルター・トラビスが使用したパターの種類は。
①ピンパター　②スケネクタディパター　③2ボールパター　④マレット型パター

問33 スケネクタディパターの特徴は。
①センターシャフト　②ベントネック　③ロングノーズ　④L字型

問34 ドライバーのヘッド素材にチタンを最初に使ったのはどのメーカーか。
①キャロウェイ　②ミズノ　③ピン　④テーラーメイド

問35 日本には日本在来の芝がある。以下の中で日本の在来芝でないものは。
①コウライ　②ヒメコウライ　③ブルーグラス　④ノシバ

問36 クラブを持って歩き、プレーヤーにアドバイスを送るキャディー。その語源は何。
①駅の荷物運び　②ホテルの案内係　③士官候補生　④運送業

問37 マスターズが開催されているゴルフコースの名前は何か。
①セントアンドリュース
②オーガスタ ナショナルゴルフクラブ
③ザ カントリークラブ
④トーリーパインズ ゴルフコース

問38 素振りを行う場合、気をつけなくてはならないことは多いが、
特に気にする必要がないのは次のうちどれか。
① 近くに人がいないか
② 他のプレーヤーが見てくれているか
③ ボールや石、砂や砂利が飛んでいって当たりそうな場所に人がいないか
④ クラブが飛んでいって当たりそうな場所に人がいないか

問39 グリーン上での行動として好ましくないのはどれか。
① シューズを引きずって歩く
② ボールマークを直す
③ カップの縁を壊さないよう注意する
④ ピンフラッグ（旗竿）を抜いた後、邪魔にならない場所に置く

問40 プロの試合を観戦中、場合によっては許される行為はどれか。
① 選手の打った球を拾った
② 選手のプレー中に写真を撮る
③ ホールアウト後、指定の場所で選手にサインをしてもらう
④ 選手がアドレスに入ったので、大声で応援する

問41 本来、打つ人の前には絶対に出ないのがゴルフのマナーだが、
打とうとする自分に気付かない同伴競技者が前方にいた。
この時の措置として正しいのはどれか。
① 「打ちます！」と声をかけて注意を促し、安全なところに移動してもらってから打つ
② 前に出たほうが悪いので無言で打つ
③ 自分の技術なら絶対に当たらないので、その人の頭上を越える高い球を打つ
④ 人がいるのは仕方ないので、人のいない方に打っていく

問42 次のうち局外者でないのはどれか。
① 水　② カラス　③ 同伴競技者　④ 他の組のカート

問43 空振りをしてしまったら。
① 素振りだと言い張る
② 空振りを1打とカウントし、プレーを続ける
③ まわりが気がついていないので、そのままプレーした
④ 空振りをしたことを謝り許してもらう

問44 フェアウェイでショットしたら、芝を削り取ってしまった。
その後の処置として好ましいものはどれか。
① ゴルフはあるがままの精神が基本なので、そのままにしてプレーを続けた
② 同伴者やキャディーの役目であると思い、その人に後の処置を任せた
③ 削った芝の塊を元の場所に戻して、目土をして軽く踏み処置した
④ 特に気にせずプレーした

問45　トーナメントの観戦マナーとして、間違っているものはどれか。
　　①プレーヤーがアドレスに入ったので、仲間との会話をやめ静かにした
　　②お目当てのプレーヤーがホールアウトしたので、他の選手がまだプレー中だが、
　　　次のホールに向かって走った
　　③お目当ての選手が目の前にいたが、プレー中なのでサインをもらうのはガマンした
　　④選手の顔をよく見たかったので、安全な場所に座って双眼鏡を使った

問46　観戦マナーとして問題ないのは次のうちどれか。
　　①プロがプレー中、すぐ近くで携帯電話を使って話をする
　　②プレー中の写真を撮る
　　③ホールアウトした選手の試合後の練習を、ロープの外から見る
　　④グリーンの近くで見ていて選手がアドレスに入ったが、帰る時間なので歩き出した

問47　オーストラリア生まれのプロゴルファー、グレッグ・ノーマンの愛称は。
　　①ホワイトシャーク　②クロコダイル・ダンディー　③オージー・スター　④銀髪のライオン

問48　グレッグ・ノーマンの父親が息子につかせたかった職業は。
　　①空軍のパイロット　②船乗り　③プロサーファー　④鉱山技師

問49　セベ・バレステロスの出身地は。
　　①スペイン　②ポルトガル　③フランス　④アルゼンチン

問50　1979年、全英オープンで、優勝したバレステロスが最終日の16番、
　　　第1打を打ち込んだ場所は。
　　①駐車場の車の下　②橋の上　③ブッシュ　④川

問51　ビッグ3の1人として君臨したゲーリー・プレーヤーの愛称は。
　　①黒ヒョウ　②ライオン　③ピューマ　④チータ

問52　ベーブ・ザハリアスの旧姓は。
　　①ディドリクセン　②デッキンソン　③デトックス　④デビセンゾ

問53　そのザハリアスが世界記録を保持していた種目は、
　　　80メートルハードル、やり投げ、走り高跳びと何。
　　①走り幅跳び　②100メートル　③200メートル　④棒高跳び

問54　トラさんの愛称で親しまれた中村寅吉が4連覇した大会は。
　　①関東プロ　②日本プロ　③関東オープン　④日本オープン

問55　1957年のカナダカップで日本が世界制覇した際、
　　　中村寅吉とペアを組んだのは。
　　①小野光一　②林由郎　③小針春芳　④戸田藤一郎

問56　シニアプロとして初となるエージシュートを演じた中村寅吉。この時のスコアは。
　　①65　②66　③67　④68

問57 現在も現役で活躍する杉原輝雄のニックネームは。
①マムシ　②フェアウェイウッドの鬼　③ミスター五角形打法　④不死身の男

問58 アマチュアでありながら中部銀次郎がプロに混じって優勝を飾った、その大会名は。
①西日本サーキット　②関西オープン　③日本オープン　④中四国オープン

問59 中部以前にアマでありながらプロの試合で優勝したゴルファーがいる。それは誰か。
①赤星四郎　②赤星六郎　③大谷光明　④鍋島直泰

問60 青木功が初の海外制覇を演じた大会は。
①世界マッチプレー選手権
②ハワイアンオープン
③ヨーロピアンオープン
④コカコーラクラシック

問61 1980年全米オープンで、青木功が最終日最終組で死闘を演じた相手は誰か。
①ジャック・ニクラウス　②トム・ワトソン　③グレッグ・ノーマン　④レイモンド・フロイド

問62 ジャンボこと、尾崎将司が選抜高校野球で全国制覇した時のポジションは。
①投手　②外野手　③一塁手　④捕手

問63 尾崎将司が在籍していたプロ球団は。
①西鉄　②巨人　③広島　④阪急

問64 倉本昌弘がアマチュア時代にプロを押さえて優勝したトーナメントは。
①西日本サーキット　②広島オープン　③関西オープン　④中四国オープン

問65 倉本昌弘が大学時代に4連覇した大会は。
①日本学生　②日本アマ　③関東アマ　④関東学生

問66 尾崎直道のニックネームは。
①ジョー　②ジョニー　③ジェイソン　④ジェイ

問67 2002年のワールドカップで優勝した際、丸山茂樹とペアを組んだのは誰か。
①伊沢利光　②深堀圭一郎　③谷口徹　④片山晋呉

問68 日本の女子プロゴルファー、岡本綾子がプロ入り前にしていたスポーツは。
①ソフトボール　②テニス　③陸上　④ホッケー

問69 涂阿玉と森口祐子に共通するスポーツ歴は。
①バスケットボール　②陸上　③水泳　④柔道

問70 2010年5月現在、日本女子プロゴルフ協会の会長は。
①岡本綾子　②樋口久子　③森口祐子　④大迫たつ子

問71 問70の現会長は、かつて名プレーヤーとして名をはせ、
2つの大会の第1回に優勝している。その大会とは。
①日本女子プロと日本女子オープン
②LPGAツアー選手権と日本女子プロ
③LPGAツアー選手権と日本女子オープン
④日本女子オープンとワールドレディスチャンピオンシップ

問72 また、その人は元々、ある陸上の選で将来の五輪候補と期待された。その種目は。
①ハードル　②走り幅跳び　③棒高跳び　④マラソン

問73 タイガー・ウッズのタイガーというのはニックネームだが、その名前の由来は。
①父アールのベトナム戦争従軍時での恩人のニックネームから
②父が虎が好きだったから
③タイガーが生まれた年の人気の名前だった
④日本語の「大河」から、大きく大らかに育ってほしいとの願いから

問74 1904年出版の『レディースゴルフ』には当時の不自由なレディースゴルフファッションについて掲載されている。それはどういうことか。
①ロングスカートを履いてプレーしていたから
②ハイヒールでプレーしていたから
③常に日傘をさしてプレーしていたから
④大きなスカーフが邪魔だったから

問75 日本人女子ゴルファー第1号と言われている人はだれか。
①三井栄子　②小倉末子　③西村まさ　④樋口久子

問76 全英オープンの日本人最高位は誰か。(2010年5月現在)
①青木功　②倉本昌弘　③中嶋常幸　④尾崎将司

問77 全米プロで最初に優勝した東洋人選手は。
①Y・E・ヤン　②呂良煥　③S・K・ホ　④陳志忠

問78 アーノルド・パーマーのプレースタイルを表現した言葉でよく言われたのは。
①パーマーは守る　②パーマーは走る　③パーマーは攻撃する　④パーマーは飛ばす

問79 水平打法で多くの日本人プレーヤーに影響を与えたのは誰か。
①橘田規　②中部銀次郎　③宮本留吉　④杉原輝雄

問80 自動車事故にあいながら奇跡の復活を遂げ、
第2次大戦後にゴルフブームを起こしたのは誰か。
①ゲーリー・プレーヤー　②ベン・ホーガン　③フィル・ミケルソン　④アーノルド・パーマー

問81 問80のプレーヤーは鋭い眼光からあるニックネームがついていた。
そのニックネームとは。
①The Hawk　②The Wolf　③The Tiger　④The Gun

問82 1974年、トム・ワトソンが全米オープンで敗退したが、その際、彼を励まし、コーチとなってワトソンの全盛期を作り上げたといわれるのは誰か。
①アーノルド・パーマー　②バイロン・ネルソン　③ベン・ホーガン　④ジャック・ニクラウス

問83 ジャック・ニクラウスは「オハイオの白熊」と呼ばれたこともあったが、その後つけられたニックネームは。
①ゴールデンベア　②ブラックベア　③ホワイトタイガー　④エレファント

問84 2010年、マスターズで優勝を飾ったフィル・ミケルソンがつけていた乳がん撲滅のためのリボンの色は。
①ブルー　②イエロー　③ピンク　④ホワイト

問85 タイガー・ウッズは、2010年当初、ツアーから遠ざかっていた。復帰戦は。
①マスターズ　②全米オープン　③全英オープン　④ハワイアンオープン

問86 スイングをベン・ホーガンから絶賛されたミッキー・ライトはある大学の心理学部を中退した。その大学とは。
①スタンフォード大学　②ハーバード大学　③オックスフォード大学　④東京大学

問87 1990～2000年代にかけて女子ゴルフ界に君臨したアニカ・ソレンスタムの通算優勝回数は。
①72勝　②75勝　③80勝　④85勝

問88 そのアニカ・ソレンスタムもかなわなかったLPGAツアー最多勝利数88を持つのは誰か。
①ナンシー・ロペス　②ロレーナ・オチョア　③カリー・ウェブ　④キャシー・ウィットワース

問89 2010年、引退したメキシコ人女子プロゴルファーで初めてメジャー優勝を果たしのは誰か。
①ナンシー・ロペス　②ロレーナ・オチョア　③カリー・ウェブ　④キャシー・ウィットワース

問90 その選手と親交が深く、彼女の引退試合に優勝で花を添えた日本人選手は。
①横峯さくら　②宮里藍　③諸見里しのぶ　④古閑美保

問91 神奈川県伊勢原市の伊勢原CCにギャラリーがあり、1993年に勲四等旭日小綬賞をうけた人は。
①宮本留吉　②中村寅吉　③杉原輝雄　④中部銀次郎

問92 尾崎3兄弟の末弟で1991年に賞金王に輝いたのは誰か。
①尾崎健夫　②尾崎直道　③尾崎将司　④尾崎智春

問93 ポパイの異名を持ち、アマ時代からトップを走り続けた選手は誰か。
①尾崎将司　②石川遼　③倉本昌弘　④加瀬秀樹

問94 問93の選手が2003年アコムインターナショナルで、当時のツアー最少記録を出した。そのスコアは。
①58　②59　③60　④61

問95 全英オープンの第1回大会は何年。
①1860年　②1861年　③1862年　④1863年

問96 2007年にアマチュアだった石川遼が参戦し、優勝した男子プロツアーの大会名は。
①東海クラシック　②日本オープン　③マンシングウェアKSBカップ　④マイナビABC

問97 この時、史上最年少優勝を果たした石川遼の年齢は。
①15歳245日　②15歳355日　③16歳245日　④16歳355日

問98 2009年の国内男子ツアーで石川遼と熾烈な賞金王争いを演じた選手は。
①池田勇太　②小田孔明　③片山晋呉　④丸山茂樹

問99 以下のゴルフ用語で和製英語ではないものはどれか。
①ニアピン　②フックライン　③ドラゴン　④ホールインワン

問100 パー5のホールを4打でホールアウトすると、バーディーだが、3打でホールアウトすると。
①イーグル　②ホーク　③アルバトロス　④スワロー

模擬試験・解答

1=②	14=①	27=③	42=①	57=①	72=①	87=①
2=①	15=④	28=①	43=②	58=①	73=①	88=④
3=①	16=③	29=③	44=③	59=②	74=①	89=②
4=④	17=②	30=③	45=②	60=①	75=②	90=②
5=①	18=①	31=②	46=③	61=①	76=②	91=②
6=②	19=③	32=②	47=①	62=①	77=①	92=②
7=②	20=③	33=①	48=①	63=①	78=③	93=③
8=③	21=①	34=②	49=①	64=④	79=①	94=②
9=①	22=③	35=③	50=①	65=①	80=②	95=①
10=③	23=③	36=③	51=①	66=①	81=①	96=③
11=①	24=②	37=②	52=①	67=①	82=②	97=①
12=②	25=④	38=②	53=①	68=①	83=①	98=①
13=③	26=④	39=①	54=①	69=①	84=③	99=④
		40=③	55=①	70=②	85=①	100=①
		41=①	56=①	71=①	86=①	

ゴルフの知識検定 実施要項

ゴルフの知識検定試験は、下記の要領で実施されます。

試 験 名：ゴルフの知識検定（略称：ゴル検）

試験日程：第1回は平成22年12月12日（日）
　　　　　第2回は平成23年5月下旬予定
（3級の試験は第2回より実施予定）

検 定 料：5級……… 単願　4,800円（税込）
　　　　　4級……… 単願　6,300円（税込）
　　　　　4級5級 … 併願　10,000円（税込）

主　　　催：ゴルフの知識検定実行委員会（株式会社ゴルフ21内）

運　　　営：ゴル検運営事務局（株式会社ゴルフ21内）

協　　　力：ジャパンゴルフツアー選手会

試 験 会 場：東京、大阪、名古屋を予定

受 験 資 格：受験者制限はありません

問 題 形 式：マークシート4者択一方式
　　　　　　5級、4級とも100問、100点満点、制限時間60分。

合 格 基 準：5級/正答率が70％以上であること
　　　　　　4級/正答率が80％以上であること

ゴル検公式ホームページ
http://www.goruken.jp

＊詳細な実施内容、お申込み方法などは、
ゴル検公式ホームページをご覧ください。

[お問い合わせ先]　ゴル検運営事務局　電話（03）3443-0300

■**執筆者**

岩田禎夫　ゴルフジャーナリスト・テレビ解説者（歴史編・記録編・名プレーヤー編・エピソード編担当）
遠藤淳子　ゴルフジャーナリスト（記録編・名プレーヤー編・ルール&マナー編担当）
小川　朗　東京スポーツ新聞社　専門委員（歴史編・記録編・名プレーヤー編担当）
浜田　富　ゴルフジャーナリスト（記録編・ギア&コース編担当）
武藤一彦　ゴルフジャーナリスト（歴史編・記録編・名プレーヤー編・エピソード編担当）

■**編集者**

小川　朗　（編集デスク）
鮎川哲也　（編集担当）

■**協力**

ジャパンゴルフツアー選手会
日本国内の男子プロゴルフツアープレーヤーで結成されている組織。ツアープレーヤーの立場でゴルフについての情報を発信し、ゴルフ文化の普及に力を入れているとともに、トーナメント全体の振興、発展を目的とする社会活動などを積極的に推進している。倉本昌弘、深堀圭一郎、横田真一ほか約200名の会員で構成されている。

■**写真**

青木紘二/アフロスポーツ、築田純/アフロスポーツ、YUTAKA/アフロスポーツ、AP/アフロ、ロイター/アフロ、
日刊スポーツ/アフロ、Action Images/アフロ、AISA/アフロ、Colorsport/アフロ、
Mary Evans Picture Library/アフロ、TopFoto/アフロ、アフロ
東京スポーツ新聞社

ゴルフ検定公式テキスト

2010年8月25日　1版1刷
2010年9月22日　2刷

監　　修　岩田禎夫
協　　力　ジャパンゴルフツアー選手会
　　　　　©2010 Sadao Iwata,Junko Endo,Akira Ogawa,Tomu Hamada,Kazuhiko Muto,GOLF21 INC.
発 行 者　羽土　力
発 行 所　日本経済新聞出版社
　　　　　http://www.nikkeibook.com/
　　　　　〒100-8066　東京都千代田区大手町1-3-7
　　　　　電話(03)3270-0251
装　　丁　梅田敏典デザイン事務所
イラスト　ヨシザワスタジオ
印刷・製本　シナノ印刷
ISBN978-4-532-49097-3

本書の無断複写複製（コピー）は、特定の場合を除き、著作者・出版社の権利侵害になります。

Printed in Japan